アドテクノロジーの教科書
デジタルマーケティング実践指南

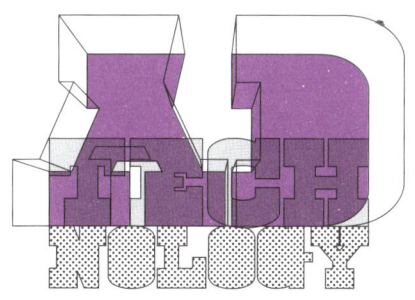

本書内容に関するお問い合わせについて

このたびは翔泳社の書籍をお買い上げいただき、誠にありがとうございます。弊社では、読者の皆様からのお問い合わせに適切に対応させていただくため、以下のガイドラインへのご協力をお願い致しております。下記項目をお読みいただき、手順に従ってお問い合わせください。

●ご質問される前に

弊社Webサイトの「正誤表」をご参照ください。これまでに判明した正誤や追加情報を掲載しています。

　　正誤表　　http://www.shoeisha.co.jp/book/errata/

●ご質問方法

弊社Webサイトの「刊行物Q&A」をご利用ください。

　　刊行物Q&A　　http://www.shoeisha.co.jp/book/qa/

インターネットをご利用でない場合は、FAXまたは郵便にて、下記"翔泳社 愛読者サービスセンター"までお問い合わせください。
電話でのご質問は、お受けしておりません。

●回答について

回答は、ご質問いただいた手段によってご返事申し上げます。ご質問の内容によっては、回答に数日ないしはそれ以上の期間を要する場合があります。

●ご質問に際してのご注意

本書の対象を越えるもの、記述個所を特定されないもの、また読者固有の環境に起因するご質問等にはお答えできませんので、予めご了承ください。

●郵便物送付先およびFAX番号

　　送付先住所　　〒160-0006　東京都新宿区舟町5
　　FAX番号　　　03-5362-3818
　　宛先　　　　　（株）翔泳社 愛読者サービスセンター

※本書に記載されたURL等は予告なく変更される場合があります。
※本書の出版にあたっては正確な記述につとめましたが、著者や出版社などのいずれも、本書の内容に対してなんらかの保証をするものではなく、内容やサンプルに基づくいかなる運用結果に関してもいっさいの責任を負いません。
※本書に掲載されているサンプルプログラムやスクリプト、および実行結果を記した画面イメージなどは、特定の設定に基づいた環境にて再現される一例です。

・・・
※本書に記載されている会社名、製品名はそれぞれ各社の商標および登録商標です。

はじめに

　本書は、広告主の立場から、アドテクノロジーに関する情報をフラットな視点で整理したものです。

　「CHAPTER1 History & Technology」は、時代別に"アドテク"というキーワードで登場してきた仕組み・システムの概要や、その登場背景の解説です。

　「CHAPTER2 Creative」は、アドテクの普及とともに進化してきたクリエイティブの中でも、注目していただきたいクリエイティブの仕組みや利用事例の紹介です。

　「CHAPTER3 Measurement」は、複雑化するオンライン広告の効果を正しく計測するための、効果測定手法と事例の紹介です。

　「CHAPTER4 Player」では、国内外の注目プレーヤーのIR資料や、買収関連の情報を掲載。DMPプレーヤーについては、導入企業数や価格情報などを掲載しています。また、DMPの実際の画面と機能を紹介しています。

　「CHAPTER5 Market」は、アドテク業界全体を俯瞰して、市場規模や今後の展望、先行する海外の事例や日本における今後のアドテク業界など、考察を交えながら書きました。

　さらに、「SPECIAL CONTENTS」は、各分野を代表するプレーヤーの方々と筆者の対談記事です。広告主の立場から、アドテクについて本音で語っています。

　本の途中で不明な単語がありましたら、巻末の「Glossary」をご活用ください。

Digital Marketing Lab
広瀬信輔

目次

はじめに iii

CHAPTER 1
History & Technology 001

- 01 » アドテク登場以前のインターネット広告 002
- 02 » アドネットワーク 〜第三者配信のはじまり〜 006
- 03 » BTA（行動ターゲティング広告）..................................... 007
- 04 » アドエクスチェンジ 〜広告枠の取引市場化〜 009
- 05 » オーディエンスデータ／オーディエンスターゲティング 011
- 06 » DSP／SSP 013
- 07 » 3PAS（第三者配信アドサーバー）................................... 016
- 08 » アトリビューション分析 021
- 09 » アトリビューション分析 〜MIWモデルの概要と事例〜 029
- 10 » アトリビューションマネジメント 〜広告弾力性の問題〜 033
- 11 » アドベリフィケーション 038
- 12 » アドベリフィケーション 〜調査結果：DSP配信枠の品質〜 ... 039
- 13 » DMP（データマネジメントプラットフォーム）................... 043
- 14 » DMP 〜活用事例〜 045
- 15 » PMP（プライベートマーケットプレイス）......................... 049
- 16 » 【CHECK！】GDNのターゲティングの種類と活用方法 050

CHAPTER 2
Creative ……………………………………………………………… 061

- **01 » 動画広告** ………………………………………………………… 062
- **02 » インストリーム広告の配信事例** ………………………………… 066
- **03 » 動画広告の課題とこれから** ……………………………………… 074
- **04 » リワード広告／アフィリエイト広告／ブースト広告** …………… 076
- **05 » インフィード広告（イン○○広告）の解説** …………………… 082
- **06 » ネイティブアドと記事広告の違い（ネイティブアドの解説）** …… 085
- **07 » ソーシャルメディアマーケティングの成功企業と失敗企業** …… 091

CHAPTER 3
Measurement ……………………………………………………… 097

- **01 » ディスプレイ広告の２つの役割と効果測定方法** ……………… 098
- **02 » インバナーサーベイとリードバナーアンケート、ブランドリフト調査の新手法の解説** ……………………………… 101
- **03 » リサーチと購買データを活用した効果測定の事例 〜 株式会社マクロミル 〜** ……………………………………… 107
- **04 » クロスメディア効果測定の事例 〜株式会社インテージ〜** …… 112
- **05 » 【CHECK!】スマートフォン対応によって、Webサイトのアクセス数は増加するか？** ………………………… 118

v

CHAPTER 4
Player ……………………………………………………………… 125

- 01 » 海外プレーヤー：Criteo ……………………………………… 126
- 02 » 海外プレーヤー：Rocket Fuel …………………………………… 129
- 03 » 海外プレーヤー：Rubicon Project ……………………………… 131
- 04 » 海外プレーヤー：TubeMogul …………………………………… 133
- 05 » 国内プレーヤー：FreakOut ……………………………………… 135
- 06 » 国内プレーヤー：サイバーエージェント ………………………… 137
- 07 » 国内プレーヤー：VOYAGE GROUP ……………………………… 140
- 08 » 国内DMPパッケージの位置付け ………………………………… 142
- 09 » 株式会社オムニバス（DMPサービス解説 Pandora）…………… 144
- 10 » 株式会社PLAN-B（DMPサービス解説 Juicer β版）…………… 152
- 11 » 最近の買収情報まとめ …………………………………………… 158
- 12 » 新規参入について筆者が思うこと ……………………………… 160

CHAPTER 5
Market ……………………………………………………………… 163

- 01 » 市場規模 …………………………………………………………… 164
- 02 » PMPがもたらす広告取引市場の変化 ……………………………… 170
- 03 » DMPと3PASは今後どうなる？
  Googleサードパーティポリシー変更の背景考察 ………………… 179
- 04 » DMPの市場と課題とマーケティングオートメーション ………… 181
- 05 » マーケティングオートメーション×DMPの事例 ………………… 186

- 06 ▸▸ マーケティングオートメーションとの連携を期待！
Webプッシュ通知 ·· 192
- 07 ▸▸ 動画広告の市場と課題と未来 ·································· 202
- 08 ▸▸ 新たな市場を作れるか？ CMP（コンテンツマーケットプレイス）····· 211

SPECIAL CONTENTS ·· 215

- 01 ▸▸ DSPを語る ～ヤフー株式会社 高田 徹 氏～ ····················· 216
- 02 ▸▸ DMPを語る ～日本オラクル株式会社 福田 晃仁 氏～ ············· 221
- 03 ▸▸ 動画広告を語る ～株式会社オムニバス 山本 章悟 氏～ ············ 227
- 04 ▸▸ ネイティブアドを語る
～株式会社グライダーアソシエイツ 荒川 徹 氏～ ················· 233
- 05 ▸▸ アトリビューションを語る ～アタラ合同会社 岡田 吉弘 氏～ ······· 239
- 06 ▸▸ タグマネジメントを語る ～Fringe81株式会社 佐藤 洋介 氏～ ····· 244
- 07 ▸▸ アドテク業界を語る ～株式会社Legoliss 酒井 克明 氏～ ·········· 250

Special Thanks ·· 257
GLOSSARY ··· 259
あとがき ·· 275
「Digital Marketing Lab」とは ·· 276
索引 ··· 277

CHAPTER 1

History & Technology

01 » アドテク登場以前のインターネット広告

　日本で初めてインターネット広告が登場したのは1996年です。商用検索サイト「Yahoo! JAPAN」がサービスを開始し、この頃に登場した広告が「バナー広告（純広告）」「メール広告」です。「アドテクノロジー（以下、アドテク）」というと、アドネットワーク、RTB、ディスプレイ広告などのワードが思い浮かびますが、現在の広告取引との比較のために、まずはアドテクが登場する以前の広告取引（純広告への出稿）について見ていきましょう。

　アドネットワークが登場する以前は、広告主が各メディアに広告掲載を依頼する必要がありました。当然、広告主は多くの人に広告を見てもらいたいので、アクセス数が多そうなサイトを自分でピックアップし、1つ1つのサイトに広告掲載を依頼します。そのため、非常に手間がかかります。また、メディアによって提供されるレポートの形式はバラバラのため、効果測定における課題もありました。

　メディア側では、広告主からクリエイティブを受け取ると、Webページにベタ貼りするという運用だったため、それなりの工数がかかりました。

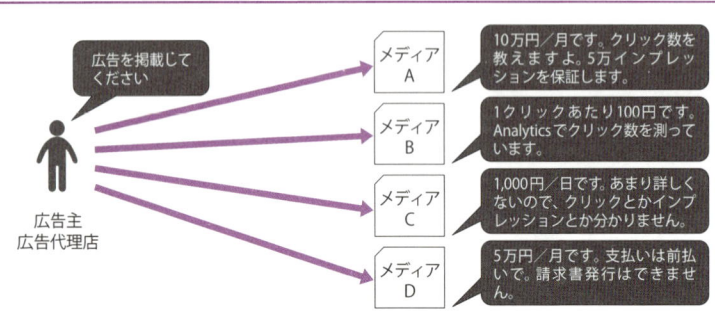

図1-1　アドネットワークがなかった時代の広告掲載

これはメディア側の話ですが、ベタ貼り広告の場合、クリエイティブの入れ替え、人的操作ミスによるコンテンツへの影響など、工数やリスクの面で問題がありました。この問題はサイトの規模が大きくなればなるほど、無視できないものになりました。

　そこで、メディアは広告枠を外部化しました。いわゆる「媒体社アドサーバー」（広告配信・管理専用のサーバー）です。これにより、上記のような問題をクリアするとともに、広告管理が柔軟に行えるというメリットが生まれました。具体的には、「Webページが表示された際に、どの広告を表示するか」という配信の管理や、「どの広告が何回表示されて、何回クリックされたか」などの配信結果の管理ができるようになったということです。

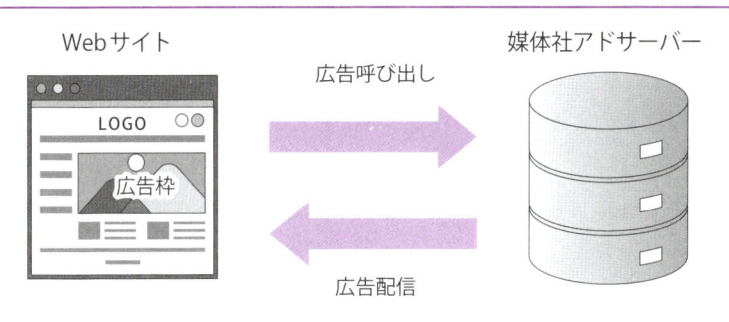

図1-2　媒体社アドサーバー

　媒体社アドサーバーによって、メディアは掲載する広告のインプレッションやクリックを容易に把握することができるようになりました。今までは、「1か月間の掲載で〇〇円」のような期間保証（固定金額）での販売がほとんどでしたが、「インプレッション課金型」「インプレッション保証型（目標のインプレッションが出るまで掲載を保証）」での販売ができるようになったのです。ただし、あくまで技術的に可能になっただけで、実際は期間保証での販売が主流でした。

　インターネット広告では、マス広告などのオフライン広告以上に効果を可視化することが要求されます。これはインターネット広告特有のニーズと言えるでしょう。インプレッション、クリック、コンバージョン（CV）など計測できる指標が多いため、広告主のメディアに対する評価も厳しいのです。

これは筆者の個人的な見解ですが、2002年のリスティング広告の登場が、広告主の意識に大きな変化を生んだと考えています。「ユーザーの能動的なアクション（クリック）に対してのみコストを支払う」というリスティング広告の仕組みは、費用対効果の面で大きなメリットを広告主にもたらし、現在でも多くの広告主に支持されています。

　この広告の登場によって「インターネット広告 ＝ 効果が可視化できる ＝ 効果に対してコストを支払うもの」という考え方が根付き、広告主の広告に対する考え方をシビアにしました。そして、そのニーズに応えようとするセルサイドの努力が、他の広告業界にない「変化の速さ」や「テクノロジーの進化」の根幹にあると考えています。

　話を媒体社アドサーバーに戻します。媒体社アドサーバーによって、メディアは広告主のニーズに応え、かつ、広告インベントリ（広告インプレッション）を効率的に販売するための方法を得ました。しかし、実際は「インプレッション課金型」のような販売方法をメディアが行うことは少なく、現に今でも期間保証（固定金額）での販売が主流です。広告インプレッションはWebページのPV（Page View）によって変動するため、広告掲載が終了するまで正確な数値が分かりません。そのため、売上金額が想定よりも少なくなるというリスクをメディアが持ちます。

　掲載期間での販売の場合、インプレッションを保証する必要はありません。しかし、先に述べたように、広告主からの「効果」に対する要求は強いため、メディアとしては広告を掲載した際の「予測インプレッション」を事前に伝えることが求められます。そのような場合、メディアは「在庫不足」のリスクを回避するため、広告主には保守的な予測インプレッションを伝えます。つまり、基本的には「在庫余り」の状態で売ります。これによってメディアは、在庫が余った場合に、「もっと高値で広告主に売れば良かった」「別の広告主を募ってマネタイズしたい」などのニーズが発生しました。

A：在庫不足

 →  30インプレッション少なかった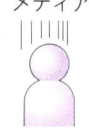

広告主には100インプレッションで
見込みを出したのに……
クレームが怖い。

B：在庫余り

予測インプレッション 100 → 現実インプレッション 150　50インプレッション多かった

100インプレッションで十分だった
のに……
広告主は喜んだけど、余った在庫
を他の広告主に売れば良かった。

⇒AだとリスクがあるのでBで販売（在庫が余る）

図1-3　広告イベントリを効率的に販売する方法

ここまでの「広告主」「メディア」の課題を整理します。

広告主
- 1つ1つのメディアに直接広告掲載を依頼／良いメディアを自分で探さなければならない
    …> メディア選定・出稿に工数がかかる
- メディアによって提供されるレポート形式が異なる
    …> 効果測定の課題

メディア
- 広告枠を販売するための営業コスト
- 広告在庫をマネタイズしたいというニーズの発生
    …>「マネタイズの課題」というよりは、広告枠管理ができるようになったことで、自社の広告インベントリの価値を認識し、新たなニーズが発生したという印象の方が強い

02 » アドネットワーク 〜第三者配信のはじまり〜

　ここでやっとアドネットワークが登場します。日本では2008年頃だったと記憶しています。アドネットワークという「広告配信ネットワーク」に入札・入稿することで、広告主は多数のWebサイトに一括で広告を配信することが可能になり、かつ、純広告よりも圧倒的に低いコストで広告主は出稿することができました。

　「CPM課金型」（1,000インプレッション単位での課金）、「CPC課金型」（1クリック単位での課金）など広告枠の購入方法の変化も、アドネットワークの導入を推し進めた要因であり、広告効果を追求する広告主のニーズに合いました。

　メディアも純広告でマネタイズできなかった枠のマネタイズ手段として、アドネットワークの参画メディアは増加していきました。特に、単体で顧客を得ることが難しい中小メディアでの導入が増えていきました。

　ただし、広告主にとってはいいことばかりではありません。初期のアドネットワークでは、余り在庫や中小サイトの広告枠が中心でした。そのため、ブランドイメージを低下させるようなサイトに掲載されたり、メディア情報が開示できなかったりすることも多く、大手企業にとっては掲載に踏み切れない理由が多かったのも事実です。

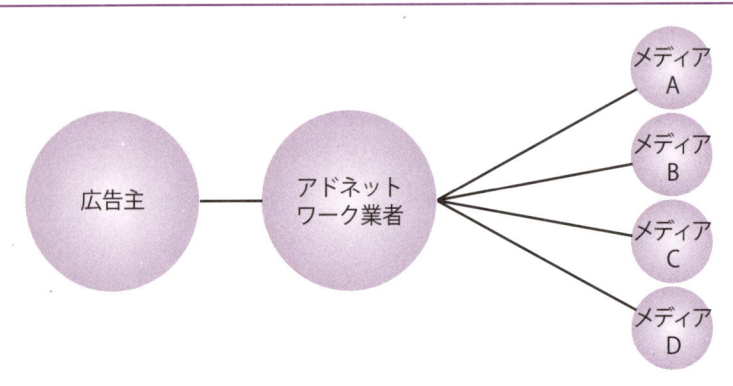

図1-4　アドネットワーク

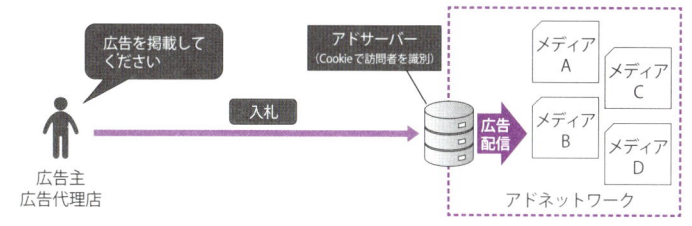

図1-5　アドネットワークを使った広告配信

▶▶ アドネットワーク領域のプレーヤー例（Ad Networks Horizontal）

- AOLプラットフォームズ・ジャパン株式会社
- GMOアドパートナーズ株式会社
- InMobi Japan
- Millennial Media株式会社
- TubeMogul Inc.
- Videology, Inc.
- YouTube, LLC
- アキナジスタ株式会社
- アクセルマーク株式会社
- エヌ・ティ・ティレゾナント株式会社
- グーグル株式会社
- サイバーエリアリサーチ株式会社
- デジタル・アドバタイジング・コンソーシアム株式会社
- ヤフー株式会社
- ユナイテッド株式会社
- 楽天株式会社
- 株式会社AMoAd
- 株式会社Zucks
- 株式会社アイモバイル
- 株式会社イーグルアイ
- 株式会社エイトクロップス
- 株式会社オープンエイト
- 株式会社サイバー・コミュニケーションズ
- 株式会社ディー・エヌ・エー
- 株式会社トラストリッジ
- 株式会社ファンコミュニケーションズ
- 株式会社マイクロアド
- 株式会社リクルート

03 ▶▶ BTA（行動ターゲティング広告）

　アドネットワークを使った広告では、多種多様なジャンルの広告や広告メディアが混在しています。そのため、広告効果を高める技術として、Cookieデ

ータを基にユーザーの行動を分析して配信を行う、「行動ターゲティング広告」(BTA：Behavioral Targeting Advertising) が導入されました。

その中でも、最も有名なターゲティング手法が「リターゲティング」です。これは、特定のWebサイトを訪問したユーザーに対して、広告を配信する仕組みで、BtoB、BtoC企業に関係なく、現在でも多くの企業で利用されています。

一度Webサイトに訪問したユーザーは、何かしらの経路でそのサイトに興味を持ったユーザーです。このユーザーに対して広告を配信するということは、興味関心レベルの高いユーザーにアプローチすることになるため、有効なターゲティング手法だと言えます。

このターゲティング技術の進化が、アドネットワークの導入を強力に後押ししました。

リターゲティングの利用例
- 登録や申し込みなどのフォームで離脱したユーザーは確度が高いため、広告配信量を増加
- 特定の商品ページを訪問したユーザーに、その商品に合ったクリエイティブを表示する
- 一度CVしたユーザーを配信対象から外すことで、CVユーザーのユニークユーザー（UU）を増やす
- リターゲティング対象期間を変更して、広告に反応しないユーザーを配信対象から除外

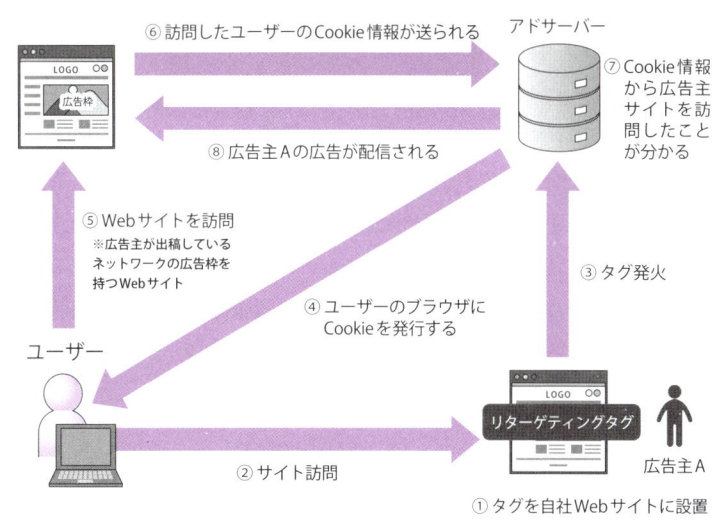

図1-6　行動ターゲティング広告

04 » アドエクスチェンジ ～広告枠の取引市場化～

　アドネットワークが登場してから約2年後、2010年頃に「アドエクスチェンジ」という広告取引市場が登場しました。アドエクスチェンジは広告枠をインプレッションベースで取引する市場であり、需要（広告主）と供給（メディア）のバランスからインプレッションごとに広告枠の価値を評価して価格を決定します。すなわち、ネットワークやメディア単位ではなく、広告枠単位で価格が決まる、ということです。

　広告主から見ると、アドネットワークでは「クリック課金型」「インプレッション課金型」など、ネットワークにより課金形態が異なることも多いのですが、アドエクスチェンジという広告取引市場によって、入札方式のCPM課金型（広告枠単位）で仕様が統一されました。

アドエクスチェンジのうち、広告枠のインプレッションが発生するたびに競争入札が開始され、最も高い金額をつけた購入者の広告を表示する方式が「RTB（リアルタイム入札）」と呼ばれます。最も高い金額と言っても、実際はその価格で落札するのではなく、多くは、2位の入札額＋1円が落札額となる「セカンドプライスビッディング」と呼ばれる方式です。これは、落札額がむやみに高くならないようにするためで、リスティング広告など、入札型の広告ではよく利用される仕組みです。また、アドエクスチェンジには、あるアドネットワークで在庫が不足している場合、他から在庫を調達し、市場全体の需要（広告主）と供給（メディア）のバランスを調整してくれる役割があります。

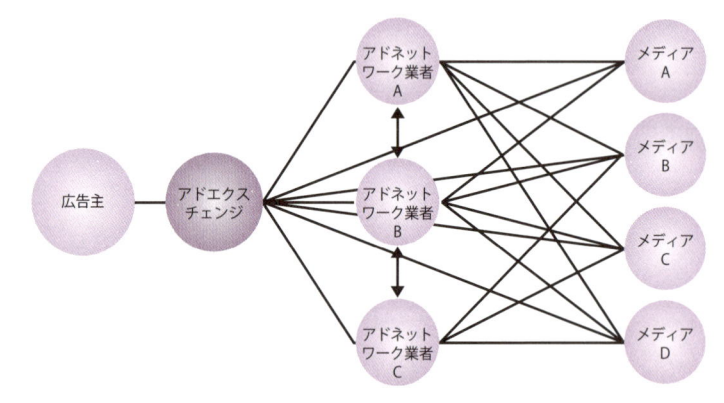

図1-7　アドエクスチェンジ

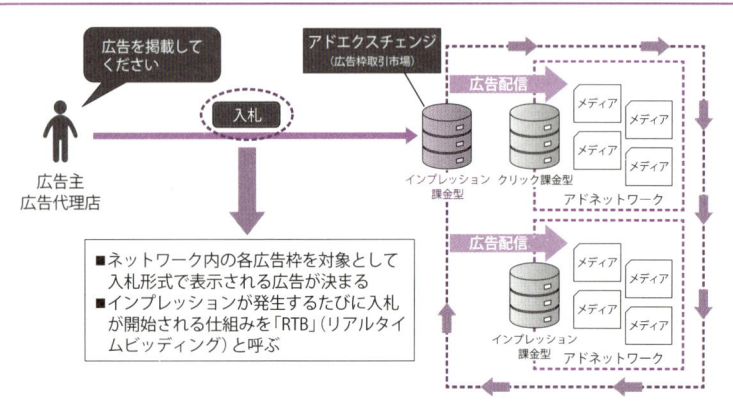

図1-8　アドエクスチェンジを使った広告配信

アドエクスチェンジ領域のプレーヤー例

- Facebook,Inc.
- グーグル株式会社
- ヤフー株式会社
- 株式会社サイバー・コミュニケーションズ
- 日本マイクロソフト株式会社

05 » オーディエンスデータ／オーディエンスターゲティング

　2011年頃、オーディエンスデータを使ったターゲティング手法（オーディエンスターゲティング）が出てきました。オーディエンスデータとは、ユーザーのWeb上の行動履歴から「その人（Cookie）がどんな人なのか？」を推測したパーソナルデータのことです。

　データエクスチェンジャーと呼ばれるデータエクスチェンジを行う事業者が複数のポータルサイトと提携し、ユーザーのセグメンテーションを行い、オーディエンスデータ（セグメント情報）として販売します。実際のユーザーのWebサイト訪問履歴が公開されるわけではなく、オーディエンスデータを提供しているポータルサイトなどが、自社のWebページの訪問者Cookieリストをデータエクスチェンジャーに販売します。データエクスチェンジャーは、購入したオーディエンスデータのセグメンテーションを行い、そのセグメントデータを広告のターゲティング利用を目的として、アドエクスチェンジやアドネットワークに提供（広告配信側に販売）するという流れです。

　これまでは、広告とメディアの親和性など「枠」でのターゲティングがメインでした。しかし、オーディエンスデータを利用して、ユーザーの行動履歴の特徴から「人」をターゲティングして広告配信できるようになりました。

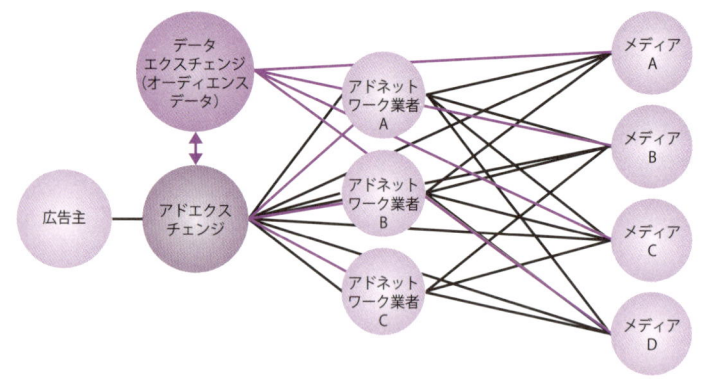

図1-9　オーディエンスデータを使ったターゲティング手法

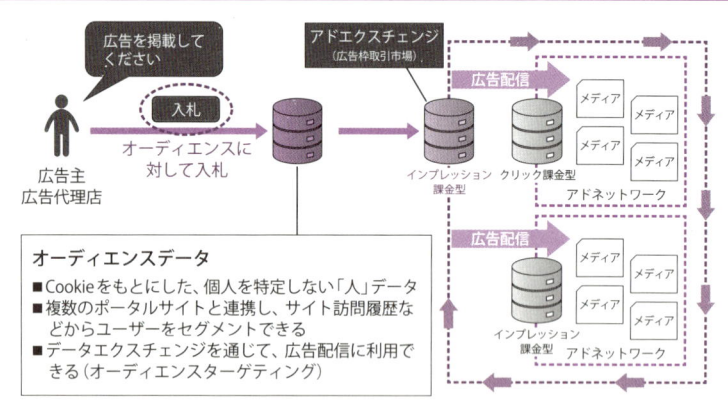

図1-10　アドエクスチェンジを使った広告配信＋オーディエンスデータ

オーディエンスデータ領域のプレーヤー例

- AppBank株式会社
- エクスペリアンジャパン株式会社
- カルチュア・コンビニエンス・クラブ株式会社
- 株式会社インテージ
- 株式会社オールアバウト
- 株式会社カカクコム
- 株式会社ディーアンドエム
- 株式会社マクロミル

06 » DSP／SSP

　オーディエンスターゲティングの登場と同じ時期に、複数のアドエクスチェンジやネットワークを一元管理する広告配信のプラットフォーム「DSP（Demand-Side Platform）」、広告収益の最大化を目的としたメディア側のプラットフォーム「SSP（Supply-Side Platform）」が登場しました。

　DSPは、いわば「広告配信の頭脳」です。広告主や広告代理店のためのシステムで、広告インベントリの買い付け、広告配信、掲載面、クリエイティブの分析、入札単価の調整、オーディエンスターゲティング等、広告主のためにあらゆる最適化をシステマティックに行います。複数のSSPとRTB接続することで、広告インベントリを必要としたときにリアルタイムで入札に参加します。

　アドネットワークの登場で、インターネット広告の取引枠は急激に増加。そして、アドエクスチェンジという広告枠の取引市場化やRTBの登場により、取引の単位が細かくなり、取引回数も増加します。

　これに加えて、オーディエンスデータという膨大な付加情報が登場しました。

　市場を飛び交うデータ量は、純広告時代とは比べ物にならないくらい膨れ上がり、毎日、数百億単位のインプレッションが取引されています。

　広告効果を追求する広告主のニーズに応えるには、フリークエンシーやリーセンシー、配信面、入札状況、オーディエンスなどのあらゆる情報を処理して配信にフィードバックする必要があります。これらを人の手で行うことは難しく、システマティックに柔軟な広告運用を可能にするDSPが必要でした。

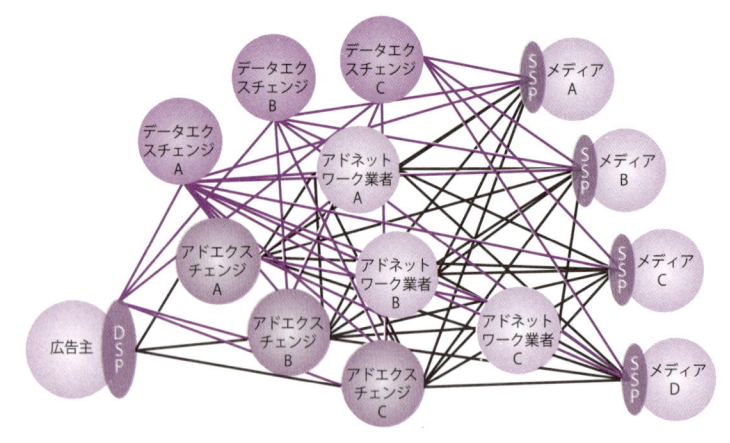

図1-11　DSPとSSP

　日本におけるRTBやDSPの登場は2011年頃と書きましたが、世界では、2009年頃に米国で発祥しました。金融機関に勤めていた金融工学に長けたエンジニアが、2008年のリーマンショックでインターネット広告業界に流れ、そこで株取引の仕組みをインターネット広告のオークションに応用したと言われています[*1]。

　DSP／SSPでの広告取引の流れについて説明します（図1-12）。ユーザーがWebサイトを訪問し、広告枠が存在するWebページが表示されたら、まずSSPが広告リクエストを受け、DSPにビッディングをリクエストします。各DSPはDSP内でオークションを行い、DSPごとにクリエイティブが1つ決まります。その結果をSSPに返し、SSPは「各DSPで勝利したクリエイティブ同士」でオークションを行います。最終的に表示するクリエイティブが決まり、その結果（勝者DSP）をリクエスト元に伝えます。

　必ずしも入札額が高い広告が選ばれるわけではありません。例えば、ユーザーがWebページに訪問して広告が表示されるまでの時間は0.1秒程度です。この時間内でレスポンスをしなければならないため、DSPのビットレスポンスの速さやCVRの高さも影響する場合があります。また、SSPはフロアプライス（最低入札額）を設定していることが多く、この額以上の入札でないと広

[*1]【参考書籍】『DSP/RTBオーディエンスターゲティング入門』（著者：横山 隆治／菅原 健一／楳田 良輝・発行：株式会社インプレスR&D）

告が表示されません。セカンドプライスビッディングでフロアプライス以上の入札が1つの場合は、フロアプライス＋1円が落札額となります。

　リクエスト元はSSPから勝者DSPのタグを受け取り、勝者DSPに広告リクエストします。DSPはそのリクエストに応じて、広告クリエイティブをリクエスト元に配信します（具体的には、クリエイティブを呼び出すためのHTMLコードを配信）。

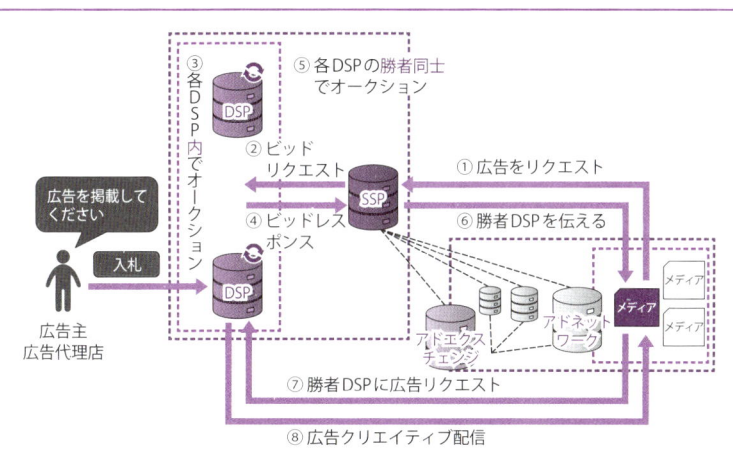

図1-12　DSPを使った広告配信

›› DSP領域のプレーヤー例

- Amazon.com, Inc.
- AOL プラットフォームズ・ジャパン株式会社
- FOX インターナショナル・チャンネルズ株式会社
- GMOインターネット株式会社
- MEDIAMATH, INC.
- Rocket Fuel Inc.
- TubeMogul Inc.
- Turn Inc.
- グーグル株式会社
- グリーアドバタイジング株式会社
- ソネット・メディア・ネットワークス株式会社

- トランスコスモス株式会社
- マーベリック株式会社
- ヤフー株式会社
- ユナイテッド株式会社
- ログリー株式会社
- 楽天株式会社
- 株式会社ALBERT
- 株式会社GeeeN
- 株式会社KPIソリューションズ
- 株式会社Platform ID
- 株式会社アドインテ
- 株式会社アドウェイズ

CHAPTER 1 History & Technology　15

- 株式会社イグニッションワンジャパン
- 株式会社インタースペース
- 株式会社サイバーエージェント
- 株式会社スケールアウト
- 株式会社スパイスボックス
- 株式会社スペイシーズ
- 株式会社デジタイズ
- 株式会社プラットフォーム・ワン
- 株式会社フリークアウト
- 株式会社フルスピード
- 株式会社ブログウォッチャー
- 株式会社マイクロアド
- 株式会社リクルートコミュニケーションズ
- 京セラコミュニケーションシステム株式会社

▶▶ SSP領域のプレーヤー例

- AOLプラットフォームズ・ジャパン株式会社
- AppNexus Inc.
- Glossom株式会社
- GMOアドマーケティング株式会社
- Kauli株式会社
- Supership株式会社
- スキルアップ・ビデオテクノロジーズ株式会社
- パブマティック株式会社
- ユナイテッド株式会社
- ルビコン・プロジェクト株式会社
- 株式会社ADFULLY
- 株式会社fluct
- 株式会社KPIソリューションズ
- 株式会社Platform ID
- 株式会社オプト
- 株式会社サイバー・コミュニケーションズ
- 株式会社サムライファクトリー
- 株式会社ジーニー
- 株式会社プラットフォーム・ワン
- 株式会社マイクロアド

07 ▶▶ 3PAS（第三者配信アドサーバー）

　DSP/SSPの登場と同じく2011年頃、「3PAS」（第三者配信アドサーバー）が登場しました。広告主はDSPなどのプログラマティックな広告以外にも、リスティング広告、純広告、アフィリエイト広告など様々なWeb広告を出稿。さらには、SEO（Search Engine Optimization）など広告以外のマーケティング施策も実施していたため、それらを横断して管理・効果測定したいというニーズを持っていました。これに応えることができるのが3PASです。

　アドネットワークやDSPもメディアに直接広告を配信せずに、アドサーバーといった第三者を介して広告を配信するという意味では第三者配信（3rd Party Ad Serving）です。しかし、ここで言う第三者配信はこのことではな

く、複数のメディアの広告を一括管理して配信・効果測定を行うアドサーバー（第三者配信アドサーバー）、つまりサーバー自体のことをさし、前述の第三者配信よりも狭義の第三者配信のことです。以後はこの狭義の第三者配信のことを、広い意味の第三者配信と区別するために3PASと呼びます。

DSPやアドエクスチェンジと違って、3PASには広告枠の買い付けや配信のオプティマイズ機能などはありません。その価値は「リッチメディア配信」「クリエイティブ管理」「メディアを横断した効果測定」にあります。効果測定の主な対象は「SEO（自然検索）」「リスティング広告」「ディスプレイ広告」になりますが、「純広告」も3PAS経由で配信できるものであれば他の広告と同様に効果測定が行えます。

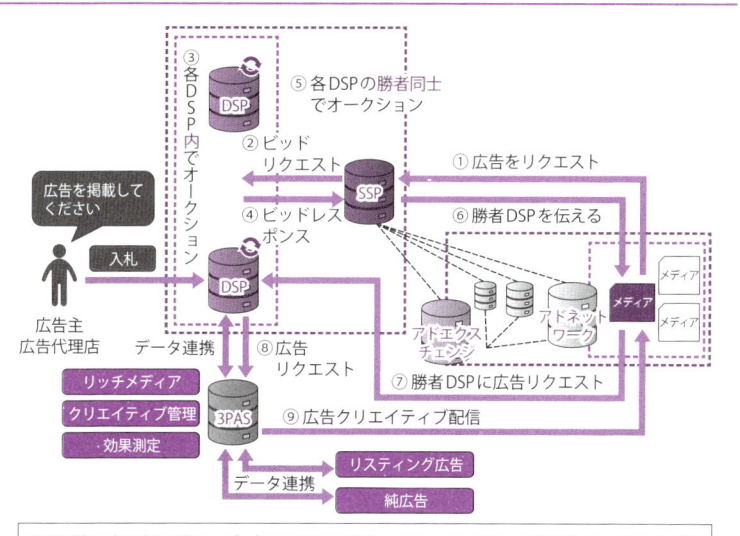

図1-13　3PAS（第三者配信アドサーバー）を使った広告配信

▶▶ 配信の強み

CVユーザーの広告接触パスが分かることで、「CVに貢献した広告メディ

ア」「CVさせるためにかかった広告コスト」を把握できるため、適正な予算配分が行えます。

　メディアを横断して広告のCVへの貢献度を正当に評価するための分析手法を「アトリビューション分析」と言います。3PASの登場によって、アトリビューション分析ができるようになりました。

　動画広告やインタラクティブ広告などリッチアドの配信や、フリーケンシーのコントロールができることが3PASの強みです。リッチアドは今までレスポンス目的メインで利用されていたインターネット広告に、ブランディングという新しい価値を付加してくれるクリエイティブであり、今後のインターネット広告業界を進化・加速させていくためのきっかけになると思っています。

　シーケンス配信（1人のターゲットのフリーケンシーをコントロールして、クリエイティブを段階的に切り替える配信手法）ができれば、ユーザーの広告表示回数によってクリエイティブの切り替えができます。例えば、「○○回クリエイティブAを表示したユーザーはブランド認知率が△△％にアップする」「ブランド認知率が△△％ に達した場合、より購買に直結するメッセージのクリエイティブBを表示することでクロージング率が高まる」というような示唆をマーケティングリサーチで得ている場合、ユーザーが接触するクリエイティブのシナリオを設計し、フリーケンシーごとにクリエイティブを動的に切り替え、クロージング率を高めることが可能です。

　アトリビューション分析とは、直接CV以外の間接CV（ビュースルーCVや広告クリック後 → 離脱 → 別経路からのCV）も含めて、メディアを横断して、CVに対する広告の貢献度を、正当に評価する分析手法です。3PASの導入により可能となります。

▶▶ 効果測定の強み

　メディアをまたいだ効果測定が行えるということは、「今までの個別効果測定が1回で済む」というところに価値があるわけではありません。その価値は全ての施策の貢献度を同じ基準で評価できる点にあります。つまり、本当に価値のある広告を判断し、アロケーションをコントロールできるのです。

　ここでは、効果測定における課題を3つのフェーズに分けて説明します。

▶▶ フェーズ1：アドネットワーク登場前の効果測定における課題

　図1-14は、「ディスプレイ広告」を見てサービスを認知し、「SEO」でサービスを検索してWebサイトを訪問。このときはCVまで至らなかったが、後日検索して「リスティング広告」をクリックしてWebサイトを訪問しCVするという、よくあるメディア接触パスです。

　アドネットワークがまだ普及していなかった頃（つまりディスプレイ広告＝純広告）、上記のようなパスの場合、Webマーケティングの効果測定では最後に接触した広告しか評価できず、その前に接触していた広告やSEOの効果が確認できなかったため、評価されませんでした。コストが発生している広告の効果が見えていないことは大きな課題でした。

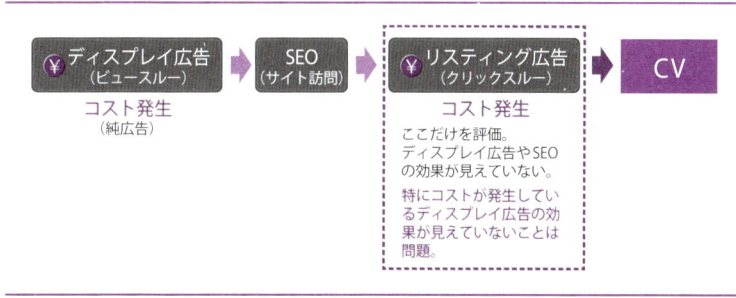

図1-14　アドネットワーク登場前のWeb効果測定

▶▶ フェーズ2：アドネットワーク登場後の効果測定における課題

　アドネットワークが登場したことで、ビュースルーCVが計測できるようになりました。しかし、メディア間の重複が考慮されていないため、重複CVとして各メディアのレポートにカウントされます。

　インターネット広告のCV計測にはブラウザのCookieが利用されるのが一般的です。CVページには、「ディスプレイ広告」「リスティング広告」それぞれのCV計測用のタグが設置してあるため、上記の各広告のCookieを持ったままCVすると、各メディアのレポートでCVが1件ずつカウントされるため、合計2件のCVが計測されます。しかし、実際のCVは1件です。

この例では、ディスプレイ広告を表示したタイミングでアドネットワークのCookieがセットされます。その後、リスティング広告をクリックしたタイミングでリスティング広告のCookieがセットされます。
　これが、重複CVが発生する原因です。

図1-15　アドネットワーク登場後のWeb効果測定

フェーズ3：
3PAS登場後のWeb効果測定（アトリビューション分析）

　3PASを介して広告配信することで、Webマーケティング施策全体を分析できます（ただし3PASに対応している広告であることが必要）。
　ディスプレイ広告には3PASのタグ（3PASに保存しているクリエイティブを呼び出すためのタグ）を入稿します（メディアの広告枠が3PASでの入稿に対応していれば純広告でも可能）。
　広告が表示された際に、3PASからクリエイティブを呼び出すので、この情報を3PAS側に蓄積できます。そのため、複数のDSPを運用している場合でも、3PASのシステム1つで効果測定を行うことにより、重複しているCVの可視化が可能です。
　リスティング広告の場合は、3PASから広告を配信するわけではないですが、データを3PASに取り込めるため、全てのメディアの成果を横串で見られます。
　アトリビューション分析については、この後で詳しく説明します。

図1-16　3PAS登場後のWeb効果測定（アトリビューション分析）

▶▶ 3PAS領域のプレーヤー例

- Fringe81株式会社
- グーグル株式会社
- サイズミック・テクノロジーズ株式会社
- デジタル・アドバタイジング・コンソーシアム株式会社
- 株式会社Platform ID
- 株式会社アイピーオンウェブジャパン
- 株式会社スケールアウト
- 株式会社フルスピード
- 株式会社ロックオン

08 ▶▶ アトリビューション分析

　3PASによって、広告主は1つのCVに複数の施策が関与していることが把握できるようになりました。では、具体的にどのように各施策を評価すれば良いのでしょうか。

　これを明らかにするのが、アトリビューション分析です。アトリビューション分析には、オンライン施策のみの貢献度を算出する「オンラインアトリビューション分析」と、TVCMなどのオフライン施策も含めて分析を行う「統合アトリビューション分析」の2種類があります。

また、上記とは別の切り口で、下記の分析モデルが存在します。

アトリビューション分析モデルと分析サービス提供会社の例

- ■ 成果配分モデル ……………………………………… ATARA社、Fringe81社
- ■ ベイジアンネットワークモデル（数理モデル）……………… Albert社
- ■ マルコフ連鎖モデル（数理モデル）………………………………… IMJ社
- ■ ボルツマンウェイトモデル（統計物理モデル）……………… Fringe81社

成果配分モデル

　成果配分モデルは、タッチポイントを「最初」「中間」「最後」などに分類して、「どのタッチポイントを評価するか」という点にフォーカスした分析モデルです。
　ここでは、アトリビューション分析初心者でも使いやすい、Google Analyticsの「アトリビューション モデリング」を紹介します。

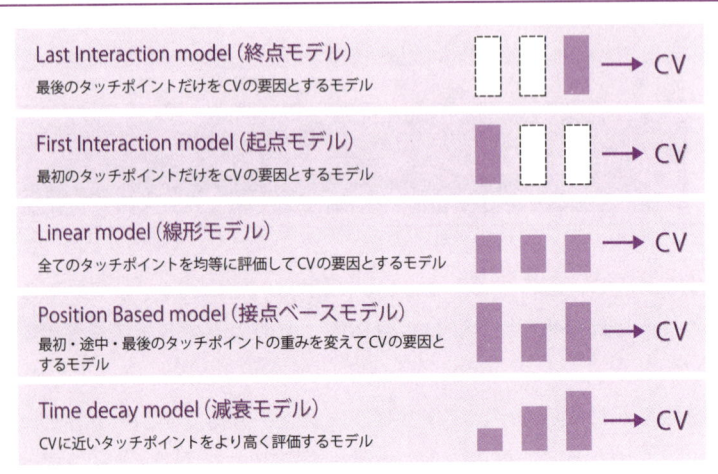

図1-17　アトリビューション分析の5つのモデル（成果配分モデル）

22

【1】Last Interaction model（終点モデル）

最後のタッチポイントだけをCVの要因とするモデルです。

アドネットワーク登場前の評価方法と同じです。使用するシーンは、例えば、販売サイクルが超短期間（期間が限定されたキャンペーンなど）の場合に適しています。これまで一般的に使用されてきた手法なので、他のアトリビューション分析との比較にも使えます。

【2】First Interaction model（起点モデル）

最初のタッチポイントだけをCVの要因とするモデルです。

ブランド認知を目的に広告やキャンペーンを掲載している場合に使用します。ブランドがターゲットユーザーに浸透していない場合、顧客がブランドを知るきっかけとなったメディアが重要です。

【3】Linear model（線形モデル）

全てのタッチポイントを均等に評価してCVの要因とするモデルです。

最も使いやすいアトリビューション分析のモデルです。アトリビューション分析をこれから始める方に向いています。

【4】Position Based model（接点ベースモデル）

最初・途中・最後のタッチポイントの重要度を変えてCVの要因とするモデルです。

評価が高いタッチポイントは「最初」と「最後」。つまり、「ブランド認知させたメディア」と「CVを刈り取ったメディア」をより高く評価します。筆者もよく使用するモデルです。

【5】Time decay model（減衰モデル）

CVに近いタッチポイントをより高く評価するモデルです。

販売サイクルが短期間の場合に使用します。「First Interaction model」にアトリビューションらしい考え方を取り入れたもので、こちらも期間限定のキャンペーンなどに利用できます。筆者もよく使用するモデルです。

成果配分モデルは、ロジックが非常にシンプルで、数学や統計学に詳しくなくても使いやすいことが特長です。ただし、分析者の判断によって各メディアのスコアが変動します。特に広告インプレッションに対しての評価方法は、明確に決めておく必要があります。

　例えば、全てのタッチポイントを評価する場合、1件のCVに関与した広告ビュー（ディスプレイ広告）が9、クリック（リスティング広告）が1あったとして、1回の広告クリックと1回の広告ビューの価値を同じにしてしまうと、リスティング広告のスコアは1/10になってしまいます。

　広告ビューは実際にユーザーが「広告を見た回数」ではなく、「画像がロードされた数」なので、1回のクリックよりも貢献度は低いはずです。そのため、このような場合は「CVユーザーの広告ビューにはどれくらいの価値があるか」を推測し、スコアを補正する必要があります。

　このように、成果配分モデルはスコアを操作しやすい点が課題です。そのため、複数モデルでのアトリビューションスコアを算出し、それをもとにアロケーションを組み、「どのモデルをベースとしたアロケーションが改善につながったか」という結果を分析にフィードバックして、ロジックの精度を上げていくことが重要なモデルです。PDCAサイクルの速いWebプロモーションでは、分析ロジックの正確性よりも、「いかにフィードバックを速くできるか」ということが重視されるケースも少なくないため、このようなシンプルなモデルの方が適している場合が多々あります。

≫ ベイジアンネットワークモデル（数理モデル）

　ベイジアンネットワークモデルは株式会社ALBERTがリリースした数理モデルタイプのアトリビューション分析モデルです。

株式会社ALBERT（アルベルト、本社：東京都渋谷区、代表取締役社長：上村崇、以下ALBERT）は広告における各メディアの因果関係と貢献度をベイジアンネットワークによる因果推論モデルで把握するアトリビューション分析サービスをスタートしました。

アトリビューション分析は主にインターネット広告においてメディアごとのCVに対する貢献度を把握するために行なうものですが、従来の算出ロジックは恣意的かつ固定的で、実際の貢献度を正しく把握できるものではありませんでした。ALBERTはこの問題を解決するため、仮説ありきのモデルではなく、観測されたデータから因果関係を推測することが可能なベイジアンネットワークを採用することで、合理的な貢献度の重み付けをすることに成功いたしました。

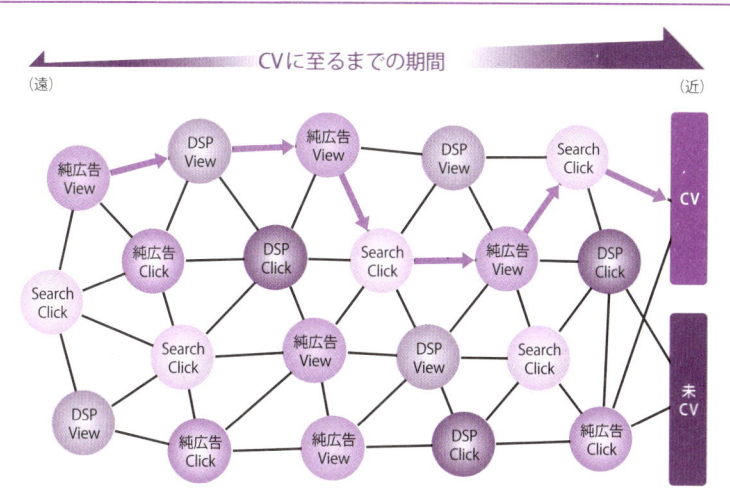

図1-18　ベイジアンネットワークモデル（数理モデル）
出所　ベイジアンネットワークを用いたアトリビューション分析サービス開始〜アトリビューションスコアを数理モデルで定量化、広告予算の最適配分も把握可能〜（株式会社ALBERTニュースリリース2013年6月25日付）
URL　http://www.albert2005.co.jp/release/archives/201306/25_110018.html

▶▶ マルコフ連鎖モデル（数理モデル）

　ベイジアンネットワークモデルと同様に確率論をベースとしたアトリビューション分析モデルです。マルコフ連鎖モデルでは、ユーザーのメディア接触パスを使用します。広告が多様化した現代において、CVまでにユーザーが複数回メディアに接触することはよくありますが、ユーザーが例えば100回メディアに接触していたとしても、マルコフ連鎖モデルでは、「直前」と「直後」の2つにパスを切り出して、2点間の推移確率を求めます。

　「直前」と「直後」の2点に分解することにより、マトリクスで推移行列が作成できるので、これを用いて推移確率行列を作ります。

　CVをフリークエンシー（n）で分類し、各CV（n）のアトリビューションスコア（メディアごとの推移確率の和）を足して、メディアの貢献度を算出します。

OUT

	Google	YouTube	MicroAd BLADE	🛒
Google	20%	0	20%	60%
YouTube	100%	0	0	0
MicroAd BLADE	50%	0	0	50%
🛒	0	0	0	0

IN

図1-19　マルコフ連鎖モデル（数理モデル）
出所 マルコフ連鎖モデルによるアトリビューション分析（インターネット広告への応用）、株式会社会社サイバーエージェント インターネット広告事業部
URL http://ameblo.jp/cyberanalyst/entry-11790290434.html

$$
\begin{aligned}
\text{合計}\,CV &= CV_0 + CV_1 + CV_2 + \cdots \\
&= \vec{k}P\vec{l} + \vec{k}P^2\vec{l} + \vec{k}P^3\vec{l} + \cdots \\
&= \vec{k}\sum_{n=0}^{\infty} P^n \vec{l}
\end{aligned}
$$

CPC：CPCベクトル
l　：CVRベクトル
k　：初期流入数ベクトル
P　：推移確率行列

図1-20　マルコフ連鎖モデルによる算出
出所 マルコフ連鎖モデルによるアトリビューション分析（インターネット広告への応用）、株式会社会社サイバーエージェント インターネット広告事業部
URL http://ameblo.jp/cyberanalyst/entry-11790290434.html

ボルツマンウェイトモデル（統計物理モデル）

ボルツマンウェイトモデルはFringe81株式会社がリリースした統計物理学に基づく予算配分アルゴリズムを用いたアトリビューション分析モデルです。

Fringe81は、オンライン上におけるユーザーの行動が、原子や分子のように確率的に動いている粒子の状態と似通った点が多く、統計物理学の理論で記述可能であることに着目しました。自然現象をシミュレーションできるボルツマンウェイト理論（※）を導入することで、「検索連動広告」と「ディスプレイ広告」を縦断して分析／グラフ化した予算配分シミュレーション手法を確立しました。

（※）ボルツマンウェイト理論……熱的現象を統計的に記述する熱統計力学や微視的世界を説明する量子力学などの物理理論で、多粒子系のエネルギー状態の統計的「振る舞い」を記述するのに用いられる。

出所 Fringe81株式会社 プレスリリース、2013年8月1日
URL https://www.fringe81.com/pressrelease/pressrelease20130801.html

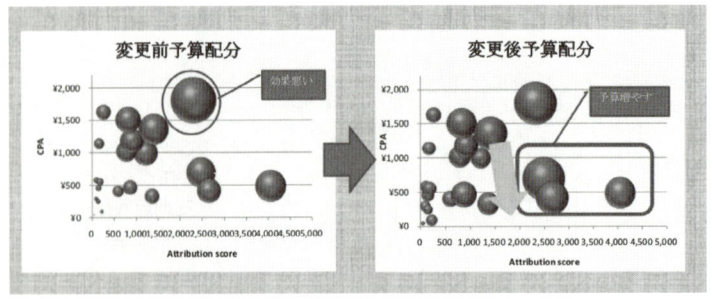

図1-21　ボルツマンウェイトモデル（統計物理モデル）

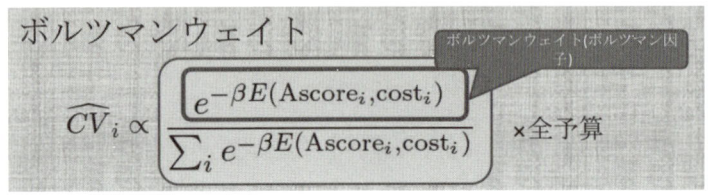

図1-22　ボルツマンウェイト理論
出所　Sano web広告最適化20131018v3、Fringe81株式会社、佐野正和
URL　http://www.slideshare.net/masakazusano75/sano-web20131018v3

アトリビューション領域のプレーヤー例

- Fringe81株式会社
- アタラ合同会社
- グーグル株式会社
- サイズミック・テクノロジーズ株式会社
- 株式会社ALBERT
- 株式会社デジタルアイデンティティ
- 株式会社ビービット

09 ▶▶ アトリビューション分析 〜MIWモデルの概要と事例〜

▶▶ アトリビューションモデル 「Media Interaction Weight Back model（MIWモデル）」

　MIWモデルは筆者が考案した成果配分型のアトリビューションモデルです。「自動でアトリビューションスコアを算出」「スコアリングロジックを自由にチューニングできる」ことが特長であり、株式会社オムニバスのDMP「Pandora」に実装されています。こちらのモデルは無料でご利用いただけます。

▶▶ 既存の成果配分モデルの問題点

【問題点1】
　各メディアの1接触あたりの価値を合理的に算出できていない。
　例えば、動画広告の1インプレッションと、静止画広告の1インプレッションでは、広告の印象力に差があるので貢献度にも差がある。
　⋯▷メディアの違いによる貢献度の差を加味する必要がある。
　⋯▷広告印象力の差はアンケートを実施することで聴取できる。

【問題点2】
　広告接触単位でスコアを付与するモデルのため、フリークエンシー（FQ）が多いメディアほどスコアが高くなりがち。
　例えば、1つの広告においてFQによる貢献度の差はあるが、比例して増加するものではない。
　⋯▷実際は対数関数的増加のパターンが多い。（例：1FQと100FQに100倍の貢献度の差はない）
　⋯▷1FQ単位でスコアを配賦するのではなく、閾値でのスコア配賦が現実的。

2つの問題に共通して言える課題は、ユーザーの態度変容が見えない「広告接触（広告インプレッション）」をどう評価するか？　という点です。例えば、10回広告に接触しているCVユーザーがいたとして、初回と4回目は広告を認知・記憶したかもしれませんが、他は表示に気づいていなかっただけかもしれません。

　どの広告インプレッションに広告効果があったかを計測するには、行動データ解析はもちろん、実際にヒアリングしたとしても難しいでしょう。そのため、この代替策として、「フリークエンシーでCVユーザーをセグメントして、広告認知度を聴取」しました。

　これにより、「意味のあった広告表示（広告認知数）／実際の広告表示回数（FQ）」が分かります。そして、その広告認知率の差を「メディアごと」「フリークエンシーごと」で比較し、その差を「広告接触の価値の差」とみなし、スコアリングロジックの1つの変数として設定できるアトリビューション分析モデルがMIWモデルです。

　図1-23/1-24は株式会社マクロミルで実際にアンケートを行った結果の抜粋です。アンケートの結果から、「同じFQでもメディアの違いによって広告認知率に差があること」と「フリークエンシーの変化による広告認知率の上昇幅は比例的増加ではなく、対数関数的増加の傾向があり、かつ上限があること」が分かりました。

　広告認知率はクリエイティブの表現力と関係があり（リッチメディアほど1FQあたりの価値が高い）、フリークエンシーが多いほど増加する（しかし、対数関数的増加傾向）ということです。

メディア名	FQ	N	広告認知数	広告認知率
ディスプレイ広告A (静止画)	1〜10	231	48	21%
	11〜20	92	21	23%
	21〜30	70	19	27%
	31〜40	36	12	33%
	41〜50	35	12	34%
	51〜	34	11	32%

フリークエンシー31以上は、認知度がほとんど変わらなかった
↓
41以上の広告インプレッションは意味がないのでは？
↓
1〜40までの広告インプレッションのみ評価（閾値の設定）

図1-23　フリークエンシーによる広告認知度の違い

メディア名	FQ	N	広告認知数	広告認知率
記事広告	〜10	8	5	60%
ディスプレイ広告A (静止画)	〜10	231	48	21%
ディスプレイ広告B (動画)	〜10	85	28	33%

同程度のフリークエンシーでも、メディアの違いによる広告認知率に差がある

図1-24　接触メディアによる広告認知度の違い

　アンケート結果から「メディアの違いによる広告認知率の差」「フリークエンシーによる広告認知率の差」の2つを変数とし、さらに「ユーザーの接触態度（クリックやビュー）による広告認知率の差」も変数として加えます。
　具体的には、図1-25のようなマトリクスがメディアの数だけ作成されます。

ある広告のスコアテーブル

FQ	ウェイト値 クリック	ウェイト値 ビュー
1～10	15pt	8pt
11～20	14pt	5pt
21～30	0pt	0pt
31～40	0pt	0pt
41～50	0pt	0pt
51～60	0pt	0pt
61～70	0pt	0pt
71～80	0pt	0pt
81～90	0pt	0pt
91～100	0pt	0pt

レンジ設定：閾値を設定　スコア設定：整数（0～100）を入力

図1-25　スコア配分例

例）1人のユーザーがCVするまでに、クリックが1回、ビューが35回発生した広告のベーススコア

$$クリックスコア = (15pt \times 10回) + (14pt \times 7回)$$
$$= 248pt$$
$$ビュースコア = (8pt \times 10回) + (5pt \times 10回) + (0pt \times 5回)$$
$$= 130pt$$

$$ベーススコア = 248pt + 130pt$$
$$= 378pt$$

上記のように、ベーススコアを接触メディアごとに算出します。そして、既存の成果配分モデルのように、「どのタッチポイントを評価するか」というパスを加味したスコア算出ロジックを掛け合わせて、最終的にCV1件に対する各メディアの貢献度を自動で算出します。

10 » アトリビューションマネジメント ～広告弾力性の問題～

　アトリビューション分析とは、CVに関与したメディアの貢献度をスコアリングする分析です。

　広告主のゴールはこの分析結果をもとに、リアロケーションを行い広告効果を最大化させることです。そのため、分析がゴールではなく、ここからアロケーションを考える必要があります。

　アトリビューションスコアが高いメディアに予算を寄せれば良いと思われるかもしれませんが実際は違います。それは、「広告弾力性の問題」があるからです。ここでは広告弾力性のパターンを5つに分類し、その違いから、アトリビューションマネジメントが単純でないことを説明します。

　図1-26のグラフはX軸が「COST（広告投下量）」、Y軸が「CPA（獲得効率）」、バブルの大きさが「CV（成果）」を表しています。X軸を広告投下量増加前と広告投下量増加後の2点に限定し、他2つの値がどのように変化するかを見ていきます。

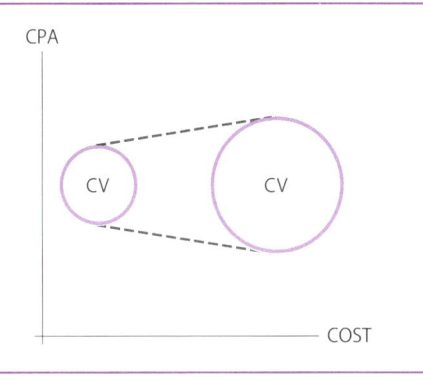

図1-26　広告弾力性

CPA固定型

広告投下量が増加すると、CPAは変わらずにCVが増加します。広告から発生する利益額が広告予算より高い場合、広告投下量を増やすことで利益が増加します。成果報酬型のアフィリエイト広告などがこれにあたります。CPAが先読みできるので、使いやすい広告です。

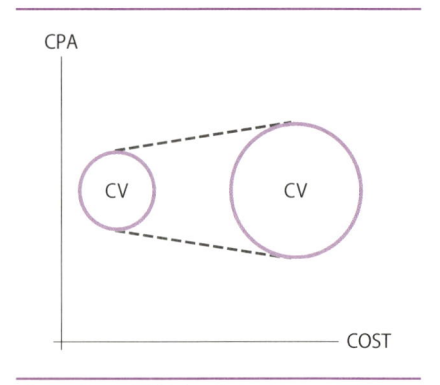

図1-27 CPA固定型のグラフ

CPA比例型

広告投下量が増加するとCVも増加しますが、CPAは割高になります。許容できるCPAを見極めることが重要です。運用が適切に行われている運用型広告では、最終的にこの形になることが多くあります。

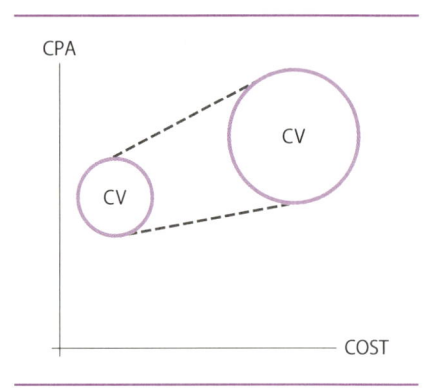

図1-28 CPA比例型のグラフ

適正予算型

広告投下量が増加するとCVが増加し、さらにCPAも割安になる理想的な形です。DSPを使った広告配信では、初期はオプティマイズの期間が必要なため、CPAが割高になり、オプティマイズが効き始めるとCPAが下がるようになります（適正予算型）。しかし、最終的にはCPA比例型になることが多くあります。

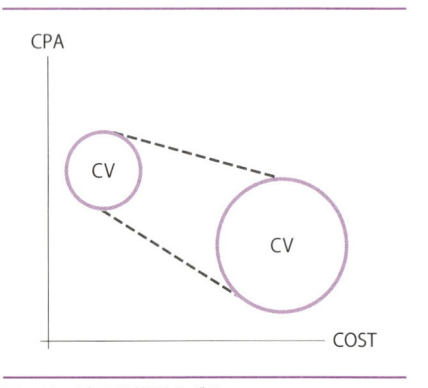

図1-29 適正予算型のグラフ

CV上限型

広告投下量が増加してもCVの変化がありません。つまり、CPAが悪化します。これは、この広告から獲得できるCVが上限に達しているということを示すものです。CPAが悪化しないラインの見極めが重要です。

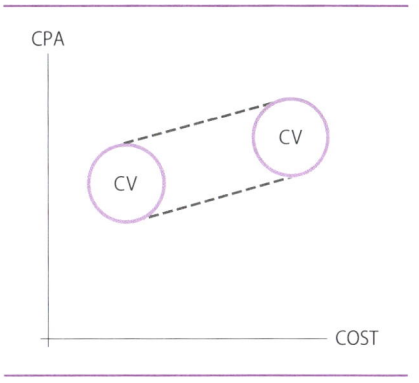

図1-30　CV上限型のグラフ

CV反比例型

CPAが悪化しすぎたことにより、広告投下量が増加するとCVが減少する形。例えば、リスティング広告のビッグワードに入札している場合、競合の入札などによってCPCが高騰すると、この形になるリスクがあります。

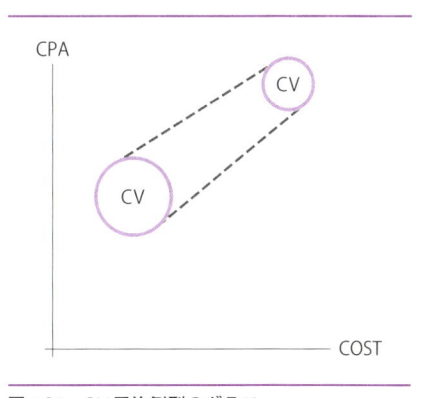

図1-31　CV反比例型のグラフ

　以上、広告弾力性を5つに分類しましたが、これは広告単位で分類できるものではなく、様々な要因が絡みます。

　DSPを使った広告配信を例にしてみます。広告配信を始めた初期は、十分なデータがないためDSPの強みである配信オプティマイズが効きづらくCPAは高めになります。配信結果データが蓄積され、システムの学習が進むとオプティマイズが効いてきます。そして、広告投下量が増加するとCVが増加し、かつ、CPAが下がります（「適正予算型」）。ここから広告投下量をさらに増やすことでCVは増加しますが、初期よりも獲得効率が悪い掲載面やオーディエンスからCVを持ってくることになり、CPAは上がります（「CPA比例型」）。さらに、そのまま広告投下量を増やし続けると、刈り取れるユーザーが減少し

(「CV上限型」)に移行。この時に競合の入札額が上がり市場入札価格が高騰するなど環境の変化が発生すれば、(「CV反比例型」)になる可能性もあります。

このように、1つの広告でも配信を開始してからデータが蓄積されるまでの時間、広告投下量、外部環境の変化などで、様々な弾力性の形をとります。さらには、クリエイティブの種類やクオリティ、ターゲティングの設定など、実際は「広告」よりも細かい単位で異なる形になるでしょう。

以下は、広告弾力性を変化させる変数の一例です。

広告の種類／配信システム／掲載面／オーディエンス／配信時間帯／配信曜日／配信地域／配信デバイス／配信開始からの時間の経過／クリエイティブ／ランディングページ／他キャンペーンとリーチしているユーザーの重複率／競合入札額／気象／季節／……

アトリビューション分析によって「貢献度が高い広告が何だったのか」が分かったとしても、広告弾力性を加味して計算しなければ、「いくら投下するのが最適なのか」までは正確には分かりません。最も貢献度が高い広告が分かったとして、CV上限型のフェーズにある広告かもしれません。

正確なアトリビューションマネジメントとは、非常に難しいのです。

しかしながら、現状のアトリビューションマネジメントに意味がないということではありません。複数メディアでのWebプロモーションが当たり前の現代において、メディアを横断した効果測定は必要不可欠です。

これは筆者の個人的な考えですが、アトリビューション分析、アトリビューションマネジメントでは、「配信にフィードバックできるスピード」と「トライ＆エラーの回数」を重視すべきです。1インプレッションで広告枠が取引される時代において、緻密な計算によって求めた3か月前の分析結果から算出したアロケーションよりも、ある程度根拠のあるロジックとマーケターの経験則を踏まえた1か月前の分析結果から出したアロケーションの方が、次のキャンペーンの成果につながるケースはあるでしょう。

実際にアロケーションを何パターンも組んで試してみて、その結果から最適予算を推測することを繰り返すことによって精度を上げていきます。シンプルですが、強力な手法だと思います。このような視点では、アタラ合同会社や

Fringe81株式会社が提供する成果配分モデルのアトリビューション分析は、使いやすく納得できる分析モデルだと思います。

▶▶ いつか来る未来、全く来ないかもしれない未来、でもちょっと見てみたい未来の話

　もし、今後アトリビューション分析やアトリビューションマネジメントが進化して、本当に適切な予算を算出できるようになるとしたら……。

　アトリビューションマネジメントの最終形は「あの時どの広告にいくら投下すれば良かった」ではなく、「今（次は）、どの広告にいくら投下すれば良いか」が分かり、シームレスに施策と連携できることです。これを行うには、前述の広告弾力性の変数に加え、あらゆるビッグデータをベースにしたリアルタイムな未来予測まで行う必要があります。ビッグデータにあまり知見のない筆者が、今、思いつくデータだけでも相当の量です。そうなると、とんでもない演算処理能力を持つシステムが必要になるでしょう。

　いつか、AIによる予算最適化の時代が来るかも知れません。実際に、NASA出身の科学者らによって開発された、AIを使ったプログラマティックなバイイングソリューションを持つrocketfuelというDSPは、筆者が使ったDSPの中でも非常に優れた結果を出しています。アトリビューションでもこのような時代が来るかも知れません。アトリビューションでは、複数のメディアを横断して情報処理を行う必要があるので、もちろんDSPの配信最適化よりも難易度は高くなります。

　近年のIoTやAIの進化の話も、マーケターにとって無関係の話ではないのです。

11 » アドベリフィケーション

　2012年頃、DSPなどのプログラマティックな広告配信において、アドベリフィケーションという仕組みが使われるようになりました。アドベリフィケーションには大きく2つの役割、「広告主のブランド価値を守る」「見られる場所に広告を表示する」があります。

広告主のブランド価値を守る役割
　アドネットワークなどのネットワークを使った広告配信は「大規模な配信ができる」「一括して配信が行える」などのメリットがあります。その半面、メディアの情報を広告主に開示することができない場合もあり、意図していないところに配信される可能性もあります。アドベリフィケーションを利用することで、公序良俗に反するサイトへの広告表示を防げます。

見られる場所に広告を表示する役割
　インプレッション課金型のディスプレイ広告では、ページが表示された時点でインプレッションがカウントされるため、ユーザーの見える位置に広告が表示されなかった（ユーザーが広告表示位置までスクロールしなかった　等）としても課金されます。

　アドベリフィケーションの仕組みを使えば、「インビュー（ユーザーが実際に目にする位置に広告が表示されたインプレッション）」の計測ができるため、インビューが発生しない無駄な配信先を除外することができます。
　実際はアドベリフィケーションで広告配信をコントロールできるわけではありません。アドベリフィケーションという計測ツールを使うことで、公序良俗に反するサイトのドメインリストの作成や、インビューの計測ができるため、これをもとにDSPなどの配信システムで広告配信をコントロールします。

広告主が直接これを導入するケースは少なく、自社の広告インベントリの品質を向上させる目的で、配信会社が導入するケースがほとんどです。

≫ アドベリフィケーション領域のプレーヤー例

- Ghostery,Inc.
- Integral Ad Science,Inc.
- MOAT Inc.
- Momentum 株式会社
- The 41st Parameter, Inc.
- グーグル株式会社
- 一般社団法人日本プライバシー認証機構
- 株式会社きざしカンパニー
- 株式会社はてな

12 ≫ アドベリフィケーション ～調査結果：DSP配信枠の品質～

　初期のアドネットワークは、余り在庫や中小サイトの広告枠が中心だったため、ブランドイメージを低下させるようなサイトに掲載されたり、メディア情報が開示できなかったりすることも多く、大手企業にとってはまだまだ掲載に踏み切れない状態でした。

　テクノロジーが進化し、アドベリフィケーションというブランド保護の仕組みも登場しました。今や大手企業もDSPなどのプログラマティックな広告配信を行う時代です。では、広告枠の品質は本当にクリアになったのでしょうか。実際に調べてみました。

【調査の概要】 Digital Marketing Lab調べ

　ある大手DSPの配信先ドメインのチェック。実際に広告配信を行い、広告キャンペーンのインプレッション降順で、6,277件のWebサイトの内容を目視で確認。

　「アダルトサイト」「海外サイト」「アクセス不可」「広告掲載位置が不適切（間違いクリックを誘発させるデザインなど）」「コンテンツの品質・品格に問題アリ（他者への誹謗中傷、違法性など）」

　上記に当てはまるものを「ブラックリスト」として、6,277件のうちのブラックリストの割合を調査しました（※国内でも一般的に利用されている海外サイトはブラックリストに含めておりません）。

　利用したDSPは、配信オプティマイズ機能に優れていることが評価されており、国内でもよく利用されているDSPです。また、アドベリフィケーションサービスによるサイト精査実施後のドメインに対して調査しました。

【調査結果】
6,277サイト中……

ホワイトリスト：1,488（23.71％）
グレーリスト　：2,788（44.42％）
ブラックリスト：2,001（31.88％）
　└アダルトサイト：10（0.16％）
　└海外サイト：1,326（21.12％）
　└アクセス不可：565（9.00％）
　└広告掲載位置が不適切：3（0.05％）
　└コンテンツの品質・品格に問題アリ：97（1.55％）

■ホワイトリスト：広告が掲載されても問題ないWebサイト（広告主として掲載してほしいと思えるWebサイト）

- ブラックリスト：どの業種・業態においても、おそらく広告配信を行いたくないであろうWebサイト（アダルトサイトなど）
- グレーリスト：ブラックリストの条件には当てはまらないが、デザインのクオリティの低さや、内容の薄さが目立つWebサイト

ドメイン	内容	判定
doorblog.jp	アクセス不可	ブラックリスト
free-e-cards-online.com	海外サイト	ブラックリスト
gamegenie.com	海外サイト	ブラックリスト
romantic-lyrics.com	海外サイト	ブラックリスト
canmag.com	海外サイト	ブラックリスト
ldblog.jp	アクセス不可	ブラックリスト
tkssp.com	アクセス不可	ブラックリスト
2chblog.jp	アクセス不可	ブラックリスト
stdigital.com	海外サイト	ブラックリスト
ClipConverter.cc	海外サイト	ブラックリスト
mathtag.com	海外サイト	ブラックリスト
mangavol.com	アダルト	ブラックリスト
bannch.com	アダルト	ブラックリスト
bookoo.com	海外サイト	ブラックリスト
locallisting4u.com	海外サイト	ブラックリスト
rovio.com	海外サイト	ブラックリスト
orientalmedicineadvice.com	海外サイト	ブラックリスト
ultimate-guitar.com	海外サイト	ブラックリスト

図1-32　ブラックリスト

▶▶ 広告主としての所感

　アドベリフィケーションでのサイト精査後のドメインを配信対象としていたためか、「アダルトサイト」や「広告掲載位置が不適切なWebサイト」への配信はほとんどありませんでした。

　しかし、国内サービスのキャンペーンでありながら海外サイトへの広告配信が異様に多く、またアクセスできない架空のWebサイトなどへの配信量もありました。

全体として、ブラックリストが30％超えているという結果は、広告主として非常に残念というほかありません。グレーリストを除くと、本当に配信したいと思えるWebサイトは24％程度しか残りませんでした。

DSPでの広告配信を止めることはできない
　しかし、DSPを使った広告配信が効率的であり、かつ、高いレスポンス効果を出していることも事実です。そのため、マーケターとして成果を出さないといけない立場の筆者としては、DSPでの広告配信を止めることはないでしょう。

　ただ、今回はじめて、広告配信されるWebサイトを自分の目で細かくチェックしてみて、広告枠の品質にまだまだ課題があることを実感できました。

アドベリフィケーションで、広告枠の品質課題を解決することは、無理に等しい
　実際に調査してみて、アドベリフィケーションツールで広告枠の品質をクリアにすることは無理だと痛感しました。システム的なチェックだけでは判断できない部分も多く、人の目によるチェックは人件費が掛かりすぎます。今回は3名でチェックしましたが、約6,000のサイトをチェックするために、100時間以上掛かっています。

　日々無数に増えては消えていく広告枠を適切に評価し精査し続けていくには、アドベリフィケーションの仕組みでは厳しいでしょう。このような背景から、「良くない広告枠を見つけて配信対象から除外する」アドベリフィケーションとは反対の発想である、「良い広告枠を集めてマーケットを作る」PMP（プライベートマーケットプレイス）が登場しています。

　この話は「CHAPTER 5：Market」の『03 PMPがもたらす広告取引市場の変化』の話とつながるため、併せてご覧ください。

13 » DMP（データマネジメントプラットフォーム）

アドベリフィケーションと同じく2012年頃、DMP（Data Management Platform）と呼ばれるシステムが登場しました。DMPは「オープンDMP」と「プライベートDMP」の2種類に分類できます。

> **オープンDMP**
>
> 「オープンDMP」は、Webサイト訪問ユーザーのデモグラフィック情報や、興味関心・嗜好性等などの外部のオーディエンスデータとデータエクスチェンジさせることができるクラウド型のデータプラットフォーム（様々なWebサイトのオーディエンスデータを集約して整理するデータ格納庫のようなもの）のことです。
>
> **プライベートDMP**
>
> 「プライベートDMP」は、オープンDMPの領域に加え、企業独自のマーケティングデータ（購買情報、ユーザープロファイル、各種プロモーションの結果等）を集約し、これを外部のオーディエンス情報とシンクさせ構築するプラットフォームです。CRMデータに、従来では取得することが難しかった外部データを組み合わせたものだとすると、理解しやすいと思います。

DMPは全く新しいシステムということではなく、DMPと同じような目的・機能を持つシステムにDWH（Data WareHouse）が昔からあります。これにオーディエンスデータという外部データが加わり、さらに分析したデータを広告配信などの施策に、より落としやすくなったシステムがDMPというイメージです。

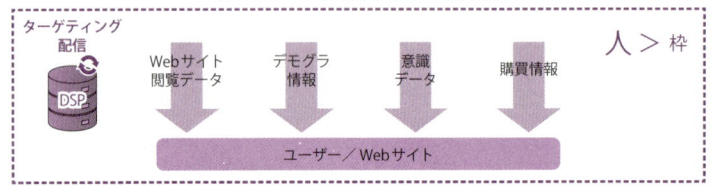

図1-33 DMPによるデータマネジメント

▶▶ DMP領域のプレーヤー例

- GMOアドマーケティング株式会社
- Krux Digital, Inc
- SATORI株式会社
- Signal Digital, Inc.
- Supership 株式会社
- アクシオムジャパン株式会社
- 株式会社フリークアウト
- 株式会社ロックオン
- グーグル株式会社
- シーセンス株式会社
- デジタル・アドバタイジング・コンソーシアム株式会社
- ヤフー株式会社
- 株式会社ALBERT
- 株式会社fluct
- 株式会社PLAN-B
- 株式会社RightSegment
- 株式会社インティメート・マージャー
- 株式会社オムニバス
- 株式会社クロスリスティング
- 株式会社ブレインパッド
- 日本オラクル株式会社

14 ▶▶ DMP ～活用事例～

　DMP導入のメリットは、アクセス解析や自社の顧客情報だけでは取得できないWeb上の様々なデータ、いわゆる「ビッグデータ」をDSPのような広告配信システムにエクスチェンジさせ、ターゲティングして、「人」単位で効率良く広告配信することや、外部のデータと自社が保有する顧客や見込顧客情報などのデータを組み合わせて、パーソナル情報を充実させ、広告以外も含めて様々なマーケティング活動に活かせるところにあります。

　株式会社マクロミルにおいて筆者が実施した、DMPを使った会員サイトのマーケティング事例をお話しします。

①（準備）DMPによるセグメント作成
■DMPを使ってWebサイト来訪者を「会員」「非会員」に分類
　□会員のみがアクセスできるページにDMPタグを設置し、「会員用Cookie」を発行
　　└「会員用Cookie」を持っているユーザーを「会員」と定義
　　└「会員用Cookie」を持たないユーザーを「非会員」と定義
■オーディエンスデータを用いて非会員を「性別×年代（オーディエンスデータによる推測）」でセグメント

②（実施）DMPを活用したマーケティング施策
「会員」がWebサイトに訪問した際は、「お友達紹介バナー」を掲載し、「会員が自分の友達を紹介して、その友達が会員登録するとポイントが付与されるキャンペーン」を実施。
「非会員」がWebサイトに訪問した際は、「性別」×「年代」で12パターンのキービジュアルを作成し、「訪問ユーザーの性・年代に合わせたキービジュアル＋新規会員登録キャンペーン訴求バナー」をユーザーの属性に合わせて動的に切り替える施策を実施。

これは、DMPを活用したマーケティング施策の1つの例でしかありません。マーケターの工夫次第で、これ以外にも様々なマーケティング施策が考えられます。

▶▶ 導入における課題

　プライベートDMPは素晴らしいシステムに思えますが、企業側でのデータ整備の必要があるため、導入の敷居は高くなります。さらにシステム面以外にも、データの取り扱いや、各部署・担当者の連携や責任の範囲など、セキュリティやプライバシーの問題など、導入までに乗り越えなくてはならない壁も多くあります。

　DMPはナショナルクライアントを中心に導入が広まると考えられます。現に2013年頃から大手飲料メーカーの導入事例なども出てきました。ただし、前述のとおり、導入の敷居は決して低いものではありません。特に自社データの連携の部分の敷居は高いように感じます。

　自社データ連携の部分はプライベートDMPにおいて必須ですが、導入側のデータ整備、各担当部署との調整等が必要なため、DMP事業者だけでは解決できません。DMP事業者は単にDMPというシステムを売るのではなく、クライアントへのシステム導入〜データマネジメントの方法のレクチャーまで、コンサルティング的な役割を果たす必要があります。プライベートDMPの導入は広告主だけでなく、それ以外のマーケティング担当や、システム部など、クライアント企業の様々な部門が関わります。

　むしろ、これらを行わずに、クライアント側がDMPを使いこなせるとは到底思えません。

▶▶ 普及のポイント

　前述のようなクライアント側の負荷を下げるためにも、DMPの多機能化（DMP自体の機能強化）が必要だと考えます。例えば、「アクセス解析データ」について、現在は、Google AnalyticsやAdobe Analyticsといった自社で管理しているアクセス解析ツールのデータをDMPに取り込み、管理・他データ

とマージするのが一般的かもしれません。しかし、機能としてはDMPでもカバーできる領域です。

　現在のDMPは、データの蓄積には優れていますが、それらを活用するための仕組みはまだまだ弱いという印象です。クライアントの限られた予算の中から、アドオンで「計測ツールとしてのDMP」を導入することは、大手企業でないと難しいでしょう。

　もちろん、上記のアクセス解析ツールのようなUIや機能を実装するとなると、かなりのコストと時間がかかりますが、クライアント側からするとシステム一元化によるコストメリットがあります。また、DMPで直接アクセス解析できる方が利便性が高く、オーディエンスデータを使ったアクセス解析などの可能性も広がります。

　もう1つのポイントは、DMPとデータエクスチェンジできる外部データの拡充（オーディエンスデータの流通量と品質の向上）です。例えば、「購買データ」や「マス広告の視聴データ」など、様々なマーケティングデータがデータベース化されれば、これらのデータを取り込むことができるDMPの価値は、今よりも上がるはずです。

　クライアントが個別に導入しているツールの機能を極力DMP自体に持たせ、コストメリットと導入負荷を軽減することや様々なマーケティングデータを外部で構築し、それらのデータを取り込み、「マーケティングプラットフォーム」としての価値を高めていく。筆者は、これがDMPの普及するポイントだと考えています。

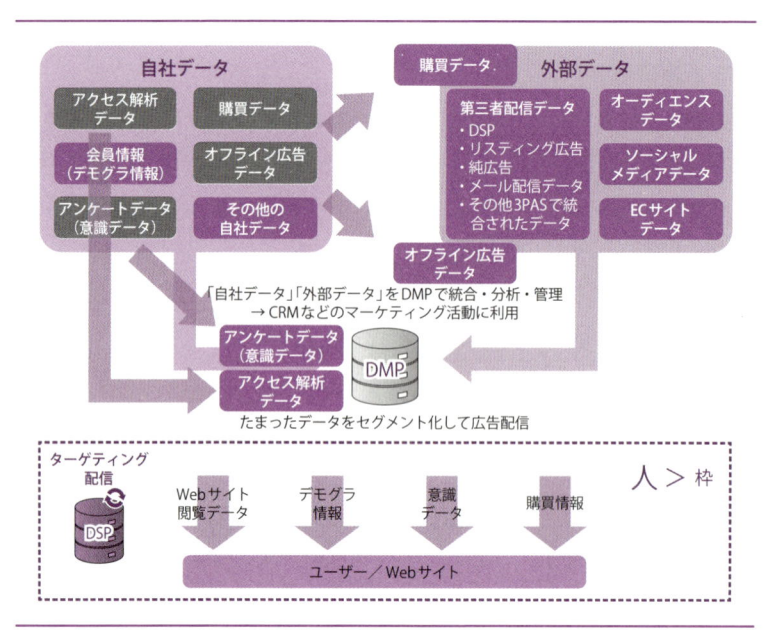

図1-34　DMPの将来像
※DMPに取り込む外部データの充実と、DMPの多機能化（データ蓄積以外のマーケティングツールとしての機能開発）

▶▶ 導入判断のポイント

　DMPは広告配信のためだけにあるシステムではありません。いわば「箱」です。DMPを導入するということは、この箱の中に様々なマーケティングを集約していき、データを切り口に徹底的な「ユーザー把握（デモグラフィックデータ、サイコグラフィックデータ、購買データ、広告への反応、ソーシャルデータ）」を行い、「個」または「セグメント化されたユーザー」に対して、様々なマーケティングアプローチを検討し、適切な方法でアクションしていくということです。

　このアクションは、広告だけとは限りません。パーソナライズされたメッセージの発信、Webサイトの改善、商品やサービスの改善・開発なども考えられます。様々なマーケティングデータがDMPに集約される分、アウトプットも多岐にわたります。

アクションにつながらないDMP導入は何の意味もありません。DMPを導入する前に、「DMPに蓄積されたデータから本当にアクションプランが作れるか（打ち手が見えた時に実行できるか？ 関係部署を動かせるか？）」ということをぜひ考えていただきたいです。もちろん、Web広告以外の打ち手も含めて、マーケティングプランを作れるか？ ということです。

少なくとも、各キャンペーンを担当する部署がCVやCPAを競い合っているような会社では、まだ導入できるようなフェーズではない気がします。Webマーケティングにおいて、1つの施策は高い確率で他の施策の結果に影響します。その関係性を明らかにし、適切なマーケティングアプローチをターゲットに合わせて選択する、かつ、マーケティングのPDCAを高速化させるためのプラットフォームがDMPです。

15 » PMP（プライベートマーケットプレイス）

2015年頃、国内にPMP（Private Market Place）と呼ばれる広告取引市場が登場しました（まだ普及しているとは言えない）。米国では2011年以前から存在していたマーケットです。

これまでのRTBとは異なり、PMPでは参加できるメディアと広告主が限定されます。オープンで取引されるRTBには、広告枠の品質や透明性などの課題がありましたが、PMPの場合は広告を掲載するメディアが分かり、かつ、在庫予約ができたり、固定単価制の商品もあるため、TVCMを出稿しているようなブランド広告主を中心に、シェア拡大が期待されます。

PMPでの広告取引にはいくつか種類がありますが、詳細については、「CHAPTER 5：Market」の『03 PMPがもたらす広告取引市場の変化』で詳しく解説します。

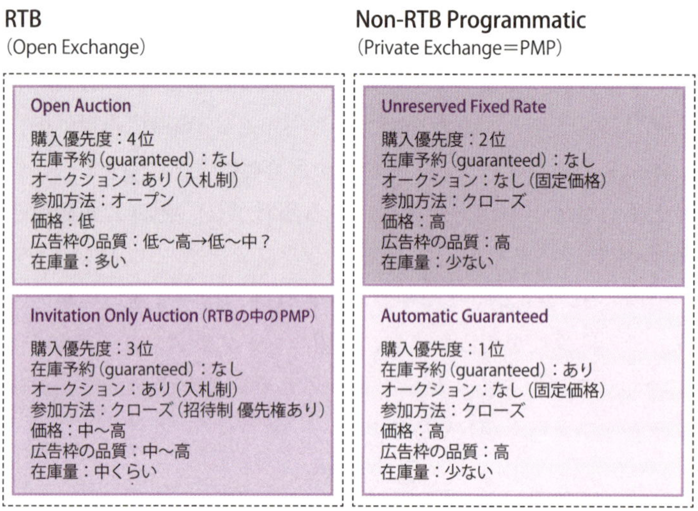

```
RTB                                    Non-RTB Programmatic
（Open Exchange）                      （Private Exchange＝PMP）

┌─────────────────────────────────┐   ┌─────────────────────────────────┐
│ Open Auction                    │   │ Unreserved Fixed Rate           │
│ 購入優先度：4位                  │   │ 購入優先度：2位                  │
│ 在庫予約 (guaranteed)：なし      │   │ 在庫予約 (guaranteed)：なし      │
│ オークション：あり（入札制）      │   │ オークション：なし（固定価格）    │
│ 参加方法：オープン               │   │ 参加方法：クローズ               │
│ 価格：低                         │   │ 価格：高                         │
│ 広告枠の品質：低～高→低～中？    │   │ 広告枠の品質：高                 │
│ 在庫量：多い                     │   │ 在庫量：少ない                   │
└─────────────────────────────────┘   └─────────────────────────────────┘
┌─────────────────────────────────┐   ┌─────────────────────────────────┐
│ Invitation Only Auction (RTBの中のPMP)│ Automatic Guaranteed          │
│ 購入優先度：3位                  │   │ 購入優先度：1位                  │
│ 在庫予約 (guaranteed)：なし      │   │ 在庫予約 (guaranteed)：あり      │
│ オークション：あり（入札制）      │   │ オークション：なし（固定価格）    │
│ 参加方法：クローズ（招待制 優先権あり）│ 参加方法：クローズ             │
│ 価格：中～高                     │   │ 価格：高                         │
│ 広告枠の品質：中～高             │   │ 広告枠の品質：高                 │
│ 在庫量：中くらい                 │   │ 在庫量：少ない                   │
└─────────────────────────────────┘   └─────────────────────────────────┘
```

図1-35　プログラマティックな広告取引の種類

16» 【CHECK！】GDNのターゲティングの種類と活用方法

　このCHAPTERの「History & Technology」というテーマからは少し外れてしまうかもしれませんが、世界最大のアドネットワーク「GDN（Googleディスプレイネットワーク）」の具体的なターゲティング機能や、利用シーン、使い方について解説します。実際に広告を運用される方や、広告代理店とやりとりするマーケターの方に読んでいただければと思います。

　図1-36は、実際に筆者がGDNから受けたターゲティング結果（広告表示内容）です。この広告を目にしたときは、筆者のプライベートと仕事の内容を理解した、素晴らしいターゲティング技術だと関心した反面、思わず笑ってしまいました。

　まず、筆者の職業はマーケターです。もちろん、リスティング広告（①）や、

動画広告（②）を実施しています。また、リードナーチャリング業務にも携わっているため、メルマガ（③）のシステム導入なども担当業務の1つです。そして、プライベートでは二次元をこよなく愛するオタク（④）でもあります。

　ちなみに、④のバナー広告は上記のようなサイトではコンテンツとの関連性が低く、通常は表示されにくい広告です。GDNには「人を対象としたターゲティング」と「枠を対象としたターゲティング」の2つがあり、④は前者です。おそらく、「インタレストカテゴリマッチ」か「類似ユーザーターゲティング」による広告表示でしょう。

図1-36　ターゲティング結果

　GDNには、精度が高く多彩なターゲティング機能が複数あります。これを上手に組み合わせて活用することで、広告効果を大幅に高められます。まずは各ターゲティングの位置づけをマップで説明します（あくまで筆者の見解です）。

　「人」をターゲティングするのが、「デモグラフィックターゲティング」「インタレストカテゴリマッチ」「類似ユーザーターゲティング」「リマーケティング」「カスタマーマッチ」です。

　「枠」をターゲティングするのが、「トピックターゲット」「キーワードターゲット」「DSK（Display Select Keywords）」「プレースメントターゲット」です。

「枠」のターゲティングを少し細かく説明すると、「トピックターゲット」「キーワードターゲット」「DSK」は「コンテンツターゲット（別名：自動プレースメント）」と呼ばれます。コンテンツターゲットの具体的なターゲティング方法として、トピックターゲット（Webページのテーマを指定）／キーワードターゲット（Webページで使用されているワードを指定）／DSK（キーワードターゲットの強化版）が存在します。

DSKをコンテンツターゲットの中に含めるかは微妙なところです。一般公開されている機能ではないので、詳細な情報がありません。しかし、機能的にはこの括りで良いと思いますので、Digital Marketing Labでは図1-37のようにしました。

プレースメントターゲットは「手動プレースメント」とも呼ばれます。配信するWebサイト（ページは指定できない）を個別に指定するターゲティング方法です。

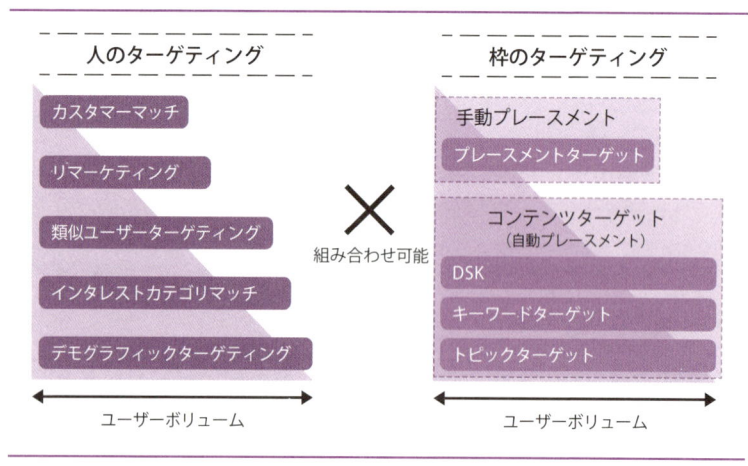

図1-37　GDNのターゲティングの種類

» 人のターゲティング

カスタマーマッチ（Customer Match）

広告主が顧客のメーリングリストをAdWordsにアップロードし、このメールアドレスがGoogleアカウントのメールアドレスに紐づくことで、狙った特

定のユーザーに広告を配信できるターゲティング機能です（検索結果画面・Gmail・YouTubeに配信可能、GDNには配信できない［2015年11月現在］）。つまり、メールアドレスが判明している「既存顧客向け」のターゲティング広告（配信先が限定的）です。メールリストの保存期間は180日間です。

リマーケティング（Remarketing）

　自社サイトへ訪問したユーザーに対して、条件指定して広告配信できるターゲティング機能です。最も費用対効果が高いと言われています。

　特定のURLを指定してリターゲティングの精度を高める工夫も行えます。例えば、サイト全体ではなく特定のURLを指定すれば、そのページを閲覧したユーザーでリマーケティングリストが作成されるため、閲覧ページ別にバナーを出し分けることもできます。

　また、リマーケティングタグを利用して、配信除外リストの作成も可能です。例えば、会員制サイトにおいて新規会員を獲得するための広告出稿を行っている場合、ログイン後ページの訪問者でリストを作成します。これを配信除外リストとして、他のターゲティングと組み合わせて広告配信を行うと、ログイン後ページに訪問したことがあるユーザー（既存会員）には広告配信されません。

　このように「無駄クリック抑制手段」として使用することもできます。

類似ユーザーターゲティング（Similar User）

　自社サイトへ訪問したユーザー（リマーケティングで作成したCookieリスト）や、既存顧客（カスタマーマッチで作成したメールリスト）とWeb上の行動が類似するユーザーに広告配信できるターゲティング機能です。

　ターゲットが限定的で配信ボリュームが少なくなりがちな、「リマーケティング」と「カスタマーマッチ」の配信対象を拡張するターゲティングです。類似ユーザーリストでは、元となるリマーケティングリストにいるユーザーが自動的に除外されます。

　「カスタマーマッチの類似ユーザー」は、前述の通り既存顧客向けのターゲティングです。類似ユーザーターゲティングでは、このリストを「Web上の行動が類似するユーザー」に拡張します。つまり、配信の対象が「既存顧客と

似た特徴を持つ、新しいユーザー」になるため、カスタマーマッチとは用途が異なります。このターゲティング方法は、Googleより先にFacebookが導入しており、筆者が聞いた限りでは広告主からの評価は高いようです。

インタレストカテゴリマッチ（Interest Category Match）

　Googleがカテゴライズした「ユーザーの興味」を指定して広告配信を行うターゲティング機能です。後述のトピックターゲットは枠をターゲティングしますが、こちらは訪問履歴からユーザーをターゲティングします。よって、ユーザーがどのサイトに訪問しているかにかかわらず、ターゲティングしているユーザーに広告を表示することが可能です。

　インタレストカテゴリマッチにはいくつか種類があります。

- アフィニティカテゴリ：ユーザーが訪問したページの種類やアクセス頻度、滞在時間などから、「旅行好き」「ペット愛好家」「高級ブランド愛好者」「ハイテク好き」などのアフィニティ（好み）カテゴリを関連付けたものです。
- カスタムアフィニティカテゴリ：アフィニティカテゴリよりも具体的なターゲットが指定できます。「サイトや関心事」という欄に、ターゲットとするユーザーが興味・関心のありそうな「キーワード」「URL」を自由に入力することでターゲティングできます（10個以上推奨）。
- 購入意向の強いユーザー（ROI）：ECサイト、購入レビューサイト、商品比較サイトなどの閲覧情報を基に、商品の購入を検討しているようなユーザーをリスト化したものです。

デモグラフィックターゲティング（Demographic Targeting）

　性別、年齢、地域を指定して配信を行うターゲティング機能です。全てのターゲティングとAND条件で組み合わせることができます。

性別	年齢	地域
男性	18〜24歳	国別
女性	25〜34歳	都道府県別
不明	35〜44歳	市区町村別
	45〜54歳	
	55〜64歳	
	65歳以上	
	不明	

図1-38　GDNデモグラフィックターゲティングの種類

▶▶ 枠のターゲティング

プレースメントターゲット（Placement Target）

　特定のWebサイトやWebサイト内の掲載位置を指定して広告配信するターゲティング機能です。「トップページのみ」といったWebページの階層や、広告表示位置が選択できます。コンテンツターゲットの掲載結果をサイト別に確認し、成果の高いサイトにプレースメントターゲットで入札する方法がよく使われます。

　入札単価は他のターゲティング広告よりも高めに設定することをオススメします（ピンポイントの競争入札となるので単価を上げないと広告が掲載されにくい）。この応用としてキーワードターゲットと組み合わせる方法がありますが、こちらは後述します。

DSK（Display Select Keywords）

　AdWordsに登録したキーワードを基にプレースメントを選定し、その中でもCV確度の高いユーザーが集まるプレースメントに対して広告配信を行うターゲティング機能です。キーワードターゲットの強化版という位置づけです。そのため、キーワードターゲットよりも配信ボリュームが少なくなりがちです。ビッグワードを中心に、入札単価が高すぎてリスティング広告では入札に参加できないようなワードを登録し、リスティング広告のCVを補完するような使い方があります。

　DSKは、キャンペーンを指定してGoogleに使用申請を行うことで、指定キ

ャンペーンにDSK機能が付与されるという仕様になっています。2016年1月現在、β版機能となっており、一部のユーザーのみ利用できます。

管理画面上の見た目はキーワードターゲットと同様です。

キーワードターゲット（Keyword Target）

特定のキーワードが掲載されているWebページへ広告配信するターゲティング機能（キーワードを指定するコンテンツターゲット）です。

リスティング広告と違い、キーワードごとの入札単価はありません。このターゲティングを成功させるポイントは、Webページで使用されているビッグワードを中心に、自社商品との親和性が高いワードを多く抽出することです。リスティング広告のキーワードを利用しましょう。

トピックターゲット（Topic Target）

Googleがカテゴライズした「Webページのテーマ」を指定して広告配信を行うターゲティング機能です。比較的ボリュームが出やすいターゲティングなので、あまり幅を広げず、自社商品と本当に親和性が高そうなトピックを選定します。

【応用編】GDNの効果をさらに高めるために ～ターゲティング、リーセンシー、クリエイティブの掛け合わせ～

複数のターゲティングを掛け合わせ

GDNでは、複数のターゲティングを掛け合わせることができます。リストサイズが小さくなり過ぎないように注意しながら、ターゲティングの精度をさらに高めていきましょう。

	カスタマー	リマケ	類似	インタレスト	デモグラ	プレースメント	DSK	キーワード	トピック
カスタマー		△	×	×	×	○	○	○	○
リマケ	×		△	×	×	○	○	○	○
類似	×	×		×	×	○	○	○	○
インタレスト	×	×	×		×	○	○	○	○
デモグラ	○	○	○	○		○	○	○	○
プレースメント	○	○	○	○	○		×	○	○
DSK	○	○	○	○	○	○		×	×
キーワード	○	○	○	○	○	○	×		×
トピック	○	○	○	○	○	○	×	×	

△=組み合わせリストを作成することで掛け合わせ可能

図1-39 GDN 複数のターゲティングによる掛け合わせ（AND条件）

【オススメターゲティング】デモグラフィックターゲティング

　GDNのデモグラフィックと実際のCVの属性（性別×年代）の合致率をテストしたところ、「18～24歳」「25～34歳」「35～44歳」「45～54歳」×「性別」では属性合致率が70～74％と、高い一致率となりました。しかし、「55～64歳」「65歳以上」×「性別」では合致率が20％程度でした。そもそもインターネット人口が少数のためボリュームが出づらいという問題もあります。

　しかしながら、他の性年代では高い合致率だったため、基本的に利用すべきターゲティング機能です。この機能は他の全てのターゲティング機能と掛け合わせができるため、他のターゲティングと掛け合わせて使用するのがオススメです。

【応用テクニック1】リマーケティング×リーセンシーによる入札傾斜

　リマーケティングは、費用対効果の高いターゲティングです。リマーケティングで獲得したCVの「サイト訪問日」を確認してみてください。筆者が運用しているアカウントもそうでしたが、サイト訪問後早めに広告に接触したユーザーのCVRが高い傾向です。

　このような場合は、「当日～翌日 ＞ 3日後 ＞ 7日 ＞ 14日」のように、入札額に傾斜をつけることで、よりCVを獲得できる場合があります。

【応用テクニック２】プレースメントターゲット×ネイティブデザイン

　CVがある程度蓄積されたら、成果を出しているサイトにプレースメントターゲットで、個別にターゲティングすることはよくあります。この時、ターゲットとするWebサイトのデザイン（フォントタイプ・文字色・背景色・レイアウト）に合わせてクリエイティブを作成することがポイントです。

　ネイティブアドの概念は「広告掲載面に広告を自然に溶け込ませることで、"ユーザーにコンテンツの一部として見てもらう"ことを目的とした広告」ですが、これと同じことです。

　しかし、明らかにユーザーを騙そうとするデザインはNGです。広告審査が通らないだけでなく、度が過ぎるとステルスマーケティング（以下、ステマ）になってしまいます。

　成果が発生するWebサイトが偏っている時ほど効果を発揮します。

【応用テクニック３】トピックターゲット×類似ユーザーターゲティング

　「枠」×「人」の応用ターゲティングです。トピックターゲットで広告掲載サイトをある程度絞りつつ、類似ユーザーターゲティングで自社の顧客に近いユーザーにアプローチします。

　広告枠をターゲティングすることは、言い換えると、「今、そのWebページに興味を持っている人をターゲティングする」ということです。かつ、「自社の顧客と特徴が似ている類似ユーザー」との掛け合わせのため、非常に強力なターゲティングの組み合わせです。

　トピックターゲットは、キーワードターゲットに置き換えても良いです（できれば両方テストする）。類似ユーザーはリマーケティングリストでも良いですが、「メールアドレスリストの拡張（カスタマーマッチの類似ユーザー）」の方が「100％自社顧客の類似ユーザー」となるため、ターゲティングの精度が高まります。

【応用テクニック４】プレースメントターゲット×キーワードターゲット

　「枠」×「枠」の応用ターゲティングです。プレースメントターゲットでは「Webサイト」を指定できますが、特定の「Webページ」を指定することはできません。つまり、様々な内容のコンテンツを題材としているWebサイト

の中の特定のページをターゲティングするのには向きません。

そこでキーワードターゲットです。キーワードターゲットは「Webページの中に書かれているキーワード」を軸としたターゲティングです。プレースメントターゲットとキーワードターゲットを組み合わせることで、ある程度広告が表示されるページを絞り込むことができます。

GDNの効果は「ターゲティングの組み合わせと工夫」で劇的に変わる

このように、GDNでは、「組み合わせと工夫」で、多彩なターゲティングが可能です。もともと配信面の品質が高い上に、このターゲティング機能を活用することで、ディスプレイ広告の中でも非常に高い効果を発揮します。

GDNの運用は、複雑かつ自由です。運用者のスキルが結果にダイレクトに影響します。

インハウスで運用する場合には、時間がかかるという覚悟を持って臨みましょう。

代理店に任せる場合でも、広告主がターゲティングの種類を把握することで、運用担当者とターゲティングのアイディアが出し合えるような、質の高いミーティングが実施できるようになります。この機会にGDNについて理解を深めてもらえれば幸いです。

最近、筆者と同じ広告主の立場の方から、「自社で契約している広告代理店の運用に問題がないか不安だ」という相談を受けることが多々ありました。経験上、不安を感じた際には、運用を怠っているケースがあります。実際に、Google Adwordsの管理画面で変更履歴を確認したところ、2週間以上も何も行われていないことがありました。

運用型広告の場合、競合環境などの外部環境は日々変化するため、2週間何もしないことはめったにありません。誤解を恐れずに言うと、「知識がない広告主は"カモ"」です。

ほとんどの広告代理店の担当者は、クライアントのために日々しっかりと運用しています。一方で、中には、手を抜いた運用をする担当者もいます。このようなリスクを防ぐには、広告主自身が知識を身につけ、悪い意味ではなくプレッシャーを与えることが重要です。

CHAPTER 2

Creative

01 » 動画広告

　2011～2012年頃、YouTubeのインストリーム広告をはじめ、動画広告の広告フォーマットが登場しました。登場はこの頃ですが、普及の兆しが見えたのは2013年頃です。

　動画広告の市場や今後については「CHAPTER 5：Market」の『07 動画広告の市場と課題と未来』でまとめているため、ここでは動画広告のフォーマットの解説と、筆者がこの広告を利用した事例をご紹介します。

　動画広告のフォーマットは大きく3つに分類できます。まずはこの違いを把握しましょう。

» インストリーム広告

　YouTubeなどの動画サイトで配信される従来のバナー広告よりも大画面で表示できるタイプの広告です。音声がデフォルトでONとなっていて、2015年12月現在で、最も利用されている動画広告フォーマットです。

　インストリーム広告の中でも、ユーザーが視聴する動画コンテンツの前に再生されるタイプの広告を「プリロール動画広告」と呼びます。インストリーム型が登場した当時は、プリロール広告が多かったですが、2015年現在では、動画の視聴中・視聴後に流れる広告も増えています。

　動画広告表示後、数秒後にユーザーが視聴選択できる「スキッパブル広告」と、強制的に視聴させる「ノンスキッパブル広告」があり、ノンスキッパブルではTVCMと同じ尺（15秒）がほとんどです。一方、スキッパブルでは1分30秒～数分の動画広告も増えており、動画広告のブランディング活用が進んでいることを感じさせます。

図2-1　インストリーム広告のイメージ

インストリーム広告の特徴

「映像」「音声」「文字」を使い、さらに「大画面」で、商品やサービスの魅力を効果的にユーザーに伝えることができます。

CPV課金（広告視聴単価課金）方式がとられる場合が多く、例えば、YouTubeのTrueView動画広告では「完全視聴単価」（CPCV課金）が利用でき、広告がスキップされたり、途中でブラウザを閉じたりして、広告の視聴が中断された場合は課金されません。広告が最後まで再生された場合（もしくは30秒以上再生された場合）のみ課金されるので、広告投資のリスクが抑えられます。

従来のリスティング広告やディスプレイ広告では、CPC（クリックあたりのコスト）やCPM（1,000回インプレッションあたりのコスト）が使用されていましたが、動画広告の場合は、TVCMのように「視聴」させることが重要なため、このような課金形態がとられることもあります。

「コンパニオンバナー」と呼ばれるバナー広告を、動画広告が再生されるページに同時掲載できるメディアもあります。また、動画対応のDSPを利用することで、プログラマティックに複数の動画サイトに広告配信することができます。その場合は、メディアではなくDSPの課金方式に合わせることになるため、従来のディスプレイ広告と同様にCPM課金となる場合が多いです。

» インバナー広告

　従来のバナー枠に配信されるタイプの動画広告で、インディスプレイ広告とも呼びます。基本的に音声はデフォルトでOFFになっています。

　リッチメディア配信に強みを持つ3PASでは、このインバナー広告に「マウスオーバー2秒でエキスパンド表示」など、インタラクティブな要素を加え配信できる広告もあります。

インバナー広告の特徴

　DSPなどを用いて、動画視聴サイト以外の広告枠に配信できます。動画視聴サイトの利用が少ないユーザーに対しても、従来のディスプレイ広告と同様に「リターゲティング」や「オーディエンスターゲティング」などでターゲティングして配信できます。つまり、リーチ（在庫量）とターゲティングが特長です。ただし、動画のファイルサイズによって配信費が変動する場合も多く、CPMは静止画の数倍〜数十倍となります。

図2-2　インバナー広告のイメージ

» インリード広告

　3つの動画広告フォーマットの中では、最も新しいフォーマットです。Webページをスクロールし、広告枠が画面に表示されたタイミングで、動画が再生されるという仕様の広告です。広告枠がメインコンテンツ中にあることが条件です。

　スマートフォン向けプロモーションを中心とした活用が期待されています。

図2-3　インリード広告のイメージ

インリード広告の特徴

　インバナー広告の場合、広告が画面に表示されていなくても再生が始まってしまいますが、インリード広告では動画の最初から見せることができるため、ストーリー性を持ったクリエイティブとの相性が良いのが特長です。メインコンテンツと同じ枠に表示されることから、通常のバナー広告よりも視認性が高くなるというメリットもあります。

　また、動画広告の位置までスクロールした時に、アニメーションで動画プレーヤーを表示するなど、ユーザーの注目を集めるような仕組みがあります。以下のサイトでデモが見られます。

参考　最近気になるネット広告用語〜①インリード〜｜YIELDONEオフィシャルブログ
　　　http://blog.yieldone.com/2015/02/inread/

02 » インストリーム広告の配信事例

　ここからは実際に動画広告を配信した事例を紹介していきます。ここで紹介する事例は「ad:tech tokyo 2013」の株式会社オムニバス様のセッション時にお話しした内容です。株式会社マクロミルのアンケート会員を獲得するために、プリロール動画広告を使用した当時の実施内容をまとめました。動画広告の実施を検討されている方は、広告出稿までの準備〜配信結果の確認方法、私の失敗談など、参考にしていただければと思います。

» 広告動画の制作

　動画の特性を活かし、ブランドイメージを重視した動画を制作しました。当時はそれなりにコストがかかりましたが、現在は動画制作会社の数が非常に増えており、ある程度のクオリティの動画が、20万円程度で制作可能な場合も

あります。

　この頃（2013年7月頃）は動画広告を実施している企業も少なく、試験的な実施だったため、全キャストを自社の社員で撮影することでキャスティングコストを削減しました。

図2-4　プリロール動画広告例
　　　（マクロミル社、https://www.youtube.com/watch?v=7Dr70625wfg）

▶▶ 動画広告用ランディングページの制作

　ランディングページ（LP）は、レスポンス効果を狙った既存のものを使用することも考えました。しかし、動画の世界観と合わなかったため、新しいブランディング向けの動画LPを用意しました。

　動画広告を実施する上で、「動画の世界観に合わせたLPを用意すること」は非常に重要です。ユーザーは、リッチなクリエイティブに惹かれてクリックしたにもかかわらず、リンク先が「画像のみで作られた1枚画像のLP」だった場合、残念な気分になるはずです。

　ブランド、ブランディングという言葉は少し曖昧ですが、筆者は「商品やサービスを買ってもらう」ではなく、「商品やサービス、さらにはそれを提供している企業のことを"好きになってもらう""覚えてもらう"」と簡単に解釈しています。実際は「認知度」「好意度」「メッセージ想起」「購入意向」などのブ

ランディング指標と呼ばれるものはあります。しかし、クリエイティブを制作する上では、「○○指標」よりも文章で考えた方が目的を意識してクリエイティブを考えられます。

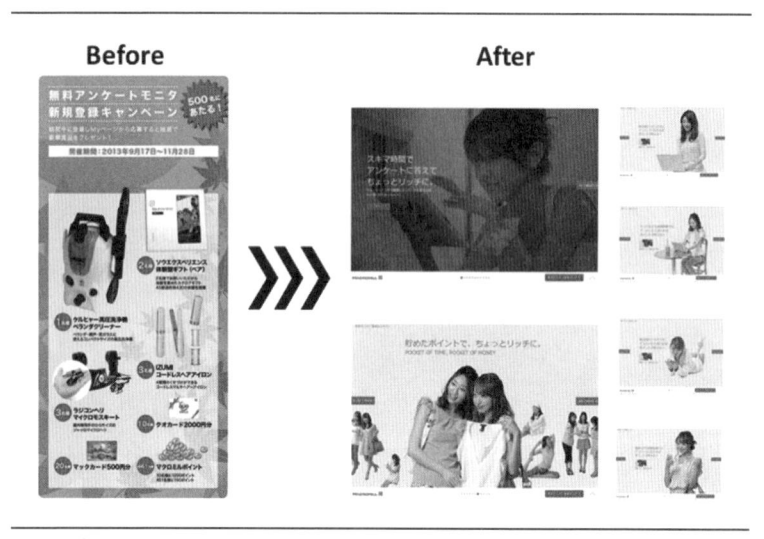

図2-5 変更した動画広告用LP （http://monitor.macromill.com/lp/sukimajikan.html）

≫【注意！】検索流入からの離脱

　広告をクリックしたユーザーは、LPにたどり着き、こちらが描いたストーリー通りの行動をしてくれました。ただし、動画広告視聴者の大半がクリックしないユーザーです。クリックしないユーザーでも、広告に興味を持ったユーザーは検索して、情報を探そうとします。

　検索に使用したキーワードは、おそらく動画に常時表示していた「社名」だと思います。しかし、社名で検索した場合、LPは検索結果に上がってきません。検索結果の1位に表示されるのはいつものトップページです。さらに、トップページには動画用LPの導線は何もありません。

　このことから、せっかく通常の数倍のアクセスを動画広告によって獲得できたにもかかわらず、動画広告と検索流入したトップページのイメージのギャップをユーザーに感じさせ、90％以上を直帰させてしまうという残念な結果でした。

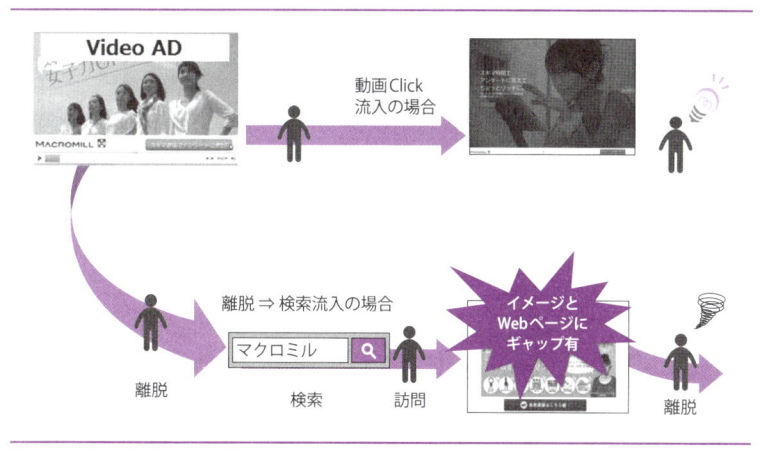

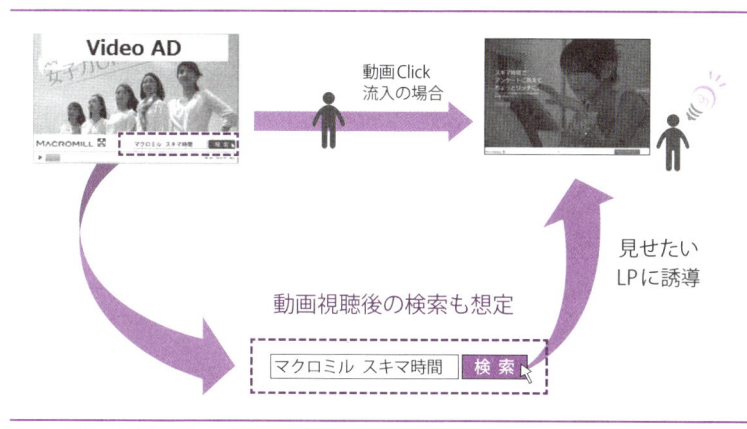

図2-6　動画広告視聴後の導線

▶▶ 動画広告視聴後の導線を改善

　前述のような「検索流入からの離脱」を防ぐために、2つの施策を実施しました。1つは、動画に常時表示している検索ボックスのワードを「動画広告用LPが1位表示されるワードに変更」、もう1つは「社名検索で1位表示されるトップページに動画用LPへの導線追加」です。これにより、離脱率を大幅に低下させることができました。

図2-7　動画広告視聴後の導線を改善

図2-8　動画広告用LPへの導線

≫「配信サイト精査」で費用対効果を改善

　DSPなどのプログラマティックな広告配信では「枠の品質」が大きな課題ですが、今回、動画DSPを用いて多数の動画サイトにプリロール動画広告を配信したため、同じような課題がありました。

　広告配信後しばらくして、サイト精査（人の目でサイトを確認し、効果が悪いサイトの配信を止めること）を実施しました。図2-9のグラフを見ていただくと分かる通り、サイト精査を実施した9月11日以降、動画のインプレッションは急激に落ちていますが、サイト訪問数への影響は軽微です。

　つまり、「人の目のチェック」も大事だということです。動画DSPを利用した場合、多くのメディアに配信できることが魅力ですが、中には効果の悪いサイトも多くあります。実際にこの方法で、サイト訪問数を確保したまま、広告コストを抑えることができます。

　このように、キャンペーン期間中であっても改善施策が実施できるのは、運用型広告の大きなメリットです。

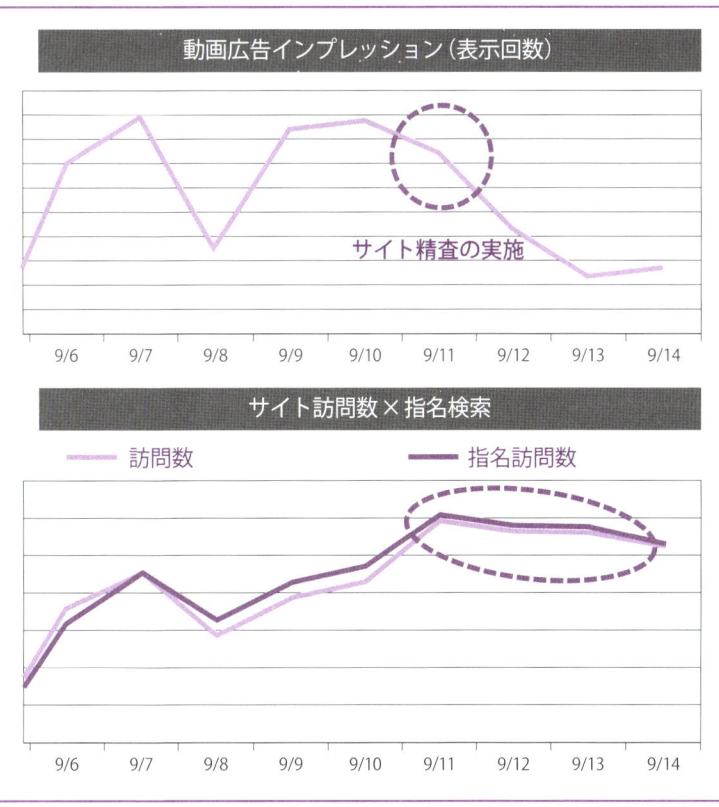

図2-9 配信サイト精査による費用対効果改善

▶▶ 配信結果 サイトアクセス数

　動画広告配信後、ページビュー（LP含むサイト全体）が大幅に上昇しました。ページビューの増加要因は、指名検索によるサイト流入だったことから、動画広告視聴後の検索（ビュースルーサーチ）が相当数あったと考えています。

　当時はビュースルーサーチ数を計測していませんでしたが、現在はこれを計測できるDMPなどが登場しており、動画広告の効果測定は以前よりもずっとハードルが下がっています。

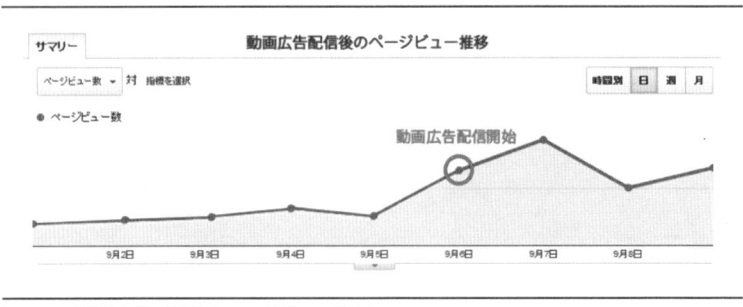

図2-10　動画広告配信後のページビュー推移

▶▶ 配信結果 CV

　今回の動画は10～30代の女性をターゲットにした動画広告です。図2-11は、ターゲット属性のCV推移です。ご覧のとおり、動画広告実施後、全てのターゲット属性で急激に伸びています。

　この期間広告投下量に大きな変化はなく、毎月ほぼ固定の出稿量だったため、動画広告はブランドリフトだけでなく、直接的にCVへも寄与していると言えます。また、広告の残存効果が他のクリエイティブよりも高い（長い）とも推測しています。動画広告は実施後半年（2014年1月）くらいに渡り、ある程度の投下量で出稿しており、その後は最初に投下した予算の5～10分の1くらいで出稿していました。しかし、CVは2014年11月までは高い水準を保ったままです。

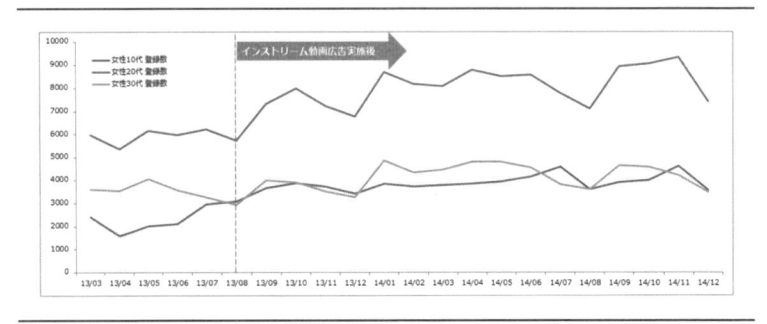

図2-11　ターゲット属性のCV推移

›› コスト検証 静止画広告との比較

　クリエイティブに差がありすぎるため一概には言えませんが、それでも動画広告の方がクリックされやすいと言えます。実際に静止画のクリエイティブは何パターンも作っていますが、ここまでのクリック率が出たクリエイティブはありませんでした。

　しかし、動画広告の効果指標として、Web特有の「CTR」「CVR」「CPA」だけを見るのは、違和感があると感じています。動画広告を実際に使ってみて、TVCMに近い印象を受けました。

　そのため、定量的な指標としては今までの静止画の広告にはなかった「視聴単価」や「リーチ単価」、さらには定性的な評価指標も必要になると思います。詳しくは『動画広告の課題とこれから』で後述しています。

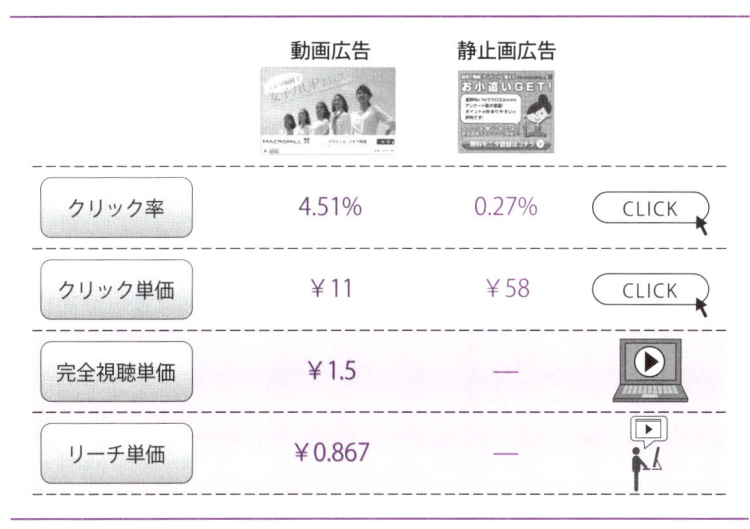

	動画広告	静止画広告
クリック率	4.51%	0.27%
クリック単価	¥11	¥58
完全視聴単価	¥1.5	—
リーチ単価	¥0.867	—

図2-12　コスト検証

03 動画広告の課題とこれから

▶▶ 普及が遅れる日本の動画広告

　Webマーケティングの業界は、「だいたい米国の2～3年遅れで同じものが日本で普及する」と言われていますが、動画広告については5年以上遅れて、やっと芽が出てきた印象です。

　まず、分かりやすい課題としては、「広告主側における動画制作のコストとリソース」があります。動画コンテンツの制作にはコストも時間もかかります。TVCMを制作した経験がある大手企業ならまだしも、今までリスティング広告やバナー広告の経験しかない中小企業が動画広告に踏み切るには、「配信」以前に「制作」という壁があります。

　また、改善されつつありますが、大手企業であっても日本独自の著作権構造の複雑さから、今までTVで利用してきたコンテンツをそのままWebで利用することが難しいといった問題もあるかと思います。

　さらに、広告主が動画広告の効果を「今までのWeb広告と同じように考えてしまったこと」も課題です。つまりは直接CVやCPAのみによって評価していることです。動画広告が得意とするところはブランディングであり、その効果を正当に評価し、広告主を納得させるブランディング指標を用意することが、広告媒体社や広告代理店などセルサイドの課題だと思います。

▶▶ 動画広告の価値とブランディング指標の重要性

　動画広告は「今までのWeb広告になかった新しい価値」を広告主に提供してくれます。その新しい価値、「ブランディング」というものをセルサイドが広告主に対して説明できるかが重要なポイントとなります。

なぜ多くのブランド広告主がTVCMに出稿するのか？

　それは、広告効果が高いことを知っているからです。動画広告の位置づけを理解し、ブランディングというものの重要性を理解しているブランド広告主の動画広告へのバジェットシフトは今後加速していくでしょう。年間、数億～数十億の予算をTVCMに投下する広告主は、市場調査会社などを通じて、これを評価する方法を持ち合わせています。

　一方、このようなブランディング広告の経験がない広告主の場合は、セルサイドがブランディング指標を明確に提示できないと、動画広告の普及は難しいでしょう。この指標が難しく、これを正確に計測するには、Webで自動的に計測できるような指標以外にも広告視聴者への「リサーチ」が必要になります。

　別に筆者が所属している調査会社を宣伝しているわけではありません。むしろ、力不足だと感じています。現在の調査会社の数十～数百万円のサービスでは、結局のところ、「動画広告はブランド広告主のもの」という結論になってしまいます。

　広告主でありながら、市場調査会社というプレーヤーサイドに近い立場の身としては、頭を悩ませるところです。

▶ 広告主として動画広告への期待

　2015年現在、日本ではやっと普及が見えてきた印象の動画広告ですが、米国ではその市場性は明らかになっており、2016年には90億ドルを超えるという予測も出ています。国内においても、動画サイトの利用ユーザーは全インターネットユーザーの半数を超え、特に若年層を中心にその利用は現在も拡大しています。

　マルチスクリーン化を背景に、TVからWebへのユーザーの「時間」のシフトは確実に起きています。この時代のブランディング手法として、個人的に動画広告には大きな期待を寄せています。良いコンテンツを作れば、ソーシャルメディアで話題になり付加価値を生むことだってあるし、TVCMの数十分の1の予算で実施できるからです。

　ただし、動画広告はブランド広告主のためだけのものではありません。これ

は断言できます。むしろ、今までブランディング広告を打ちたくても打てなかった広告主にとっての好機だと捉えています。ただ、これに踏み切るだけの根拠（期待）が見つからないのと、「ブランディング」という分かりづらいワードをどう捉えていいか分からないだけだと思います。

セルサイドの方には「甘え」と思われるかもしれませんが、このような広告主のことを決して置いてきぼりにしないでほしいのです。

04 » リワード広告／アフィリエイト広告／ブースト広告

» まずはアフィリエイト広告を理解しよう

アフィリエイト広告もリワード広告もブースト広告も、成果報酬型のインターネット広告を指します。リワード広告やブースト広告はアフィリエイト広告に含まれ、ブースト広告はリワード広告に含まれるので、「アフィリエイト広告 ＞ リワード広告 ＞ ブースト広告」という関係になります。

アフィリエイト広告とは、アフィリエイトサイト（アフィリエイターが広告を掲載しているWebサイト）もしくはポイントサイトに広告を掲載してもらう形態の広告です。「A8.net」や「ValueCommerce」などが代表的なアフィリエイトASP（メディアと広告主の仲介会社）になり、広告主はアフィリエイトASPを通じて、アフィリエイトサイトやポイントサイトに広告出稿します。

成果地点（成果報酬が発生する条件）や成果報酬額は、「1クリックで○○円」や「1CVで○○円」など、広告主の方である程度決められますが、成果地点のハードルが高すぎたり、成果報酬が低すぎたりすると、広告を掲載してくれるアフィリエイトサイトやポイントサイトが少なくなります。

一般的に、成果地点にはリスティング広告などの他のオンライン広告でCVとしている地点と同じものを設定し、「1CV発生で○○円」、ECサイトだった

ら「購入金額の〇〇％」、のように設定することが多いようです。

▶ アフィリエイト広告の報酬付与方法の分類

アフィリエイト広告はインセンティブの付与方法によって2つに分類できます。

- 直接インセンティブ：「成果を発生させた人」と「アフィリエイト報酬を受け取る人」が同じ
- 間接インセンティブ：「成果を発生させた人」と「アフィリエイト報酬を受け取る人」が異なる

例1）「ポイントサイト」に広告掲載を依頼した場合

ポイントサイトとは、広告をクリックしたり、広告主の商品バナーをクリックしてからその商品を購入すると、（現金などに交換できる）ポイントが受け取れる会員サイトのことです。「げん玉」、「PeX」などがあります。広告主は、アフィリエイトASPを通じてポイントサイトに広告掲載を依頼することができます。

この場合、成果を発生させた会員がポイントサイトから報酬を受け取るので、「直接インセンティブのアフィリエイト広告」になります。

ECサイトなどのWeb上で購買が発生するサービスは「購入金額の〇〇％」などで成果報酬を設定すれば赤字にはならないため、ポイントサイトへの出稿は行いやすいですが、無料会員登録を促すようなフリーミアムモデルのサービスは、成果報酬目的による会員登録の可能性が高いため、ユーザーが有料会員化したり、有料オプションを使用したりする確率が低くなります。そのため、「サービスを使用して売上が発生するユーザー数が、獲得したCVの何％残るか」まで試算して成果報酬額を設定する必要があります。

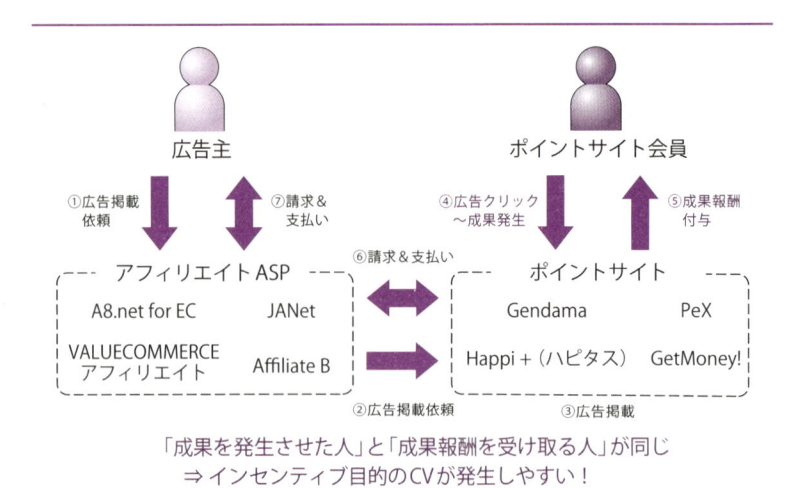

図2-13　ポイントサイト出稿の流れと特徴

例2)「アフィリエイトサイト」に広告掲載を依頼した場合

　アフィリエイトサイトは個人が運営するWebサイトやブログがメインですが、法人のWebサイトで広告枠を設けている場合もあり、これもアフィリエイトサイトにあたります。アフィリエイトサイトは、掲載している広告から成果が発生した際に成果報酬を受け取ることができます。

　広告主はアフィリエイトASPを通じて、アフィリエイトサイトに広告掲載を依頼することができます。広告を掲載するかどうかはアフィリエイトサイトが判断します。この場合、成果を発生させた一般ユーザーではなく、アフィリエイトサイトの運営者が報酬を受け取るので、「間接インセンティブのアフィリエイト広告」になります。

　間接インセンティブの場合、「成果を発生させた人」には報酬が付与されないため、発生した「成果」は「報酬目的でない純粋な成果」であることが特長です。

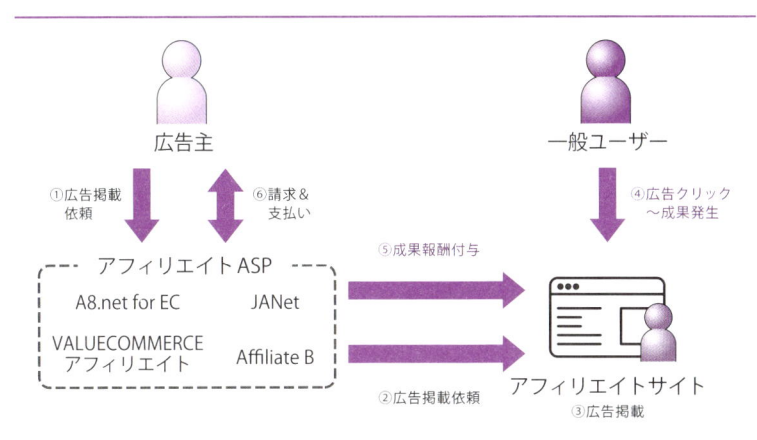

図2-14 アフィリエイトサイト出稿の流れと特徴

▶▶ リワード広告、アフィリエイト広告、ブースト広告の違い

アフィリエイト広告が分かれば、リワード広告、ブースト広告の理解は難しくありません。まずは図2-15をご覧ください。

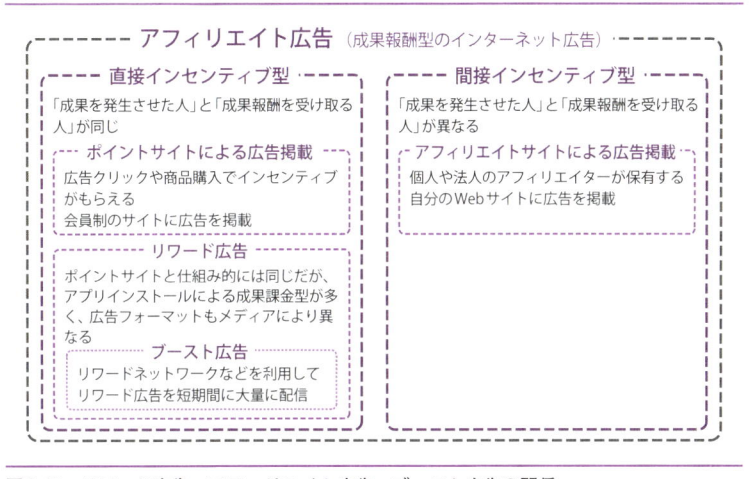

図2-15 リワード広告、アフィリエイト広告、ブースト広告の関係

リワード広告

　リワード広告とは、アフィリエイト広告の一種で、提携先Webサイトでアプリのダウンロードや、商品の購入などの成果が発生すると、広告主からメディアに成果報酬が支払われ、メディアが、成果を発生させた会員に「メディア内で使えるポイント」や「ECサイトで利用できるポイント」などを付与する仕組みの広告です。

　直接インセンティブが発生する点は、ポイントサイトと同じなので、同じようなメリット・デメリットがあります。アプリなどに多く見られ、CPI（インストール成果型）でアプリインストールを成果地点とする場合が大半です。

　アップルは「App Storeのランキングをゆがめる」として、この広告を批判し「追放」に注力していますが、いまだにリワード広告を提供する企業は多いです。

リワード広告の特徴（ポイントサイトとの違い）

- アプリインストールによる成果課金型が多い
- バナー、テキスト、記事体裁型など、メディアによって提供している広告フォーマットや表示方法が異なる
- ソーシャルメディアでのシェアを成果地点にするなど、ブランディング向けのメディアもある
- 提携サイトのアプリ内通貨やアプリ内で利用できるアイテムなどの成果報酬が多い
- 「リワードネットワーク」により広告を大規模に配信し、短期間に集客することが可能なメディアもある

ブースト広告

　リワード広告の中でも、アプリのランキングを一時的に急上昇させることを目的とした広告のことを「ブースト広告」と呼びます。リワードネットワークなどを利用して、リワード広告を短期間に大量に配信します。

　広告自体はあくまでリワード広告であって、これは使い方の話です。アップ

ルがリワード広告を否定しているのは、「リワード広告のブースト利用」という使い方が、インセンティブ目的のアプリのインストールを短期間で急激に増加させ、本当に評価されるべきアプリがランクインしなくなるからです。

アフィリエイト広告の成功パターン

間接インセンティブのアフィリエイト広告を優先

インセンティブ目的の会員を囲っているポイントサイトやリワード広告とは違い、アフィリエイトサイトから発生する成果は純粋な成果と呼べるので、まずはアフィリエイトサイトを使った広告掲載をオススメします。アフィリエイターがWeb上に紹介ページを作成してくれれば、提携している限りはそのコンテンツはWeb上に残るので、広告クリックが発生しなくても、その後のサーチを発生させ、間接的なCV貢献や認知拡大の可能性も十分にあります。

ただし、アクセス数が多いWebページを持つ、影響力の高いアフィリエイターの数は限られますし、そもそもアフィリエイターから「この広告を掲載したい」と選んでもらわなくてはいけません。そのため、広告主はアフィリエイターに対して、メール広告やキャンペーンの実施、アフィリエイター向けイベントへの参加など、様々な手段でアピールします。時には特別報酬を設定して、ピンポイントでアプローチすることもあります。特に、紹介ページを作成してもらうためのキャンペーンは積極的に企画すると良いでしょう。

短期間に多くのCVを集めるならリワード広告や、
ポイントサイトの利用も検討

アフィリエイトサイトのみで、短期間に大量のCVを獲得するのは、なかなか難しいため、リワード広告やポイントサイトへの出稿を検討すると良いでしょう。

これについては、取り扱う商材によって向き・不向きが分かれます。「Web上で購買が発生する」かつ「成果報酬を支払っても利益が出る」商品であれば向いています。ECサイトは「購入金額の〇〇％」で成果地点を設定すれば、赤字のリスクがないため、向いている商材の1つです。ただし、各広告主がアフィリエイターを取り合う競争が激しい分野でもあります。

会員登録後のオプション機能で購入が発生するようなフリーミアムモデルのサービスは、インセンティブ目的ですぐに非アクティブ化するユーザーが多いため不向きです。不向きな商材の場合は特に、「獲得したCVから実際に発生した売上」を算出し、ROASまで見てから出稿を継続するか判断してください。

05 » インフィード広告（イン○○広告）の解説

　インフィード広告とは、Webサイトやアプリ（画面の上から下に読み進めていくデザイン）のコンテンツとコンテンツの間に表示される体裁の広告のことです。FacebookやTwitterなどのSNSや、キュレーションメディア、ニュースアプリなどでよく利用されています。最近では、テキストやバナーだけでなく、動画などのリッチコンテンツが配信できるメディアも珍しくありません。

» インフィード広告のメリットと目的

　通常のバナー広告は、サイドメニューやページのヘッダーなど、Webサイトのメインコンテンツ外に配置されることが多いです。しかし、インフィード広告の場合、ユーザーが最も目線を集めるメインコンテンツの間に広告を配置するため、視認性が高くなります。

　掲載メディアのメインコンテンツ内に広告を配置するため、掲載する広告の多くは、そのページのコンテンツに体裁を合わせます。目的は、「コンテンツを読みに来たユーザーに対しての配慮」「広告色を消すことで、ユーザーの警戒心を下げる」の2つがあります。

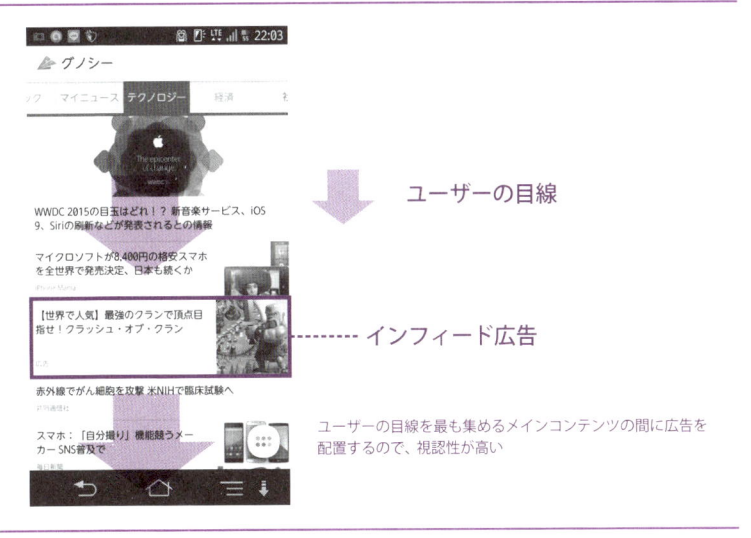

図2-16　インフィード広告

▶▶ インフィード広告とネイティブアドの違い

　インフィード広告はネイティブアドと混同されがちですが、言葉のレイヤーが違います。

　インフィード広告は「コンテンツとコンテンツの間に表示される体裁の広告」という、具体的な広告フォーマットを指す用語です。

　一方、ネイティブアドは「広告掲載面に広告を自然に溶け込ませることで、"ユーザーにコンテンツの一部として見てもらう"ことを目的とした広告」のことを言い、これは具体的な広告フォーマットではありません。広告の概念のようなものです。

　インフィード広告はネイティブアドの一種と言えますが、インフィード広告の全てがネイティブアドというわけではありません。あくまで「ネイティブアドの概念を持つ」インフィード広告がネイティブアドになります。ただし、インフィード広告の特性上、「ネイティブアドの体裁をとる」ことが多くあります。

　ネイティブアドについては、この後の『ネイティブアドと記事広告の違い（ネイティブアドの解説）』で詳しく解説します。

» インフィード広告、インリード広告、インスクロール広告の違い

　インフィード広告と似た広告に「インリード広告」「インスクロール広告」という広告があります。いろいろ調べてみましたが、明確な定義があるようにも思えません。ただ用語の使われ方に多少違いがあるため、「実際の使われ方」と「言葉の意味」という観点からこれらの広告を整理します。

　インリード広告とは、インフィード広告と同じく、「コンテンツとコンテンツの間に表示される体裁の広告」に表示される広告です。しかし、広告フォーマットは「動画」になります。「インリード」というワードからは動画以外のフォーマットも想像できますが、実際に提供されているサービスを見ると、動画広告サービスばかりです。ユーザーがスクロールして、広告が画面に表示されたタイミングで動画が再生されます。

　インスクロール広告もインリード広告同様、実際に提供されているサービスは、動画広告サービスばかりです。ユーザーがスクロールして、広告が画面に表示されたタイミングで動画が再生される点は、インリード広告と同じです。このような体裁の動画広告を指す言葉としては、インスクロール広告よりも、インリード広告というワードの方が利用されています。

　インリード広告とインスクロール広告の違いを、あえて述べるならば、言葉の意味からアプローチするしかありません。インフィード広告の「フィード」も、インリード広告の「リード」も、「掲載面（メインコンテンツ）」を指しています。しかし、インスクロール広告の「スクロール」は、コンテンツではなく「動作」を指しています。よって、インスクロール広告は、インフィード広告やインリード広告よりも、意味を広くとらえることができます。例えば、フッターの直前や、サイドバーの中はメインコンテンツではないため、ここに広告枠があったとしても、それはインフィード広告やインリード広告にはあたりません。しかし、これが動画広告枠だとしたら「スクロールして再生される動画広告」という意味で、インスクロール広告にあたると思います。

　筆者個人としては、図2-17のように区別して、これらの用語を使用しています。

	広告フォーマット	広告掲載面	広告表示時の挙動
インフィード広告	静止画／動画	メインコンテンツ間	掲載クリエイティブによる
インリード広告	動画	メインコンテンツ間	画面に表示されたタイミングで動画再生
インスクロール広告	動画	指定なし	画面に表示されたタイミングで動画再生

図2-17　インフィード広告、インリード広告、インスクロール広告の違い

06 » ネイティブアドと記事広告の違い（ネイティブアドの解説）

　記事広告は、コンテンツメディアに掲載する記事体裁型の広告のことで、具体的な広告フォーマットを指します。

　ネイティブアドとは「広告掲載面に広告を自然に溶け込ませることで、"ユーザーにコンテンツの一部として見てもらう"ことを目的とした広告」で、具体的な広告フォーマットを指すのではなく、いわば概念です。これを実現する具体的な広告フォーマットとして、記事広告やインフィード広告などが存在すると考えれば、分かりやすいと思います。

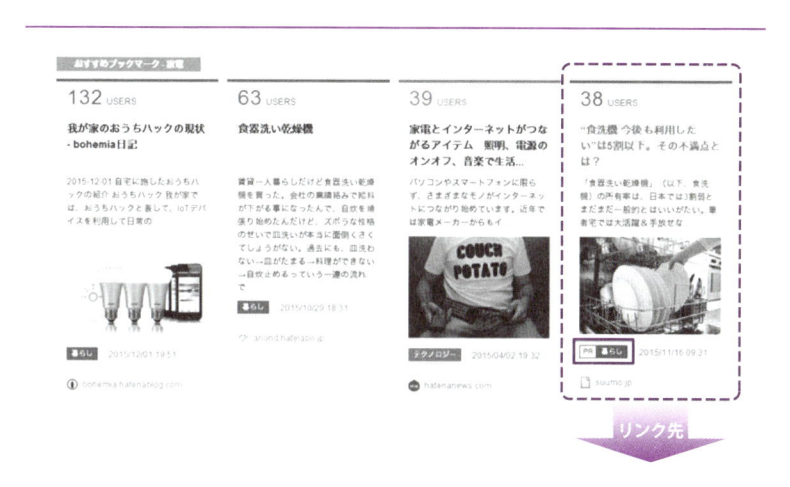

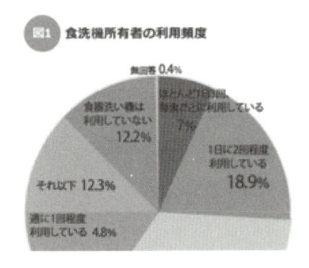

図2-18　ネイティブアド

▶▶ ネイティブアドにおける広告フォーマットの種類

　ネイティブアドの広告フォーマットについて、米国の広告業界団体であるIAB（Interactive Advertising Bureau）が発表している「IABネイティブアド・プレイブック」では6つに分類されています。

参考　『図解 マーケティングの教科書』（日経BP社）

インフィード型

　Webサイトやアプリのコンテンツとコンテンツの間に表示される体裁の広告のことです。FacebookやTwitterなどのSNSや、キュレーションメディア、ニュースアプリなどでよく利用されています。最近では、テキストやバナーだけでなく、動画などのコンテンツも配信できるメディアも珍しくありません。また、ビジネスメディアでもインフィード広告を見かけるようになりました。

検索連動型

　リスティング広告です。検索結果画面上に検索結果と同じようなフォーマットで広告表示されるため、こちらも「ネイティブアド」に分類されています。ただし、検索連動型広告をネイティブアドとして扱う場合、誘導先がLPではなく自然検索と同様のコンテンツであることが条件です。

レコメンドウィジェット型

　レコメンド配信サービスを使用して、広告配信したい記事などをレコメンド欄のあるサイトに表示する形になります。具体的な例として、ニュースサイトの記事下に「おすすめ記事」や「関連記事」として、広告を含むような手法です。ユーザーによって表示される広告がカスタマイズされるため、面ではなく、人をターゲティングした広告になります。ページ下に表示されることが多いので、視認性は他の広告フォーマットよりも低い場合が多いです。

プロモートリスティング型

　「Amazon」「楽天」などのECサイトや、「ぐるなび」「食べログ」などの情報サイトで見られる、検索結果の上位にPRで表示されている広告です。ユーザーが検索したワードに合わせて、実際の検索結果と同じようなフォーマットで表示される広告です。上位に表示されているために目に留まりやすいです。しかし、検索という行動は、ユーザーの「能動的で具体的な目的を持ったアクション」のため、それに応えられるもの（クリエイティブやリンク先ページ）でないといけません。

ネイティブ要素を持つインアド型（IABスタンダード）

ディスプレイ広告の枠内に、コンテンツ型の広告を表示するタイプです。ただし、配信する枠はIABが定めるディスプレイ広告枠の基準をクリアする必要があります。

カスタム型

上記5つのカテゴリに当てはまらない手法で、「記事広告」や「LINEの企業スタンプ」はこのカテゴリになります。メディアごとの特性や体裁に合っていることが前提条件です。

広告クリエイティブだけが評価対象ではない『ネイティブアドの条件』

前述の「ネイティブアドの6つの分類」は、ネイティブアドの広告フォーマットのことを指していますが、今度は「ネイティブアドの条件」についてです。この条件が満たされていないと、たとえネイティブアドの分類に当てはまっても、ネイティブアドとは呼べません。

FORM

ネイティブアド掲載面のデザインに関する条件です。ネイティブアドが掲載される形態は、メディア本体の記事と同じデザイン（広告掲載位置やページのカラーなど）となっているかどうかです。

FUNCTION

ネイティブアド掲載面の機能に関する条件です。ネイティブアドが設置されるページの機能は、そのメディアの他の機能と同様か（ネイティブアドの掲載面が掲載先メディア本体の機能を持っているか）どうか、同じようなコンテンツ体験をユーザーに提供するかどうかです。

INTEGRATION

ネイティブアドの広告ユニット／広告表示方法に関する条件です。ネイティブアドの広告ユニットは、周りのコンテンツと同じように表示されるかどうか

です（リンク押下、ロールオーバー時の挙動などが、他コンテンツと同じか）。

BUYING & TARGETING

　ネイティブアドの配信方法に関する条件です。ネイティブアドの掲載箇所は、メディアの全ページではなく、特定のページやセクションを指定して表示（広告配信）することができるかどうかです。

MEASUREMENT

　ネイティブアドの効果測定に関する条件です。ネイティブアドの広告効果測定は、クリックやCVなどのダイレクトレスポンス広告の効果指標ではなく、エンゲージメント（シェア、閲覧時間など）で計測されているかどうかです（例：インプレッション、シェア数、広告閲覧時間など）。

DISCLOSURE

　ネイティブアドのPR表記についての条件です。ネイティブアドの掲載面には、広告であることが明記されており、ユーザーが広告ということを認識できるかどうかです。

≫ ネイティブアドが抱えるリスク

　ネイティブアドはデザインや機能をメディアに馴染ませて広告を掲載するため、コンテンツを見に来たユーザーからすると、広告のリンク先が「売り込み色が強すぎるページ」だったり、「広告掲載面との関連性が低いページ」だったりすると、広告を嫌うだけでなく、メディアへの不信感にもつながります。

　ネイティブアドを提供する某メディアは、リンク先ページの内容も含めて、全て目視でチェックするそうです。ネイティブアドはユーザーに見てもらいやすい方法で掲載する分、このくらいユーザーに対する配慮がないと、「単にユーザーの行動を邪魔するだけの広告」になってしまいます。

　ネイティブアドの目的は「広告をコンテンツと同様に見てもらう」ことですが、本当にユーザーがその広告をコンテンツとしてクリックした時に、ちゃんと読んでもらえる内容になっているかが大事です。

ad:tech tokyo 2013の公式カンファレンスで……

　2013年のad:tech tokyoでJaM Japan Marketingの大柴ひさみさんが、「ユーザーは広告が嫌いなのではない、邪魔されることが嫌いなだけ。（中略）邪魔をされると広告が嫌いになる。」と、公式セッションで話されていました。このセッションはネイティブアドにフォーカスしたものではなかったのですが、ネイティブアドではこの点を他の広告以上に考慮する必要があると思いました。

- ネイティブアドは、ユーザーの行動を「邪魔しやすい」広告です（掲載箇所の話）。
- そして、広告リンク先のコンテンツが悪ければ、ユーザーは「騙された」と感じます（コンテンツの質の話）。

　その瞬間的なマイナスのユーザー体験は、その広告や掲載メディアだけでなく、世の中の全てのオンライン広告に影響する可能性があると筆者は思っています。

▸▸ 筆者のネイティブアドに対する考え

　筆者はネイティブアドに対して、今のところ、肯定も否定もありません。しかし、今はバズワードのようなネイティブアドに、これらのリスクと責任があることを、広告主とメディアの方々の両方に知っておいて欲しいと思います。
　以下のようなレポートが世の中に出ていることが非常に残念です。

> ネイティブ広告のクリック経験があるユーザーに、ネイティブ広告は騙された気分になるかを聞いたところ、46.9%が「あてはまる」、30.4%が「ややあてはまる」と回答し、約8割のユーザーが騙された気分になっていることがわかりました。
> また、ストレスを感じるかについては「あてはまる」が37.7%、「ややあてはまる」が29.0%と、約7割のユーザーがストレスを感じているようです。

出所　FASTASK：『今、話題のネイティブアドは、「騙された気分になる」』
https://www.fast-ask.com/report/report-smartphone-20140701.html

ネイティブアドがただのステマになるか、コンテンツの一部として認めてもらえるか、広告業界に関わる私たちの使い方次第だと思います。

07 ソーシャルメディアマーケティングの成功企業と失敗企業

▶▶ ソーシャルメディアで成功する企業の特徴とは

　数年前になりますが、多くの企業がプロモーション施策の一つとして、ソーシャルメディアを活用することが「流行に乗っている」と感じる風潮があったように思います。一部の企業では成功しましたが、多くの企業は「ソーシャルメディアは難しい」「リソースが足りないため、後回しにする」など、消極的な結論を出すことが多くありました。筆者が勤めてる会社も例外ではありませんでした。広告代理店側も、ソーシャルメディアを活用した施策の検討を相談すると、「リソースかかりますよ？ CVあまり取れませんよ？ それより広告出しましょう！」といった回答が実際にありました。

　しかし、今では、プロモーション施策として、ソーシャルメディアを活用した成功事例を作り出す企業を多く見かけます。このような企業の共通点は、

- ソーシャルメディアを「売り込み」の場としていない
- 「ソーシャルならでは」のコンテンツを提供している

たったこれだけです。

　反対に失敗している企業の特徴も単純で、「広告目的の投稿が多すぎる」がほとんどです。

ソーシャルメディアの利用目的は？

　プロモーション施策としてソーシャルメディアを活用する際には、まず、「なぜ、ユーザーはソーシャルメディアを利用するのか？」を考えてみましょう。

- オフラインコミュニケーションの補完（従来の知人）
- 同じ趣味、趣向を持つ人との交流（新たなコミュニケーション）
- 知りたい情報を探す（情報の受信）
- 自分が入手した情報や自分に関する情報の発信（情報の発信）

　総務省やマクロミルの自主調査など、いくつかのレポートを読んだ結果、理由の多くがこれに当てはまります。こうしたことから、

- ユーザーは自分のリアルのコミュニティに対してソーシャルメディアでその関係を補完し、ソーシャルメディアを契機に新たな友人やコミュニティを作る。そして、知りたい情報を探し、入手した情報や自分についての情報をソーシャルメディアを介して発信する
- ソーシャルでの行動はオフラインの行動に近く、むしろ場所や時間による制約でオフラインでは実現しづらいことがソーシャルでの行動になっている

と言えるのではないのでしょうか？

　言い換えれば「実生活に近いプライベートな場」であり、このようなコミュニケーションの場で、手当たり次第、広告的な投稿を行うのは場に合っていないと感じます。ユーザーはコミュニケーション手段としてソーシャルメディアを利用しているため、企業のアカウントや投稿が支持を得るには「場に合わせたコンテンツ」が必要となります。

≫ ソーシャルメディアと広告の違いを整理

　ソーシャルメディアは「双方向のコミュニケーション」だという理解が必要です。使い古された言葉ですが、本当にソーシャルらしいコンテンツを提供している企業は、全体の何％いるのでしょうか。

　例えば、あなたがご自身の勤める企業のFacebookページをユーザーとして訪れたとして、ユーザーである自分に以下の質問をしてみてください。

- そのコンテンツを誰かとシェアしたいと思いましたか？
- そのコンテンツを読んで、あなた自身が面白い、次も読んでみたいと思いましたか？
- そのコンテンツを読んで、あなたはその「企業」に対して好感を持ちましたか？（就活生ならココに就職したいと思いましたか？）

　コンテンツ、コンテンツとしつこいですが、ソーシャルメディアこそ「コンテンツ命」です。上記のような質問に「Yes！」と言ってもらうためには、やはりコンテンツが重要で、これは広告や商用のWebサイトでは難しい点です。

	情報伝達	情報の広がり	情報の受け手の態度	コンテンツ形成
ソーシャル	双方向 （操作不可）	発信者のつながり、コンテンツの拡散性による	能動的	企業＋個人 （集合的）
広告	片方向 （操作可能）	不特定多数、出稿量による	受動的	企業主体

図2-19　ソーシャルメディアと広告の違い

▶▶ ソーシャルメディアマーケティング実践企業

ANA JAPAN（https://www.facebook.com/ana.japan）

「空から撮影した写真」コンテンツは航空会社ならではの内容だと思います。フライト先の景色や風景の投稿、クイズやトリビアを用いたコミュニケーションコンテンツでユーザーからのコメントが多く投稿されています。

UNIQLO（https://www.facebook.com/uniqlo）

ユーザーが楽しめるゲームコンテンツの用意、従業員の働く姿やインタビュー記事は、普段見られない企業の内側を知ることができた感覚がします。商品の紹介方法も写真中心のため、写真を見ているだけで楽しくなります。

トレンダーズ株式会社（https://www.facebook.com/trenders.co.jp）

BtoBでは難しいと思われているソーシャルですが、さすがソーシャルメディアマーケティングの会社だけあってコンテンツが充実しています。マーケター（顧客）だけでなく一般ユーザーが読んでも楽しめる内容だと思います。

▶▶ 面白くて役に立つコンテンツを作る

各企業のFacebookページをご覧になると分かりますが、全て「人」が登場しています。キャンペーンの案内などでも単に「●●％ OFF！」ではなく、その企業で働く人の姿やコメントなど人への興味をそそるネタを織り交ぜながら案内しています。広告とは違う「コミュニケーション」の場だからこそ、こういうコンテンツでなくてはなりません。ソーシャルメディアの運営は、サービスサイトのそれとは全く異なるものです。

「見るだけで面白い、役に立つコンテンツがある」からユーザーが集まり、「コンテンツに共感が持てる」からその企業のファンになる。「誰かに教えたいと思えるコンテンツ」があれば、それはファンを通じてシェアされ、より多くのファンを作る。そういうサイクルの最後に「この企業の商品・サービスを買ってみたい、使ってみたい」という思いに繋がるのだと思います。

「いったん"ソーシャルを収益化する"ことを忘れてみませんか？」

　最初から収益にこだわってしまうと、できることが限られてしまい面白いアイディアも出づらくなります。読んで、見て、楽しい、役に立つコンテンツを作るために、アイディアを出し続け、効果が芳しくなくても何度もトライしてみましょう。ソーシャルメディア運営とは、「コンテンツを考え続ける」ことです。

CHAPTER 3

Measurement

01 » ディスプレイ広告の2つの役割と効果測定方法

» ダイレクトレスポンス広告としてのディスプレイ広告

　ダイレクトレスポンス広告とは、「直接的・短期的なCV獲得を目的とした広告」のことです。この広告のミッションは、「低いCPAで多くのCVを獲得する」ことです。これに最も優れていると言われてきた広告がリスティング広告ですが、ディスプレイ広告もダイレクトレスポンス広告としての利用価値が高い広告です。

　しかし、それを可視化するには、3PASや、DMPを導入し、1CVの獲得に関係した全ての接触メディアの貢献割合を算出し、アトリビューション分析でスコアを配賦する必要があります。アドエクスチェンジやDSPからでも、ビュースルーCVのレポートは出せます。しかし、リスティング広告などの他の広告施策とCVが重複することが多いため、各施策のCVを合計すると、実際に獲得できた総CVよりも高い数値になります。

» ブランディング広告としてのディスプレイ広告

　ブランディング広告とは、「ブランディング指標を上昇させることを目的とした広告」です。この広告のミッションは、認知度、メッセージ想起、好意度、購入意向などのブランディング指標を向上させることです。

　ディスプレイ広告は、CVを獲得するためのダイレクトレスポンス広告でありながら、ブランディング広告としても利用できます。例えば、ブランディング指標の1つである「認知度」を上げるためには、多くのユーザーにリーチする必要があります。リスティング広告では、リーチの母数が指定したキーワードを検索したユーザーに絞られますが、ディスプレイ広告では、あらゆるWebサイトに広告を表示することができるため、多くのユーザーにリーチすることができます。

　「メッセージ想起」や「好意度」を上げるには、クリエイティブに表現力が必

要です。ブランディング広告として最も有名なのがTVCMですが、どのTVCMも動画や音声で視聴者にメッセージを伝えます。ディスプレイ広告でも動画やインタラクティブコンテンツが配信でき、数年前と比べると、クリエイティブの表現力は高まっています。また、このようなクリエイティブに対応した広告枠は、近年増加傾向で、ディスプレイ広告のブランディング活用が進んでいると感じます。

> **ディスプレイ広告がブランディング広告として利用できる理由**
> - 配信面：多い（あらゆるWebサイト）
> - ターゲット母数：多い（全てのインターネットユーザー）
> - クリエイティブ表現力：高い（画像、動画、インタラクティブコンテンツ）

さらに、Web特有のターゲティング技術と運用型広告の特徴を生かして、ブランディング指標を上昇させるためのコントロールができるという点がメリットです。

もちろん、本当にブランディング指標の向上につなげるには、「配信面」「ターゲティング」「クリエイティブ」というディスプレイ広告の構成要素をチューニングしていくことが必須です。また、ブランディング効果を実証するには、広告に触れた人と触れていない人に対して、同じ形式でアンケートを行うなど、実際にユーザーに「聞く」必要があります。その方法として、リードバナーアンケート／インバナーサーベイ／従来型リサーチ（市場調査会社のパネルを使ったアンケート）などのリサーチ手法があります。

【まとめ】ディスプレイ広告の役割と効果測定方法

ダイレクトレスポンス広告としてのディスプレイ広告
- ミッション：低いCPAでCVを多く獲得する
- 主なクリエイティブ：静止画、テキストタイプ（低CPM、低CPCのクリエイティブ）
- 評価指標：Click、CV、CPA、サイトアクセス数 など
- 効果検証方法：アトリビューション分析

ブランディング広告としてのディスプレイ広告
- ミッション：認知度、メッセージ想起、好意度、購入意向などのブランディング指標向上
- 主なクリエイティブ：静止画、動画、インタラクティブ広告
- 評価指標：ブランド認知、広告認知、メッセージ想起、スポンサー想起、ブランド好意度、購入意向 など
- 計測方法：リードバナーアンケート／インバナーサーベイ／従来型リサーチ（市場調査会社のパネルを使ったアンケート）

目的に合った効果測定方法を選択することが大事、そしてブランディングという言葉を「逃げ道」にしてはいけない

　ディスプレイ広告の役割や効果測定を分けて整理しておくことは予算、配信面、ターゲットユーザー、クリエイティブを決定していく上で非常に重要です。効果測定において、ブランディング目的の広告をダイレクトレスポンス広告の指標で評価しても意味がありません。

　日本ではまだまだレスポンス目的のディスプレイ広告の利用が多いですが、海外では、ブランディング目的（60％）が、レスポンス目的（40％）を上回っているというレポートがあります。

参考　Brand Ad Spending to Pass Search in 2012

このように効果測定を、厳密に行っているのには理由があります。筆者は、「ブランディング」というワードが、本当の広告効果を隠すための"逃げ道"に使われているのではないか？と思うことがあります。

　ブランディングとは、企業やサービスの価値を向上させるための活動であり、マーケティングを支えるものだと思います。それを言い訳に使って欲しくありません。そして、「ブランディング効果」というのは数値化して証明できるため、ブランディング効果が本当にある広告なら、その効果を証明すべきだと思っています。

02 » インバナーサーベイとリードバナーアンケート、ブランドリフト調査の新手法の解説

» インバナーサーベイとリードバナーアンケートの概要

　「インバナーサーベイ」も「リードバナーアンケート」もディスプレイ広告の効果測定手法の1つで、ディスプレイ広告の接触者と非接触者のブランド態度を比較し、その差異を効果として計測します。調査会社のパネル以外にアンケートできる点が、「一般的な消費者像に近い」とされています。

　インバナーサーベイは、海外ではブランディングを目的とする広告主を中心に利用されています。日本では株式会社カンター・ジャパンやニールセン株式会社のサービスが有名です。

　リードバナーアンケートは、「インバナーサーベイの問題点（※後述）」を解決するために誕生したソリューションです。2015年12月現在、β版サービスが出ている程度で、まだ開発途上段階にあるサービスです。

　前項の「ディスプレイ広告の2つの役割と効果測定方法」で述べましたが、ディスプレイ広告はブランディング広告としても活用できます。インバナーサーベイもリードバナーアンケートも、ブランディングを目的としたディスプレイ広告の効果を検証するための手法です。

従来型リサーチによる効果測定

従来型リサーチでは、調査会社のパネルを使って、広告接触者と非接触者にアンケートを行います。ナショナルクライアントを中心に利用されており、現在主流の効果測定手法です。高価である分、リサーチャーの分析レポートなど、品質の高いアウトプットが期待できます。

しかし、アウトプットはExcelやPowerPointベースのレガシーなレポートが多いため、最近のアンケートツールにあるような、オンライン画面上でフィルタやクロス集計を行い、自由な切り口で分析するには不向きです。

また、通常のネットリサーチと同じ方法でリサーチを行うので、オンライン広告キャンペーンで重要な「アウトプットの速さ」には課題があります。

「キャンペーン期間中にチューニングを行う」というよりは、「キャンペーンの結果を把握する」といった利用目的に適します。

実施手順

1. 調査会社から発行されるタグを広告インプレッションと同時に呼び出す。
2. 調査会社のパネルに広告接触履歴情報（Cookie情報）が付与される。
3. Cookie情報をキーにして、パネルリサーチを行う（通常のネットリサーチと同じ）。

主な事業者とサービス

株式会社マクロミル／AccessMill（http://www.macromill.com/landing/digital.html）
株式会社インテージ／Ad Trace Panel（http://www.intage.co.jp/service/ad-trace）

▶▶ インバナーサーベイによる効果測定

　インバナーサーベイでは、DSPなどのディスプレイ広告枠にアンケート回答用のバナーを配信して、回答者を集めます。回答者はバナーの枠の中でアンケートに回答する仕組みで、1問～数問のアンケートが実施できます。その際に「広告接触者」と「非接触者」でセグメントを分けて配信することで、ブランドリフトを計測します。

　回答結果はリアルタイムに集計され、広告主はいつでも回答結果をWeb上で閲覧することが可能です。アンケート結果のフィードバックを受けて、広告主はクリエイティブ改善やターゲティング条件の変更などのチューニングを、キャンペーンの稼働中に行うことができます。これが従来のリサーチ会社のパネルを使った広告効果測定との最大の違いです。

　シームレスにディスプレイ広告と連携でき、レポートなどのアウトプットが全てWeb上で閲覧できる点、アウトプットのデザイン性などが優れていますが、その反面、従来型リサーチと比較すると、正確にユーザーをターゲティングできない（広告接触者／非接触者は分けられるが、実際の性・年代別などでターゲティングができない）という課題があります。

ディスプレイ広告の効果測定手法で、広告接触者と非接触者のブランド態度を「リアルタイム」に比較し、その差異を効果として計測することが可能。

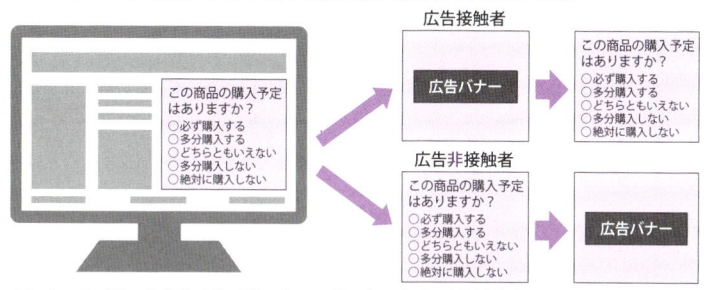

アンケートバナーと通常広告バナーをランダム表示させ、広告接触者と非接触とのブランド態度を比較。Webサイト訪問者やオーディエンスセグメントに対してもアンケートが実施できる。

図3-1　インバナーサーベイによる効果測定

インバナーサーベイの課題

　インバナーサーベイは、今まで可視化できていなかったディスプレイ広告のブランディング効果を、リアルタイムで計測してくれる効果測定手法です。しかし、いくつか課題もあります。

1. 質問数が少なすぎる
　　通常のバナー広告枠に質問内容を表示するため、1問〜数問しか質問できません。
2. アンケートの自由度が低い
　　FA（自由回答）質問が設置できないサービスが多く、通常のネットリサーチでは可能な回答ロジックがかけられない点もマイナスです。
3. 優良広告枠の消費
　　バナー内でアンケートに回答してもらうため、「300×250」や「336×280」のレクタングル（長方形型）が中心になります。これらのサイズは、どの商材でも比較的広告効果が高いバナーサイズであるため、できれば「アンケート枠ではなく、広告枠として利用したい」というのが、広告主視点での筆者の意見です。
4. 回答精度の不安（※最重要課題）
　　バナーという表示領域が狭い枠で回答を求めているため、ミスクリックが多くなります。スマートフォンでの回答となると、PC以上に回答ミスが増えるでしょう。

≫ リードバナーアンケートによる効果測定

　リードバナーアンケートは、アンケートバナーを広告配信するところまではインバナーサーベイと同じ仕組みです。インバナーサーベイでは、バナー内でアンケート回答を行うのに対し、リードバナーアンケートでは、アンケート専用の回答ページで回答する点が異なります。

　この方法であれば、インバナーサーベイの問題を解決できます。アンケート専用の回答画面で回答させるため、ミスクリックやいいかげんな回答を除外できる（Cookieによる不正回答者の除外）ほか、アンケート機能は通常のネッ

トリサーチとほぼ同様の機能が使用できるため、質問数を増やすことや、FA質問の設置が可能です。

また、アンケートの「プロモーション利用」ができる点もメリットです。アンケートページはカスタマイズができるため、例えば、アンケート回答後に、その商材のキャンペーンページにリダイレクト、プロモーション用動画の再生などが可能です。

リードバナーアンケートの課題

掲載されるバナーは通常の広告バナーと同様に、クリックしてアンケート回答ページに遷移するため、インバナーサーベイよりも回答率が低くなります。よって、サンプル回収コストが増加するという課題があります。

図3-2　リードバナーアンケートによる効果測定

ブランド好意度（男性×Webサイト）

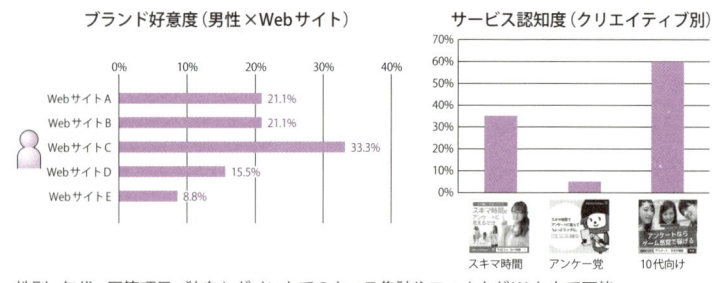

Webサイト	割合
WebサイトA	21.1%
WebサイトB	21.1%
WebサイトC	33.3%
WebサイトD	15.5%
WebサイトE	8.8%

サービス認知度（クリエイティブ別）

- スキマ時間：約35%
- アンケー党：約5%
- 10代向け：約60%

性別、年代、回答項目、独自セグメントでのクロス集計やフィルタがWeb上で可能。

図3-3　リードバナーアンケートの結果

どのリサーチ手法がディスプレイ広告のパートナーに？

　現在主流の従来型リサーチは、オンライン広告のみではなく、オフラインのマス広告なども含めたクロスメディアの広告効果測定手法として、今後も成長していくでしょう。クロスメディアのリサーチでは、出現数が最大の課題です。しかし、スマートテレビとの連携などが進めば、この課題が緩和でき、かつ現在よりもスムーズにリサーチが実施できます。

　リードバナーアンケート／インバナーサーベイは、アンケート結果を自由な切り口で、リアルタイムに分析できることが特長です。つまり、分析結果を実施中のキャンペーンに活かすことができます。また、調査会社のパネル以外にリサーチできるなど、従来型リサーチとは違った魅力がいくつもあります。リードバナーアンケートにおいては、アンケートからプロモーションへつなげることも可能です。

　この2つの「アンケートバナー」という新しいリサーチ手法には、先に述べたような大きな課題があります。しかし、この課題をクリアできれば、従来型リサーチとは違ったポジションで、ディスプレイ広告の強力なパートナーになれると考えます。

　アンケートバナーについて、筆者はインバナーサーベイよりもリードバナーアンケートの方が、クリアすべき課題が少なく、広告主としても利用したいと思えます。このような考えから、所属するマクロミル社で、リードバナーアンケートのサービス開発を進めています。

03 » リサーチと購買データを活用した効果測定の事例
～ 株式会社マクロミル ～

オフラインの購買が最終ゴールである場合、キャンペーンの効果をどのようにして検証すれば良いのでしょうか？ マクロミル社の、リサーチと購買データを活用した効果測定の事例から考えます。

キャンペーン実施企業：カゴメ株式会社（http://www.kagome.co.jp）
調査会社：株式会社マクロミル（http://www.macromill.com）

キャンペーン概要
対象商品：植物性乳酸菌ラブレ
施策ターゲット：女性・30～40代
内容：DSPでバナー広告を配信し、キャンペーンサイトに誘導、キャンペーンサイトからブランドサイトへ誘導する。

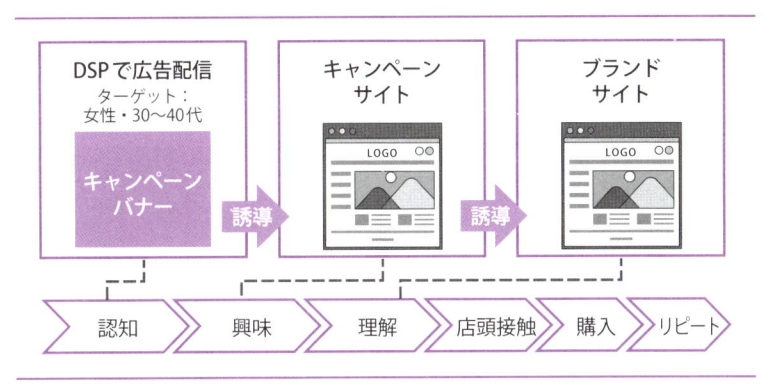

図3-4　キャンペーンの流れ

効果測定方法

　DSPからバナー広告を配信してユーザーに広告が表示される際、PiggyBackという方法で、マクロミル社のタグを呼び出します。これにより、バナーを表示したユーザーの情報とマクロミル社のAccessMill会員データが、Cookieをキーにして紐づけられます。

　AccessMill会員データは同社のQPR購買データと紐づけられているため、バナーが表示されたユーザーのオフラインの購買情報が分かります。

「AccessMill」(http://www.macromill.com/landing/digital.html)

マクロミル社が提供する、Cookie情報取得済みの調査パネル（AccessMillパネル）へのリサーチサービス。Web広告の接触者や特定のサイト訪問者へリサーチが可能。

「QPR」(http://www.macromill.com/landing/qpr.html)

マクロミル社が提供する、消費者購買履歴データ。日々の購買情報から、商品の購入チャネル、購入量、トライアル・リピート状況、ブランドスイッチ、購入者の属性などが分析できる。

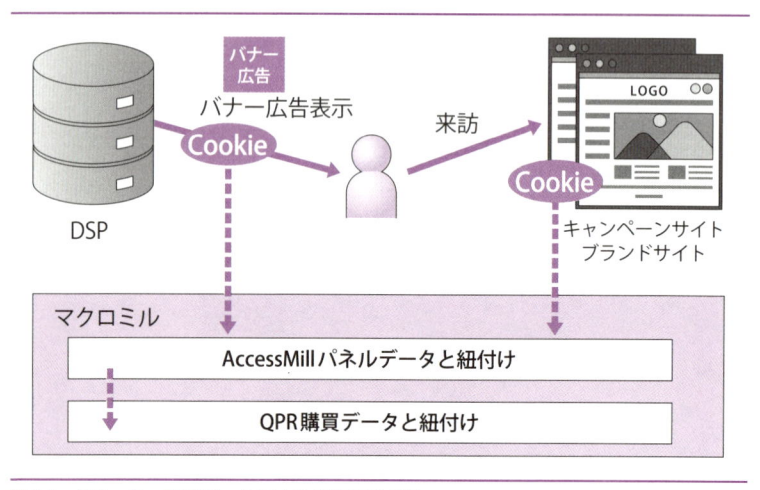

図3-5　リサーチ×購買データによる効果測定方法

オンライン広告効果指標による分析結果

　クリックやCVの結果では、DSP出稿は非常に効果があるように見えます。しかし、今回のキャンペーンの最終ゴールは「購入」です。広告配信やWebサイトが購入につながったかを確認する必要があります。

■DSP出稿

配信形式	Imp	CT	CTR	CPC	CPM
ブロード配信（女性）	約9千万回	約7万回	0.04%	¥97	¥43

■キャンペーンサイト

ブランドサイト送客数（CV）	PV	UU	CVR
約7,000人	約12万回	約5万人	13.70%

■ブランドサイト（UU）

図3-6　オンライン広告効果指標による分析結果

リサーチ×購買データによる分析結果

　リサーチと購買データによる分析を行った結果、バナー広告接触者と一般消費者の商品購入率には差異がなく、バナー広告の表示がユーザーの態度変容に寄与していないことが分かりました。

　一方、ブランドサイト来訪者は、商品購入率が明らかに高くなっており、ブランドサイトがユーザーの態度変容に寄与したと言えます。

　従来のオンライン広告効果指標では、店舗での実購買までは分かりません。オフラインの購買がゴールである場合は、このようなリサーチや購買データを使った分析が必要です。

バナー広告接触者
バナー接触者購入率
0.67%

AccessMillユーザー
700,000人

QPRユーザー
30,000人

ラブレ新商品購入率
0.72%

ブランドサイト来訪者
ブランドサイト来訪者購入率
27.78%

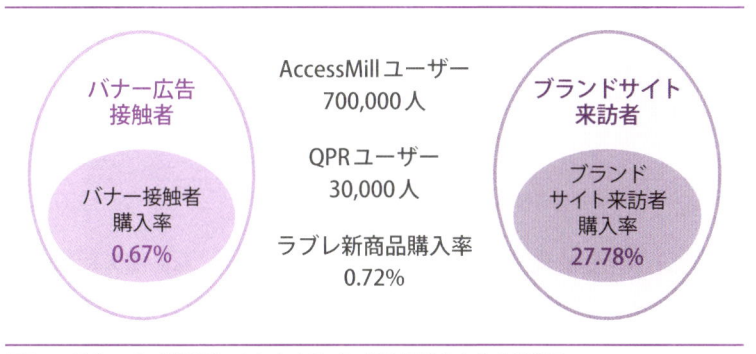

図3-7　リサーチ×購買データによるラブレ新商品購入率の分析結果

なぜバナー広告で態度変容が起こらなかったのか

　バナー広告接触者の実際のデモグラフィック情報を確認すると、DSPのシステムを利用し、女性をターゲットとしていたにもかかわらず、回答者の半数が男性ということが分かりました。また、ターゲットである「女性 30～40代」は、全接触者の4分の1のみという結果です。

　つまり、「広告でリーチしたユーザーがターゲットと違った」ことが、態度変容が起こらなかった要因である可能性が高いと言えます。

　多くのDSPで、デモグラフィック情報のターゲティングはできます。しかし、そのターゲティングの精度は同じではありません。利用するDSPのオーディエンスデータ、そのDSPがつながっているDMPのオーディエンスデータの精度によって、大きく変わります。

　マーケターはこのことを理解し、利用するシステムを慎重に選ぶ必要があります。セルサイドの方々には、自社が持つオーディエンスデータの検証・クリーニングを行い、ターゲティング精度を高めていただきたいと思います。オンライン広告において、ターゲティングの精度は非常に重要です。言うまでもないことですが、これが疎かになるとマーケターはそうした広告から離れていくでしょう。

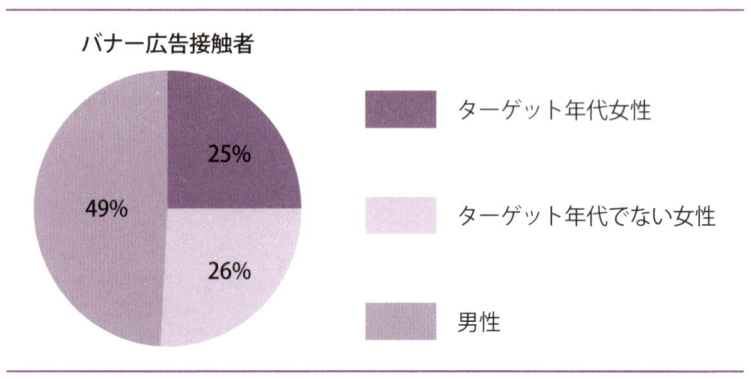

図3-8　バナー広告接触者のデモグラフィック情報

ブランドサイト来訪者は、どのような態度変容を経て、商品購入に至ったのか

　ブランドサイト来訪者は購入率が高い結果でした。ブランドサイト来訪者の購買履歴データから、商品購入までの流れを可視化します。

【CASE1】2日間にわたって複数回アクセス（競合商品と比較・検討したと推測）、アクセスした2日目の夕方に商品を購入。

【CASE2】競合他社商品のヘビーユーザーがブランドサイト来訪をきっかけにスイッチ。別の競合商品を試した後、商品をリピート購入。

CASE1

性別	女性
年齢	44歳
アクセス回数	8回
購入回数	1回
直近購入有 ※	なし

※発売前1か月間のラブレブランド商品の購入有無

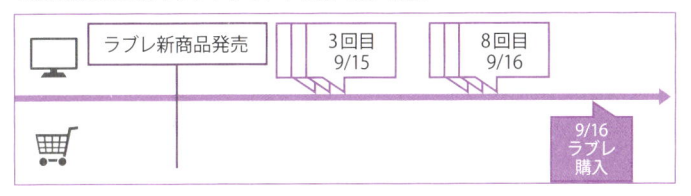

図3-9　ブランドサイト来訪者 CASE1

CASE2

性別	女性
年齢	24歳
アクセス回数	1回
購入回数	3回
直近購入有 ※	なし

※発売前1か月間のラブレブランド商品の購入有無

図3-10　ブランドサイト来訪者 CASE2

このように、オフラインの購買がゴールであっても、リサーチや購買データを活用することで、キャンペーンの効果を詳細に分析することが可能です。

04 » クロスメディア効果測定の事例 ～株式会社インテージ～

株式会社インテージの「i-SSP」という「シングルソースパネル」を使った、クロスメディア効果測定の事例です。この事例から、TVCMとWeb広告を同時出稿した場合、「リーチや購入意向などの効果指標がどのように変化するか」「同時出稿にどのようなメリットがあるか」などが分かります。

キャンペーン実施企業：大手食品会社
調査会社：株式会社インテージ（http://www.intage.co.jp）

キャンペーン概要
商材：加工食品
施策ターゲット：女性20～34歳（F1層）
内容：TVCMを約2,000GRP、Web広告はPCを中心に5,000万インプレッションを出稿。

【i-SSP（インテージシングルソースパネル）】
https://www.intage.co.jp/landing/i-ssp/

同一対象者から、Web広告とTVCMの接触行動、Webサイトやアプリの利用、日用消費財の購買情報を収集している国内最大規模のシングルソースパネル。オフラインの購買状況や、検索行動、サイト回遊状況など、幅広いデータを詳細な粒度で保持している。

図3-11　キャンペーンのイメージ

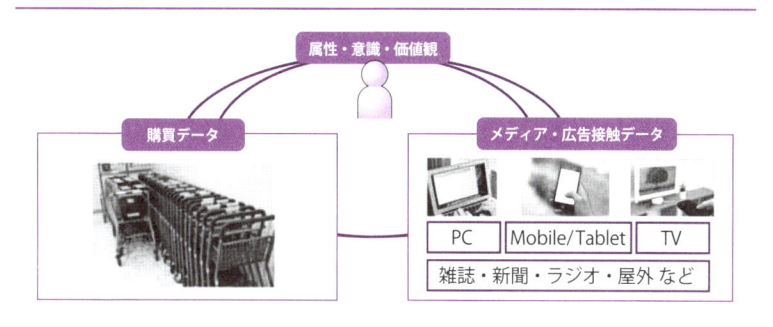

図3-12　シングルソースパネルのイメージ

Web広告とTVCMのリーチトラッキング

　図3-13では、TVCM単体のリーチが78%、Web広告単体のリーチが36%、トータルリーチ（TVCMかWeb広告のいずれかがリーチ）が92%となっています。TVCMが届かなかったユーザーにも、Web広告が有効にリーチし、キャンペーン全体のリーチを押し上げていることが分かります。

　また、同社の「Campaign Tracker」というASPツールでは、キャンペーン実施中にリーチ推移が確認できます。このツールは、キャンペーンのリーチ最大化の一助として、Web広告の配信条件をキャンペーン期間中に調整する目的で利用されることが多いそうです。

　図3-14では、キャンペーンで想定したターゲット層（F1層）に対して効率的にリーチしていることが分かります。キャンペーン開始当初、Web広告は全体平均と比べてターゲット層へのリーチが低くなっています。しかし、Web広告の配信設定を変更したことで、設定変更以降はターゲット層へのリーチ効率が良くなっています。

TVCMはキャンペーン期間中の調整は困難ですが、Web広告はキャンペーン期間中でも配信設定を変更できることが利点です。

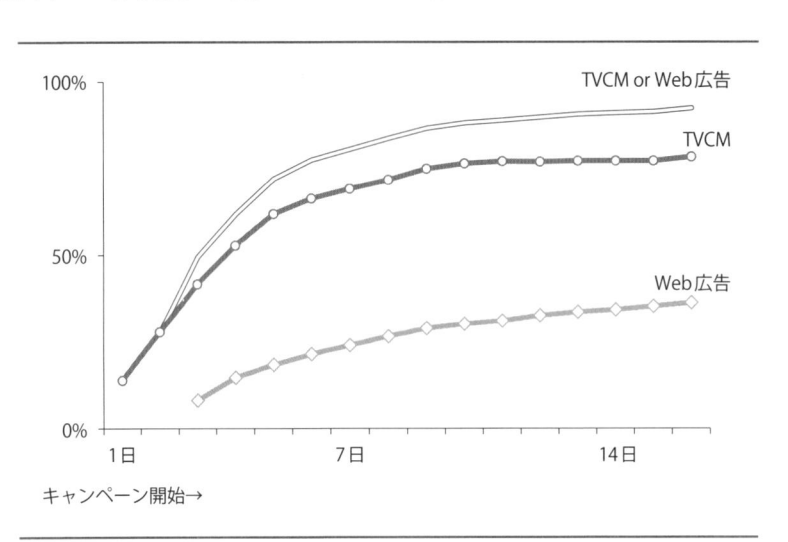

図3-13　クロスメディアリーチトラッキング（日別累計）

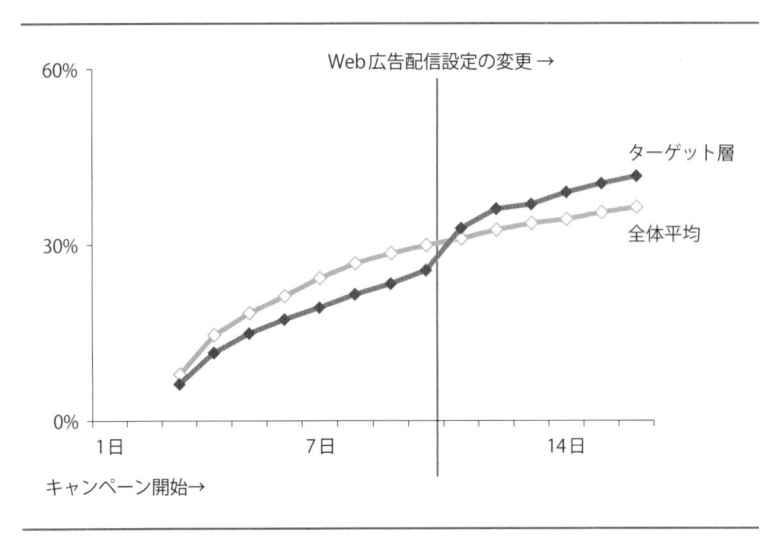

図3-14　Web広告リーチトラッキング（日別累計）

Web広告とTVCMの広告接触効果

図3-15、3-16は、i-SSPを使ったアンケート調査の結果です。今回の事例では、キャンペーンの事前・事後でアンケートを行い、広告接触による態度変容効果を確認しています。

図3-15を見ると、TVCMとWeb広告の両方に接触している人ほど、購入意向が高くなっています（32% → 41%）。

図3-16では、TVCM単体では「おいしさ」、Web広告単体では「品質」というイメージの数値が高くなっています。TVCMとWeb広告の重複接触者は、主要なイメージで数値が大きく増加しており、TVCMとWeb広告の同時出稿が、購入意向の向上につながっていることが分かります。

i-SSPでは、Web広告とTVCMいずれも実接触ベースで確認できるため、消費者を「TVCMのみ接触者」「Web広告のみ接触者」「TVCMとWeb広告の重複接触者」に分類し、クロスメディアでのリーチ推移やブランディング・購買への効果検証が可能です。

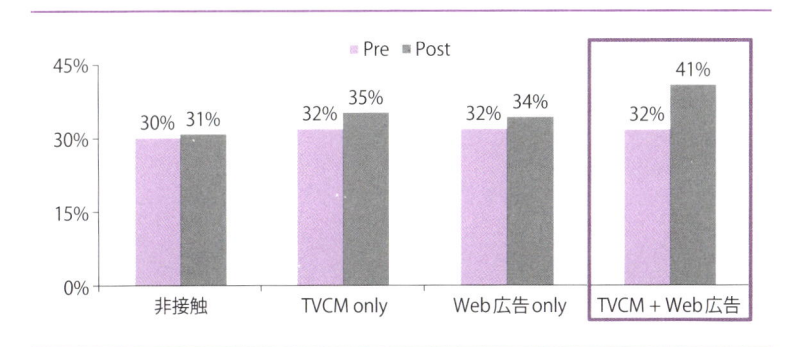

図3-15 広告接触による商品購入意向の変化

	非接触		TVCM only		Web広告 only		TVCM + Web広告	
	Pre	Post	Pre	Post	Pre	Post	Pre	Post
品質が良い	12%	14%	10%	13%	10%	16%	18%	24%
おいしい	19%	18%	17%	22%	13%	14%	18%	26%
贅沢な	6%	5%	6%	5%	7%	8%	2%	8%

図3-16 広告接触による商品イメージの変化

メディアアローケーション

　図3-17は、キャンペーン効果測定データを用いた、予算配分のシミュレーションです。i-SSPから取得したTVCMとWeb広告の個人の接触データをもとに、リーチやブランド認知などのKPIを最大化する、最適な出稿配分をインテージ社のデータサイエンティストが予測しています。

　実際の出稿予算配分は、「TVCM：80％／Web広告：20％」の割合ですが、「TVCM：70％／Web広告：30％」の割合の時にトータルリーチが最大化され、「TVCM：60％／Web広告：40％」の時にブランド認知率が最大化されるというシミュレーション結果となっています。

　この結果が、次のキャンペーンの出稿予算配分の検討に活用されています。同様の方法で、ターゲット層別に推定も可能です。クロスメディアの視点で、「それぞれのメディアにどの割合で投資すれば良いか」という示唆が得られ、様々な業界でシミュレーション結果の活用や、知見蓄積が進められています。

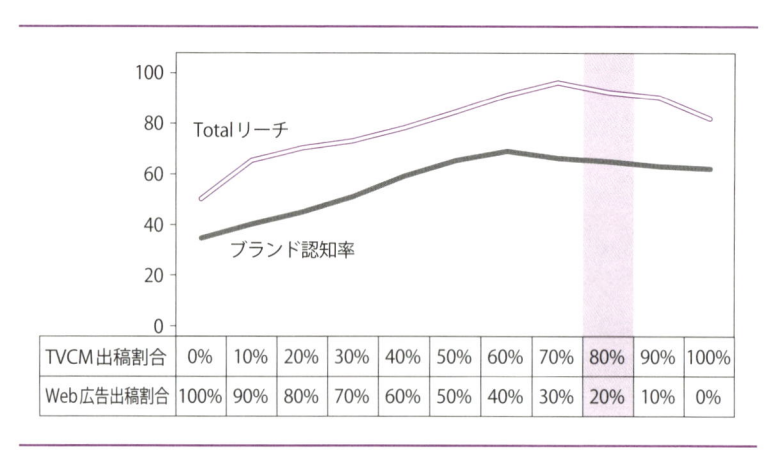

TVCM出稿割合	0%	10%	20%	30%	40%	50%	60%	70%	80%	90%	100%
Web広告出稿割合	100%	90%	80%	70%	60%	50%	40%	30%	20%	10%	0%

図3-17　TVCMとWeb広告のアロケーション予測分析の事例

（参考）CVに至るまでの動線分析

　最後に、同社のi-SSPを用いた「Strevi（ストレビ）」というサービスを紹介します。こちらは、2015年のad:tech tokyoで実際にデモ画面に触れました。
　広告主が手元で操作・分析することを想定したASP型のサービスであり、メディア接触の順番を考慮した分析が可能です。広告接触から、サイト回遊、検索行動、購買に至るまでの動線（カスタマージャーニー）を把握できます。

図3-18は、携帯電話カテゴリの事例です。TVCMに加えて複数のWeb広告に接触し、メーカーのWebサイトの閲覧や対象商品の検索行動を経て、最終的な購買行動につながっています。

このように調査会社のサービスも日々進化しています。「アドテク」と聞くと、DSPやDMPなどのサービスが思い浮かぶと思いますが、調査会社のような企業もアドテク領域に進出し、新たなサービスをリリースしています。

筆者は株式会社マクロミルという調査会社に勤めており、以前は自社含めて調査会社のアウトプットの多くが、Excelベースのレガシーなレポートが主流でした。しかし、このようなサービスを見ると、調査会社も変化し始めているように感じます。

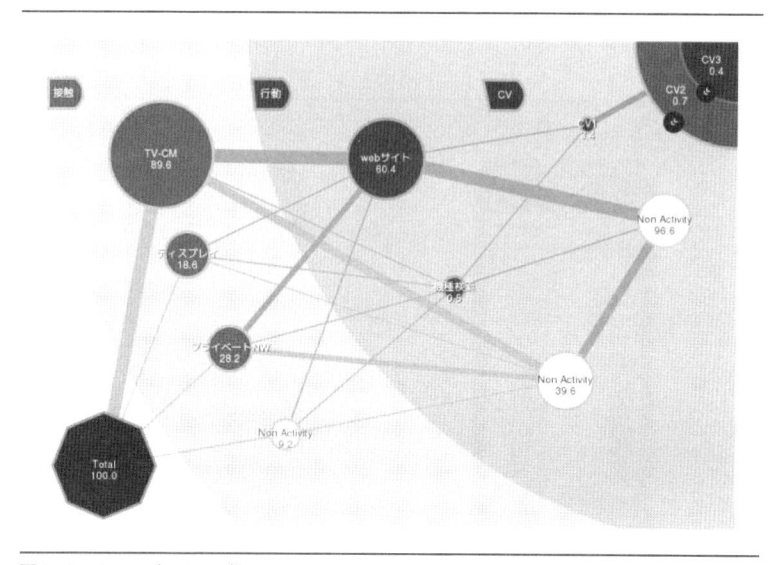

図3-18　Strevi（ストレビ）

05 【CHECK！】スマートフォン対応によって、Webサイトのアクセス数は増加するか？

おまけコンテンツです。筆者が運営するWebサイト「Digital Marketing Lab」は2015年8月17日にスマートフォン対応サイトにリニューアルしました。これによりモバイルからのアクセス数が増えたか、結果を簡単に報告します。スマートフォン対応サイトのリリースを検討されている方は、参考にしていただければと思います。

また、サイトリニューアルの効果検証のためにアクセス解析を行いました。解析を行う上で、ページビューやセッションなどの指標を、「どの順番で確認するか」「どのように施策につなげるか」といった、基本的な解説をします。

対応前　　　　　　　対応後

http://v1.dmlab.jp　　http://dmlab.jp

図3-19　スマートフォン対応前と対応後のWebサイト

▶▶ アクセス解析結果の見方

まずは、PVを確認する

モバイルトラフィックに限定してWebサイトのPVをリニューアル前と後

で比較します。

　サイトリニューアル後、モバイルのPVが33%伸びました。しかし、ここでアクセス解析を終えてはいけません。PVはあくまで結果指標です。施策につながりにくい指標のため、ブレイクダウンする必要があります。

　PVは以下のように、量×質の式で表現できます。

アクセス解析のPVとは

- PV＝セッション（量）×1セッションあたりのPV（質）
- PV＝UU（量）×1ユーザーあたりのPV（質）

　ここから「なぜPVが伸びたのか」を探っていきたいと思います。今回は「PV＝セッション（量）×1セッションあたりのPV（質）」から、ブレイクダウンしていきます。

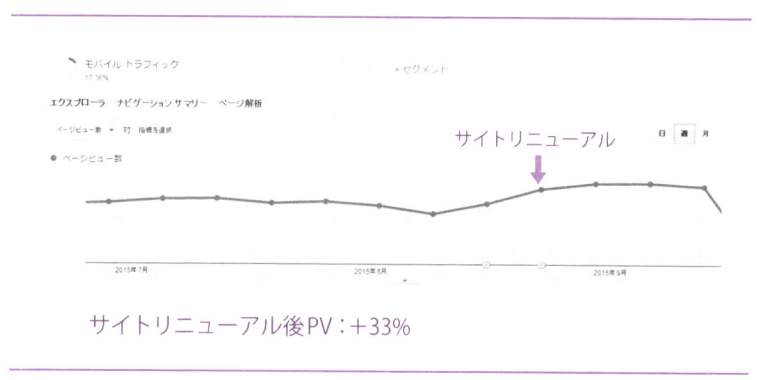

図3-20　PVの確認

1セッションあたりのPV（質）が増加したのか？

　1セッションあたりのPVが伸びると、PVも伸びます。これが伸びるということは、ユーザーが1回の訪問で多くのページを見てくれたということであり、「他ページへの誘導ができている」「INDEXページ（見出しページ）が分かりやすい」など、導線設計が優れていると言えます。

　Digital Marketing Labでも、関連記事や人気記事のリンクを各ページに追

加するなどの工夫を行っており、注力した部分でもあります。

結果はほぼ変化がありませんでした。残念ですが、スマートフォンユーザーに多くのページを見てもらうことは難しいようです。

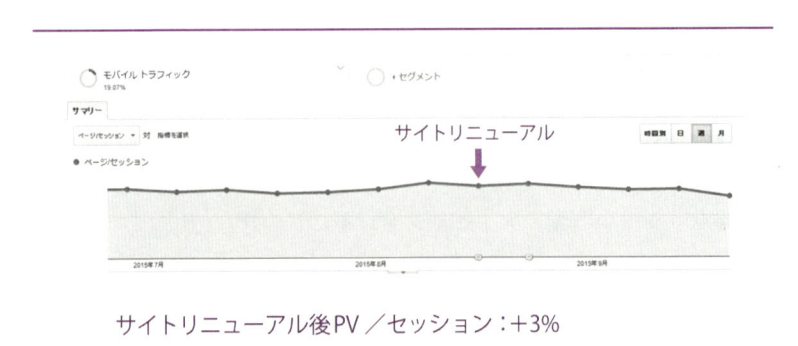

図3-21　1セッションあたりのPV

セッション（量）が増加したのか？

「PV＝セッション（量）×1セッションあたりのPV（質）」です。先ほどの結果から、「質」に変化が無かったということは、PV増加の要因は「量」ということが、調べるまでもなく分かります。

実際にセッションは伸びていました。ここからさらにブレイクダウンします。PVと同じく、セッションを量と質の式で表すと以下になります。

アクセス解析のセッションとは

- セッション＝UU（量：ユーザー数）×1ユーザーあたりのセッション（質：リピート回数）

[図: サイトリニューアル後のセッションのグラフ]

サイトリニューアル後のセッション：+21%

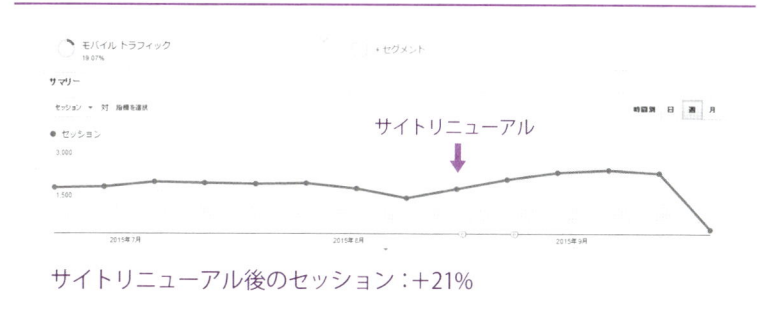

図3-22　サイトリニューアル後のセッション

それでは、UU（量）を見てみましょう。

UU（量）が増加したのか？

UUは増加しています。1ユーザーあたりのセッションは、ほぼ変化がなかったので、「1人あたりの訪問回数が増えた（UUの質）」のではなく、「多くの人がサイトに訪問した（UUの量）」ことがPV増加に寄与したと言えます。

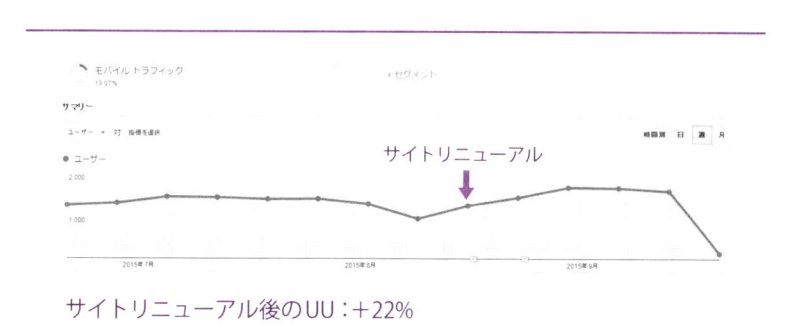

[図: サイトリニューアル後のUUのグラフ]

サイトリニューアル後のUU：+22%

図3-23　サイトリニューアル後のUU

新規とリピーターのUUに変化はあったか？

ここからさらに、UUを新規とリピーター（過去にDigital Marketing Labへ来たことがある人）で、ブレイクダウンします。

リピーターのUUが「＋30%」と大幅に伸びています。つまり、過去スマートフォンで訪問経験のある人において、Webサイトリニューアル後の再訪問が、リニューアル前よりも増加しているということです。

一方、新規ユーザーのUUも増加しています。スマートフォン対応はSEOの評価にも影響するため、検索順位の上昇も関係あるかもしれませんが、他にも理由が考えられます。

　例えば、「過去にPCのみで訪問していた人が、PC訪問時にデザインが変わっていること（スマートフォン対応していること）に気付き、スマートフォンで新たに訪問した」とも考えられます（※UUはCookie単位の計測なので、別デバイスで訪問すると新たにカウントされます）。

　デジタルマーケティングラボの新規ユーザー率は70%以上なので、「＋18%」でも、実際は新規ユーザーの伸びの方が、モバイルアクセス数の増加に寄与していました。

サイトリニューアル後のリピーターのUU：＋30%

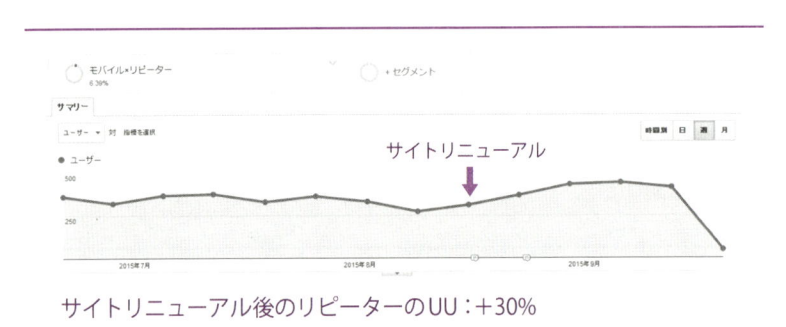

図3-24　サイトリニューアル後のリピーターのUU

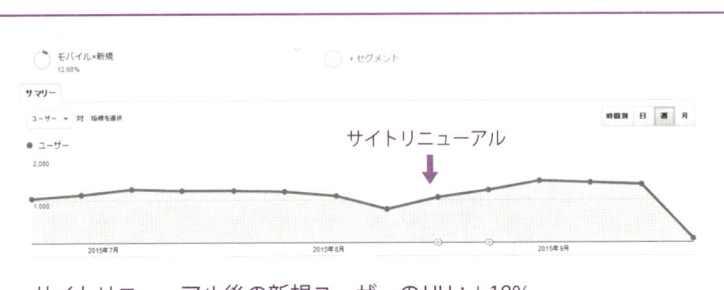

サイトリニューアル後の新規ユーザーのUU：＋18%

図3-25　サイトリニューアル後の新規ユーザーのUU

▶▶ 総評

スマートフォン対応したWebサイトにすると、確かにPVは伸びる

　スマートフォン対応したことで結果としてPVは確かに伸びました。しかし、本項で伝えたいことはそこではありません。

アクセス解析結果から、打ち手に繋がるアイディアを考えて欲しい！

　PVはあくまで結果指標です。このままでは打ち手につながりません。大事なのは、PVを「量」と「質」に分解して、打ち手につながりやすい指標までブレイクダウンしていくことです。

　今回は、新規・リピーター共に、UU（量）が増えたことが、PV増加の要因です。1人あたりのPVが伸びれば、さらにサイト全体のPVを伸ばすことができます。

　例えば、他のページへのリンクのボタンを目立つように大きめにサイズ変更したり、ページ下に配置している関連記事のリンクを上部に配置したり、「1人あたりPV」を伸ばすための様々な施策が考えられます。画像の読み込みスピードを改善し、ユーザーのストレスを軽減するのも有効な手段かもしれません。

　逆に「量」を改善したいなら、ページのキーワードを見直し、競合サイト分析などによる「SEO対策の強化」や、「広告施策」などの露出強化が有効です。露出強化した際の跳ね返りが大きくなるため、対策の順番は「質」→「量」がオススメです。

　このように、アクセス解析の結果を見て、一喜一憂するのではなく、「次にどうすればいいか」を常に考えていきましょう。

CHAPTER 4

Player

01 » 海外プレーヤー：Criteo

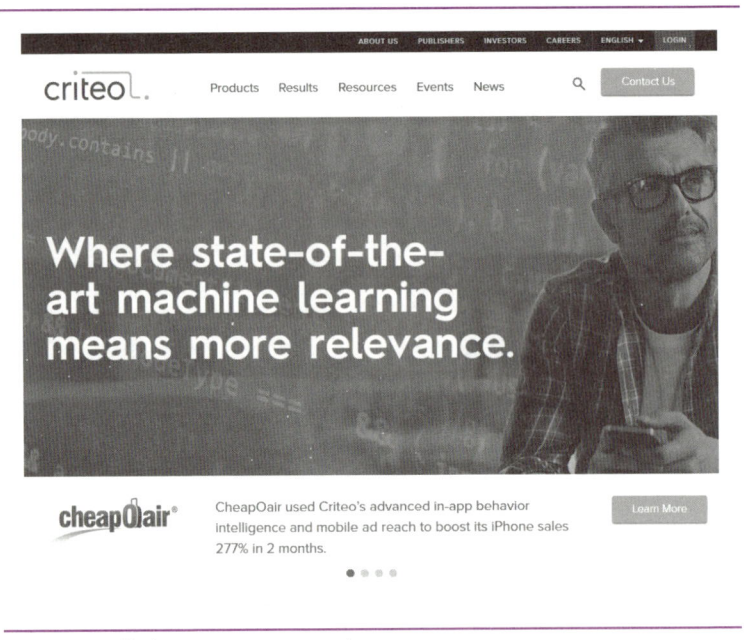

図4-1　Criteo社（http://www.criteo.com）

» 概要とソリューション

　パーソナライズされた広告配信に強みを持つリターゲティング企業で、FacebookやTwitterを除くと、アドテク業界のグローバルリーダーと呼べます。独自の予測・レコメンデーションエンジン（Criteoエンジン）により、パフォーマンス広告を複数の国や地域で同時に、かつ、シームレスに配信することができます。ユーザーの行動情報に合わせて、ほぼリアルタイムで表示する広告を変化させることができる、高度なリターゲティング技術を有しています。

　動的なリターゲティング配信では、データフィードから広告主サイトの商品データを取り込み、ユーザーの行動情報（Webページ閲覧履歴）に合わせて、

表示する広告をインプレッション単位で決定します。この仕組みを支えるのが、オーディエンスデータ量と分析です。Criteoは9億4,400万人以上のリーチ数（グローバルランキング第2位：2014年9月度comScoreレポート）を保有し、かつ、Criteoエンジンは20ミリ秒以下で1,500万件のリクエストを処理できます。これにより、ユーザー情報に合わせた高いパフォーマンスの広告を配信できます。適している業界は「各種ECサイト」「不動産」「保険」「旅行」「自動車」など商品数が多い業界でしょう。これらの商品はリスティング広告の入札単価を見ても、1クリック数千円の高値で取引される場合もあり、インターネット広告出稿額は高いと考えられます。

国内では、『Yahoo!ニュース』『Yahoo!スポーツ』『Yahoo!ファイナンス』『Yahoo!知恵袋』などのYahoo!枠に配信できます。Yahoo!は第三者配信タグの受け入れを基本的にはしていません。そのため、CriteoがYahoo!枠に配信できるという点は、他の第三者配信との差別化になり、C向け商材を提供する広告主からの評価を得ています。

また、GDNやYDNと同じCPC課金モデルである点は、レスポンス効果を求める広告主にって大きなメリットです。

Criteoのパーソナライズされた広告デモ

http://www.criteo.com/jp/demo/

▶▶ 業績（※1ユーロ＝139円で計算）

Criteo社は2013年第4四半期に黒字化を果たし、その後も順調に利益を伸ばしています。2013年通期は1.9億円、2014年通期では49.2億円、2015年第1四半期（1～3月）では16.6億円（前年比＋212.4%）。2014年通期の売上成長率は前年比＋67.8%、2015年第1四半期（1～3月）でも前年比＋71.5%と、高い成長率を維持しています。

研究開発費も増加しており、2014年通期で、60億円以上を投資しています。Criteoに限らず、海外のアドテク企業の研究開発費は数十億円レベルになることは珍しくありません。国内アドテク企業の研究開発費はIR資料からの推測ですが、恐らく桁が1つ違うでしょう。

CRITEO S.A.
Consolidated Statement of Income
(Euros in thousands, except per share data)
(unaudited)

	Three Months Ended December 31,			Twelve Months Ended December 31,		
	2013	2014	Year-over-year growth	2013	2014	Year-over-year growth
Revenue	135,889	232,796	71.3%	443,960	745,081	67.8%
Cost of revenue						
Traffic Acquisition cost (TAC)	-81,034	-136,493	68.4%	-264,952	-441,427	66.6%
Other cost of revenue	-6,334	-11,054	74.5%	-21,956	-36,150	64.6%
Gross Profit	48,521	85,249	75.7%	157,052	267,504	70.3%
Research & development expenses	-9,973	-12,191	22.2%	-32,175	-45,293	40.8%
Sales & operations expenses	-22,306	-39,668	77.8%	-82,816	-133,393	61.1%
General & administrative expenses	-9,273	-13,698	47.7%	-31,387	-48,788	55.4%
Total operating expenses	-41,552	-65,557	57.8%	-146,378	-227,474	55.4%
Income from operations	6,969	19,692	182.6%	10,674	40,030	275.0%
Financial income	-3,269	1,264	-138.7%	-6,868	8,587	-225.0%
Income before taxes	3,700	20,956	466.4%	3,806	48,617	1177.4%
Provision for income taxes	-432	-3,313	667.0%	-2,413	-13,253	449.2%
Net income (loss)	3,268	17,643	439.9%	1,393	35,364	2438.7%

	Three Months Ended March 31,		
	2014	2015	Year-over-year growth
Revenue	152,520	261,523	71.5%
Cost of revenue			
Traffic Acquisition cost (TAC)	(89,787)	(156,364)	74.1%
Other cost of revenue	(7,446)	(11,530)	54.8%
Gross Profit	55,287	93,629	69.4%
Research & development expenses	(10,028)	(16,051)	60.1%
Sales & operations expenses	(27,222)	(47,103)	73.0%
General & administrative expenses	(11,815)	(15,701)	32.9%
Total operating expenses	(49,065)	(78,855)	60.7%
Income from operations	6,222	14,774	137.5%
Financial income	805	3,489	333.4%
Income before taxes	7,027	18,263	159.9%
Provision for income taxes	(3,205)	(6,323)	97.3%
Net income (loss)	3,822	11,940	212.4%
- Net income (loss) available to shareholders of Criteo SA	3,491	11,376	
- Net income (loss) available to non-controlling interests	331	564	

図4-2 Criteo社の業績

出所 「Criteo Reports Record Results for the Fourth Quarter & Fiscal Year 2014」
（http://criteo.investorroom.com/2015-02-18-Criteo-Reports-Record-Results-for-the-Fourth-Quarter-Fiscal-Year-2014）

出所 「Criteo Reports Record Results for the First Quarter 2015 and Raises Full-Year 2015 Guidance」
（http://www.criteo.com/media/2165/criteo-earnings-pr-q1-2015.pdf）

02 >> 海外プレーヤー：Rocket Fuel

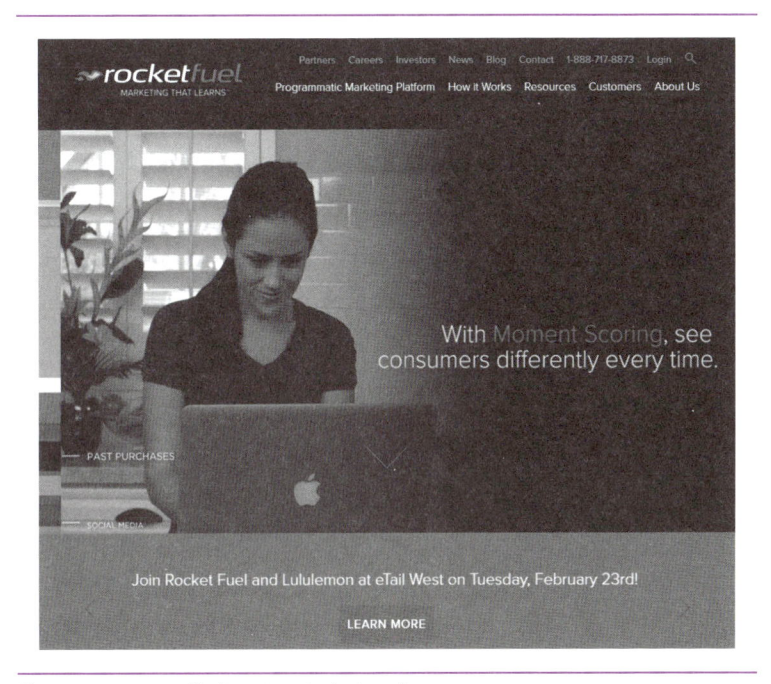

図4-3　Rocket Fuel社（http://rocketfuel.com）

>> 概要とソリューション

　AIを使ったリアルタイム分析による、プログラマティックなバイイングソリューションを持つDSP企業です。筆者が使用したDSPの中でも非常に優れた結果を出しています。

　タグの設置、クリエイティブ入稿、目標CPAの設定以外に広告主や広告代理店が行うことがほとんどなく、後はAIに任せるという、ターゲティングからバイイングまで完全に自動化されたDSPです。

　FICOスコア（個人の信用力を評価した指標）などのあらゆる3rd Partyデータや、広告主がタグ設置したページ情報、商品情報などの1st Partyデータ

から、AIによるリアルタイムなスコアリングとグルーピングを行います。この結果から、「その人物が今現在、最も関心がある商品」を予測し広告を配信します。

» 業績（※1ドル＝123円で計算）

2014年通期の売上は、502.6億円（前年比＋69.8%）。2015年第1四半期（1～3月）の売上は128.3億円（前年比＋40.2%）と、Criteoほどではありませんが、それでも高い成長率です。ただし、赤字幅の拡大が目立ち、2014年通期、2015年第1四半期（1～3月）ともに、前年の3倍ペースで増加しています。黒字転換にはまだ時間がかかりそうです。

Rocket Fuel Inc.
UNAUDITED CONDENSED CONSOLIDATED STATEMENTS OF OPERATIONS
(In thousands, except loss per share data)

	Three Months Ended December 31,		Year Ended December 31,	
	2014	2013	2014	2013
Revenue	$ 139,504	$ 85,566	$ 408,641	$ 240,605
Costs and expenses:				
Media costs	62,834	35,925	173,477	103,637
Other cost of revenue (1)	19,819	8,066	48,586	21,883
Research and development (1)	12,919	7,127	39,794	17,714
Sales and marketing (1)	42,461	27,052	146,430	83,345
General and administrative (1)	18,750	9,037	60,545	28,708
Total costs and expenses	156,783	87,207	468,832	255,287
Operating loss	(17,279)	(1,641)	(60,191)	(14,682)
Other expense, net:				
Interest expense	(1,007)	(313)	(3,092)	(917)
Other income (expense)—net	(2,824)	(95)	(5,267)	(308)
Change in fair value of convertible preferred stock warrant liability	—	—	—	(4,740)
Other expense, net	(3,831)	(408)	(8,359)	(5,965)
Loss before income taxes	(21,110)	(2,049)	(68,550)	(20,647)
Income tax (benefit) provision	(614)	112	(4,239)	285
Net loss	$ (20,496)	$ (2,161)	$ (64,311)	$ (20,932)
Basic and diluted net loss per share attributable to common stockholders	$ (0.49)	$ (0.07)	$ (1.74)	$ (1.38)
Basic and diluted weighted-average shares used to compute net loss per share attributable to common stockholders	41,486	32,472	37,001	15,177

(1) Includes unaudited stock-based compensation expense as follows (in thousands):

	Three Months Ended December 31,		Year Ended December 31,	
	2014	2013	2014	2013
Other cost of revenue	$ 948	$ 260	$ 1,758	$ 471
Research and development	1,462	1,043	5,039	2,308
Sales and marketing	2,774	2,010	10,372	4,482
General and administrative	1,461	1,276	6,361	3,581
	$ 6,645	$ 4,589	$ 23,530	$ 10,842

図4-4　Rocket Fuelの業績

出所「Rocket Fuel Reports Record Revenue for the Fourth Quarter and Full Year 2014」（http://investor.rocketfuel.com/releasedetail.cfm?ReleaseID=897339）

出所「Rocket Fuel Reports First Quarter 2015 Financial Results」（http://investor.rocketfuel.com/releasedetail.cfm?ReleaseID=911857）

03 ▶▶ 海外プレーヤー：Rubicon Project

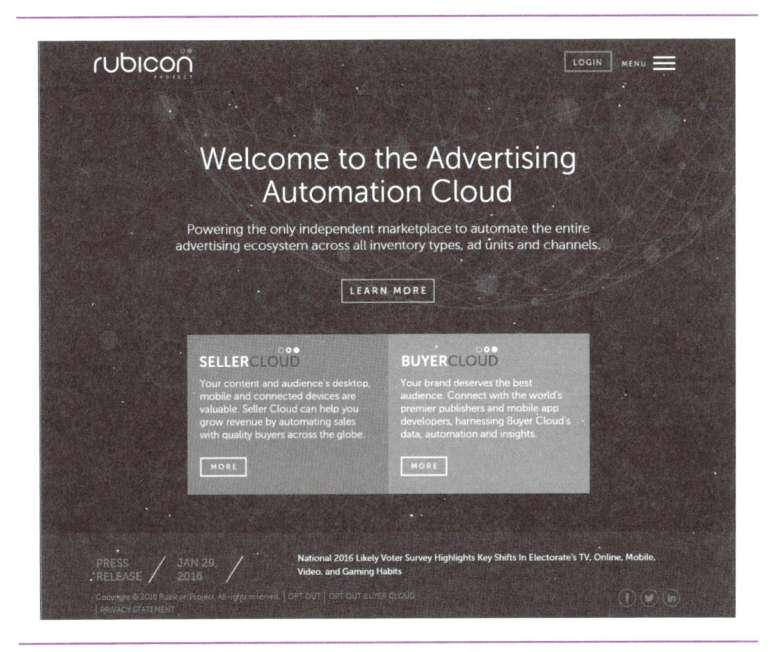

図4-5　Rubicon Project社（http://rubiconproject.com）

▶▶ 概要とソリューション

　2014年にIPOした、SSPのグローバル最大手企業です。広告枠の品質面で特に高い評価を受けており、世界30か国以上、計700社のプレミアムパブリッシャーがルビコンのプラットフォームに参加しています。広告枠の品質だけでなく、US／UKでのリーチ数もトップクラスです。

　Rubicon Project社は2014年に「iSocket」と「Shiny Ads」という企業を買収しています。

　この2社は「Automated guaranteed」と呼ばれる在庫予約型のバイイングテクノロジーを提供する企業です。在庫予約型の場合、CPMはRTBの数倍

にもなりますが、RTBで提供される枠よりも高品質な枠に配信可能です。RTBと違い、事前に枠を予約販売しておくことで、例えば、「TVCMの放送スケジュールに合わせて、○○インプレッションを配信したい」のようなブランド広告主のニーズに応えることもできます。単価が高い分、SSP／メディアサイドの収益も高くなります。

また、Rubicon Project社は動画広告のViroolとの業務提携、インテント（検索意図）マーケティング「Chango」の買収を発表しています。このことからもRubicon Project社は、同社のプライベートエクスチェンジの拡大（プレミアム広告枠の強化）を中心に、ビジネス領域を拡大していくものと思われます。

» 業績（※1ドル＝123円で計算）

2014年通期の売上は、154.1億円（前年比＋49.5%）。2015年第1四半期（1～3月）の売上は45.6億円（前年比＋61.7%）。2013年～2014年は赤字がほぼ倍に拡大していますが、2015年の1～3月では縮小に転じています。

今の領域で事業を続ければ黒字化は目前でしょう。しかし、他のアドテク企業と同様に、今後も積極的な買収や投資を続けていくと考えると、利益よりもEBITDAに注目しておいた方が良いかもしれません。

Q4 and Full Year 2014 Results Summary
(in millions, except per share amounts)

Financial Measures	Three Months Ended December 31, 2014	December 31, 2013	Year Ended December 31, 2014	December 31, 2013
Revenue	$41.8	$28.1	$125.3	$83.8
Net income (loss)	$1.4	($0.0)	($18.7)	($9.2)
Adjusted EBITDA1	$13.3	$6.5	$19.1	$11.2
Net income (loss) per share	$0.04	($0.10)	($0.70)	($1.17)
Non-GAAP EPS1	$0.25	$0.14	$0.20	$0.11

Q1 2015 Results Summary
(in millions, except per share amounts)

Financial Measures	Three Months Ended March 31, 2015	March 31, 2014
Revenue	$37.2	$23.0
Net loss	($5.0)	($6.1)
Adjusted EBITDA[1]	$4.2	($1.6)
Net loss per share	($0.14)	($0.59)
Non-GAAP EPS[1]	$0.02	($0.15)

図4-6　Rubicon Project社の業績

出所 「Rubicon Project Reports Record Fourth Quarter and Full Year 2014 Results」（http://rubiconproject.com/2014-press-releases/rubicon-project-reports-record-fourth-quarter-full-year-2014-results/）

出所 「Rubicon Project Reports First Quarter Revenue Growth of 62% and Raises Full Year 2015 Guidance on Continued Strong Outlook」（http://investor.rubiconproject.com/investors/investor-news/investor-news-details/2015/Rubicon-Project-Reports-First-Quarter-Revenue-Growth-of-62-and-Raises-Full-Year-2015-Guidance-on-Continued-Strong-Outlook/default.aspx）

04 海外プレーヤー：TubeMogul

図4-7　TubeMogul社（https://www.tubemogul.com）

▶▶ 概要とソリューション

　2007年に設立された動画広告配信プレーヤー（2014年にNASDAQ上場）。国内でも利用されている動画DSPです。月間約24億の動画広告配信枠を保有しています。プリロールが中心ですが、インディスプレイやインタラクティブ動画広告も配信できます。また、アンケートバナーを使ったブランドリフト調査のサービスも提供しています。

　「AudienceXpress」「Cox Media Group」「Site Tour」との業務提携など、Web以外のTVやOOHなど、オフライン広告のバイイングソリューションを強化する動きが見られます（TVは、全米の世帯の90%、80以上のケーブルネットワークと、100以上のローカル放送局に配信できます）。TV周りの業務提携について、トレーディングデスクの「Cadreon」とのプラットフォーム共同開発が発表されています（2015年6月公開予定）。

　TVと動画広告の連動について、「Yume」「BrightRoll」など、他の動画DSPでも同じような動きが見られます。

▶ 業績（※1ドル＝123円で計算）

　2014年通期の売上は、140.5億円（前年比＋99.7%）。EBITDAベースでは黒字転換。赤字幅も縮小。2015年第1四半期（1〜3月）の売上は37.3億円（前年比＋37.6%）。R&Dが2倍以上に増加。

TUBEMOGUL, INC.
Consolidated Statements of Operations
(In thousands, except share and per share data)
(Unaudited)

	Three Months Ended December 31, 2013	Three Months Ended December 31, 2014	Years Ended December 31, 2013	Years Ended December 31, 2014
Revenue				
Platform Direct	$ 8,394	$ 16,302	$ 19,331	$ 49,231
Platform Services	13,646	19,780	37,883	65,012
Total revenue	22,040	36,082	57,214	114,243
Cost of revenue	7,531	10,363	19,698	33,941
Gross profit	14,509	25,719	37,516	80,302
Operating expenses				
Research and development	3,483	8,107	11,837	22,142
Sales and marketing	6,730	13,136	21,378	38,133
General and administrative	3,553	6,890	10,477	21,615
Total operating expenses	13,766	28,133	43,692	81,890
Income (loss) from operations	743	(2,414)	(6,176)	(1,588)
Other (expense) income, net				
Loss on extinguishment of convertible notes	—	(538)	—	(538)
Interest expense, net	(35)	(33)	(169)	(216)
Change in fair value of convertible preferred stock warrant liability	(333)	—	(388)	168
Foreign exchange loss	(272)	(977)	(618)	(1,987)
Other income (expense), net	(640)	(1,548)	(1,175)	(2,573)
Net loss before income taxes	103	(3,962)	(7,351)	(4,161)
Provision for income taxes	8	(82)	(60)	(283)
Net income (loss)	$ 111	$ (4,044)	$ (7,411)	$ (4,444)

TUBEMOGUL, INC.
Preliminary Consolidated Statements of Operations
(In thousands, except share and per share data)
(Unaudited)

	Three Months Ended March 31, 2014	Three Months Ended March 31, 2015
Revenue		
Platform Direct	$ 9,248	$ 14,304
Platform Services	12,778	16,012
Total revenue	22,026	30,316
Cost of revenue	6,215	8,303
Gross profit	15,811	22,013
Operating expenses		
Research and development	3,808	8,769
Sales and marketing	7,929	11,112
General and administrative	4,438	7,827
Total operating expenses	16,175	27,708
Loss from operations	(364)	(5,695)
Other expense, net		
Interest expense, net	(41)	(28)
Change in fair value of convertible preferred stock warrant liability	(281)	—
Foreign exchange loss	(36)	(1,307)
Other expense, net	(358)	(1,335)
Net loss before income taxes	(722)	(7,030)
Provision for income taxes	(45)	(114)
Net loss	$ (767)	$ (7,144)

図4-8　TubeMogul社の業績
出所「TubeMogul Reports Financial Results for Fourth Quarter and Full Year 2014」（http://www.tubemogul.com/press-29/）
出所「TubeMogul Reports Financial Results for First Quarter 2015 and Raises Full Year 2015 Guidance」（https://www.tubemogul.com/press-37/）

05 ▶▶ 国内プレーヤー：FreakOut

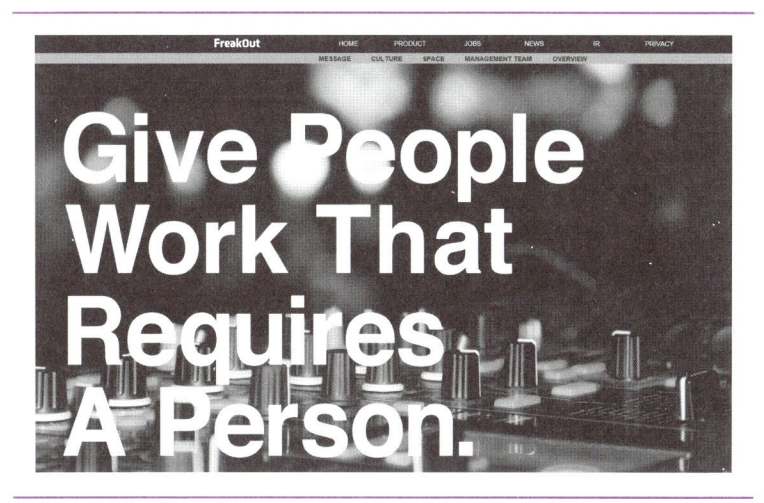

図4-9　FreakOut社（https://www.fout.co.jp）

▶▶ 概要とソリューション

　2010年、国内で初のRTBによる広告枠の買付を行うDSPをローンチした、日本のRTB市場の先駆け的な企業です（東証マザーズ上場）。2014年4月時点で、約1,700億インプレッションのPC／スマートデバイスへの広告配信が可能（国内最大級の広告在庫）。

　アトリビューションレポート、認知効果の可視化、DMPデータを活用したレポートなど、レポート機能も豊富。DSPのOEM提供も行っており、プライベートエクスチェンジ機能や3rd Partyデータのインポート機能なども持っています。

　2015年には、アドビシステムズ社のDMPである「Adobe Audience Manager」と自社開発のプライベートDMP「MOTHER」が連携するようになりました。

　MOTHERは、オウンドメディアでの訪問履歴や購買履歴に加えて、既存顧客の会員属性や広告配信実績、他社DMPとの統合など、オーディエンスの一元管理が可能です。

▶▶ 業績

　2014年9月期の売上高は32.2億円、営業利益は1.9億円。前年からの売上高の伸び率（49.1%）は海外のアドテク企業に近い水準です。

　ただし、第2四半期の決算資料の通期今回予想を見ると、売上の伸長率が下がっていることは気になります。決算資料にある通り、オフライン領域への進出となると、さらなる投資と時間が必要な上、引き続きオンラインのRTB事業が基盤でしょう。特に、プレミアム枠の構築やネイティブアドについては、今後伸びる市場だと思うため、ここでのシェア獲得は気になるところです。

（単位：百万円）

	2014年9月期	2013年9月期	増減率
売上高	3,224	2,162	49.1%
売上原価	1,850	1,119	65.3%
売上総利益	1,374	1,043	31.8%
販管費	1,183	789	49.9%
営業利益	191	253	▲24.7%
（利益率）	5.9%	11.7%	-
経常利益	172	251	▲31.6%
特別損失	-	-	-
税引前利益	172	251	▲31.6%
法人税等	122	164	▲25.6%
当期純損益	49	86	▲43.1%

（単位：百万円）

	通期前回予想 金額	通期今回予想 金額	通期今回予想 前期比	前回予想比 増減額	前回予想比 増減率	第2四半期累計期間実績 金額	第2四半期累計期間実績 前期比
売上高	4,000	4,500	39.5%	+500	+12.5%	2,170	33.7%
営業利益	400	110	▲42.5%	▲290	▲72.5%	158	2.7%
経常利益	400	120	▲30.3%	▲280	▲70.0%	151	▲0.3%
当期純利益	206	90	86.5%	▲116	▲56.5%	107	71.9%

図4-10　FreakOut社の業績

出所 「2014年9月期 通期決算説明会資料」
　　 （http://contents.xj-storage.jp/xcontents/AS08108/187afb84/78e2/476b/97c8/ae09211bdc67/20141028120428387s.pdf）

出所 「2015年9月期第2四半期 決算説明会資料」
　　 （http://contents.xj-storage.jp/xcontents/AS08108/7a6237fb/46c7/43b6/9010/3d7d787d7ea5/20150420173352982s.pdf）

06 » 国内プレーヤー：サイバーエージェント

図4-11 サイバーエージェント社（https://www.cyberagent.co.jp）

»» 概要とソリューション

　アドテク企業と言うよりは、RTB事業以外も手掛けるIT企業です。子会社の株式会社マイクロアドが提供するDSP「MicroAd BLADE」は、月間約700億インプレッションの広告枠を保有し、10,000社を超えるユーザーが利用しています。配信先ネットワークには、「MicroAd COMPASS」「Google DoubleClick Ad Exchange」「OpenX Market Japan」「YieldOne」「AdLantisSSP」「AdStir」「i-mobile for SP」があります。

　2014年2月に、プライベートDMPのオウルデータ社の発行済み株式を取得して子会社化し、「RightSegment」に商号変更しました。同名の「Right Segment」というプライベートDMPを提供しています。

　これにより、アドテク領域を強化し、サイバーエージェント社はデマンドサイドからサプライサイド向けまで、アドテク領域のほぼ全てをカバーして事業を展開しています。

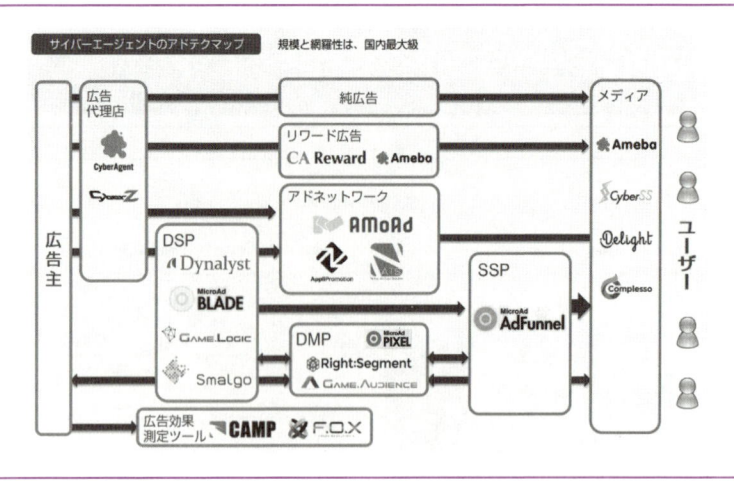

図4-12 サイバーエージェント社のアドテクノロジー事業
出所「サイバーエージェント2014年9月期第3四半期決算説明会資料」
(https://www.cyberagent.co.jp/files/topics/9111_ext_29_0.pdf)

▶▶ 業績

　2014年第4四半期（7～9月）のアドテク事業の売上高は61億円（前年比＋70.2%）。通期では207億円（前年比＋48.9%）RTB事業について、2014年第4四半期（7～9月）は24億円（前年比＋33.3%）、2014年通期では88億円（前年比＋31.3%）となっています。

　RTB事業よりもリワード広告に注目。2014年第4四半期（7～9月）のリワード広告の売上高は23億円（前年比＋130%）。通期の売上高は70億円（前年比＋79.4%）で、アドテク事業を牽引していると言えます。リワードについては本書「CHAPTER2：Creative」の『04 リワード広告／アフィリエイト広告／ブースト広告』で解説していますが、アプリインストールによる成果報酬型がメインのスマートフォン向けの広告です。最近伸びているインフィード型のネイティブアドもスマートフォン向けですし、やはりスマートフォン広告市場は今後も伸長が期待できます。

※サイバーエージェント社のリリースでは、2015年のアドテク市場はスマートフォン向けのRTB広告需要がPCを超え、2017年には2,205億円にもなるとあります。

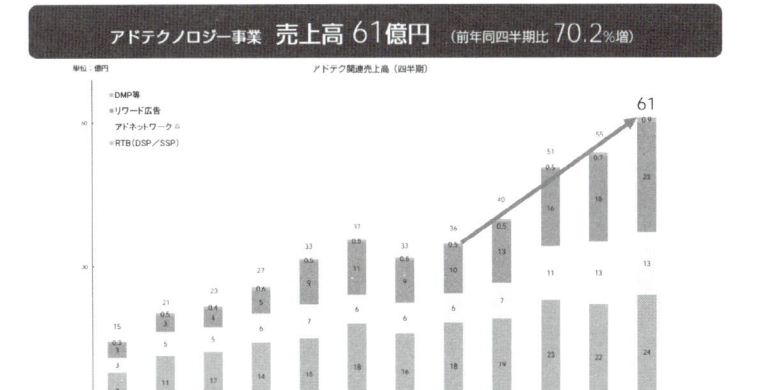

図4-13　サイバーエージェント社の業績
出所 「2014年9月期　通期決算説明会資料」
（http://pdf.cyberagent.co.jp/C4751/XN1V/nPnv/F2bp.pdf）

07 » 国内プレーヤー：VOYAGE GROUP

図4-14　VOYAGE GROUP（http://voyagegroup.com）

» 概要とソリューション

　子会社のfluctが提供するSSP「Fluct」の収益が好調なアドテク企業です。アドテク以外にも、「ECナビ」「PeX」「リサーチパネル」といったメディア事業も展開しています。

　また、日本ではまだ少ない「PMP」を、子会社のintelishにて提供しています。PMPはプレミアムな広告枠を中心としたマーケットプレイスで、限られた広告主が広告を出稿できる仕組みです。PMPの仕組みについては、本書「CHAPTER5：Market」の『03 PMPがもたらす広告取引市場の変化』で詳しく解説します。

図4-15 VOYAGE GROUPの事業展開
出所 http://voyagegroup.com/business/

業績

　2014年第4四半期（7～9月）のアドテク事業の売上高は24.3億円（前年比＋32.4%）、営業利益は3.6億円（前年比＋17.9%）に成長し、いずれも同社の過去最高です。アドテク事業の売上の70%はSSP「Fluct」によるもので、特にスマートフォン向けSSPの売上の伸びが目立ちます。

　どのプレーヤーを見ても、やはりスマートフォン向け広告配信需要の高まりが、売上を後押ししていることが分かります。スマートフォン向け広告配信需要は、アプリ広告の普及により、2014年から急激に伸びています。

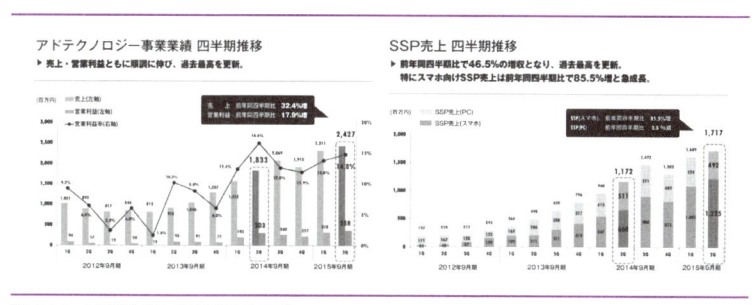

図4-16 VOYAGE GROUPの業績
出所 「平成27年9月期第2四半期決算短信および決算説明資料について」
（http://voyagegroup.com/news/press/2015/563/）

08 ≫ 国内DMPパッケージの位置付け

　国内DMPの情報（図4-17〜4-20）は株式会社PLAN-B様より、ご提供いただきました。図4-17はDMPを「インプット（データソース）」と「アウトプット（利用目的）」の2軸で分類した図です。

　本書「CHAPTER 1：History & Technology」の「13 DMP（データマネジメントプラットフォーム）」では、オープンDMP／プライベートDMPで分けましたが、オープンDMPのインプットは3rd Partyデータが中心のため、右の象限になります。

　プライベートDMPは、3rd Partyデータもインプットできますが、特徴は自社が保有するマーケティングデータの集約・セグメント化のため、左の象限に位置付けられます。

	インプットが 1st Partyデータ中心	インプットが 3rd Partyデータ中心
アウトプット がCRM系	SmartisAI DMP　　Rtoaster	juicer
アウトプット が広告系	Right:Segment （旧オウルデータ） FreakOut	xrost DMP IntimateMerger AudienceOne　bluekai

図4-17　DMPパッケージの位置づけ

ツール名・提供会社	SmarticAI DMP 株式会社ALBERT	Rtoaster 株式会社ブレインパッド	Juicer 株式会社PLAN-B
導入社数	不明（100社未満か？）	150社以上	約5,000社
価格	100～1,000万円	月額15万円～	無料
特徴	データベース、データ演算システム、施策管理システム、広告配信システムなど、自社システムを組み合わせたワンストップサービス **ポイント** 独自開発のテキストマイニングエンジンなどを活用し、精度の高い分析と施策管理を実現している	顧客の属性や行動を細かく管理し、閲覧コンテンツから関心度の高い項目などを割り出すなど、プライベートDMPとしての側面が強い **ポイント** レコメンドエンジンで、属性や過去のデータに合わせてアルゴリズムを柔軟に指定できる	Webサイト内の課題の発見・改善に特化し、サイトログを中心にボトルネックと思われる箇所を発見、アドバイスを抽出する **ポイント** 分析機能が無料で利用でき、UIが分かりやすいため、データ活用初心者の利用に向いている
主な連携ツール	NTT DATA、Freak、LM Data、+ableau、DeSumEA	caleOut Inc.、※その他約15種類のツールと連携	Google Analytics、Smoothie、caleOut Inc.

図4-18　アウトプットがCRM・Webサイト方向のDMP比較

ツール名・提供会社	Mother 株式会社フリークアウト	bluekai 日本オラクル株式会社	Right:Segment（旧オウルデータ）サイバーエージェントグループ
導入社数	2,460社	グローバルで3,000社	160社
価格	FreakOut DSPを100万円以上利用で無料	月額20万円～	不明
特徴	広告社、メディアが保持する会員属性などのデータも統合、利用でき、DSPと連携した素早い広告配信に対応している **ポイント** ビーコンを活用したO2O施策にも対応している	データエクスチェンジとして大量の3rd Partyデータを保有し、自社データと組み合わせて柔軟なセグメント設計ができる **ポイント** 200社以上のデータプロバイダーとの連携による3億件以上のオーディエンスデータを利用可能	広告社、媒体社が保持する会員情報、広告効果データを蓄積、DSPやアドネットワークと連携して分析を行う **ポイント** リアルタイムで解析を行い、その結果をすぐにセグメントとして活用できる
主な連携ツール	abf	Omnibus	KAIZEN PLATFORM ※30社以上のDSPとアドネットワーク

図4-19　アウトプットが広告方向のDMP比較①

ツール名・提供会社	IntimateMerger 株式会社Intimate Merger	デジタル・アドバタイジング・コンソーシアム株式会社	xrost DMP 株式会社Platform ID
導入社数	180社	約900社	150社程度？
価格	不明	不明	初期費用30万円～／月額費用15万円～
特徴	各企業のデータを統合し、課題解決に有効なセグメントを抽出、広告やコンテンツなどの配信最適化に役立てる **ポイント** 1億のオーディエンスデータを保有するほか、必要に応じてネットリサーチを行うこともできる	月間3億ユニークブラウザを保有している他、ユーザー同士でオーディエンスデータを共有できるなど、3rd Partyデータが豊富 **ポイント** 1,000以上の嗜好クラスタ保有しており、カスタムにも対応している	ユーザーの行動変化に合わせてリアルタイムにスコアリングを行い、精度の高いセグメントを生成してアプローチすることができる **ポイント** オンライン、オフライン合わせ約1.4億ユニークブラウザの豊富なデータを保有
主な連携ツール	Adobe Audience Manager、Rtoaster、Google Analytics ※その他DSPなどと連携	cosmi、Rtoaster ※その他DSPなどと連携	Synergy!360 ・各種メール配信ツール ・各種CMS ・各種DSP

図4-20　アウトプットが広告方向のDMP比較②

CHAPTER 4 Player　143

09 » 株式会社オムニバス（DMPサービス解説 Pandora）

» 総評

　オンラインアトリビューション分析、オーディエンスデータ利用（分析／ターゲティング）、ペルソナ分析、アクセス解析、CRM（売上管理）などの、1st Partyデータと3rd Partyデータを組み合わせた多彩なレポートが特長です。プライベートDMPの機能を全部搭載した、どちらかと言うとプロ向けのDMPです。

　筆者もいくつかレポートの要望を出し実装されていますが、クライアントの要望に合わせて開発し、パッケージとしてリリースを繰り返すことで、機能が

図4-21　Pandora

強化されるDMPだと思います。

　レポート以外のところでは、オーディエンスデータとリサーチ会社のパネル属性データを組み合わせたLPO機能（Pandora LPO）が特長です。

　オムニバス社の担当者に確認したところ、今後は、「アプリデータ」「ソーシャルデータ」「オープンデータ（株価情報など）」とも連携していくとのことです。

›› オンラインアトリビューション分析

　ID毎にタッチングポイント（広告接触）を100まで遡及して集計・分析を行うことが可能です。以下の5つのアトリビューション分析モデルでスコアリングできます。

- 「Last Interaction model（終点モデル）」
- 「First Interaction model（起点モデル）」
- 「Linear model（線形モデル）」
- 「Position Based model（接点ベースモデル）」
- 「Time decay model（減衰モデル）」

　接触メディアごとや、メディアを分類したメディアグループごとにアトリビューションスコアを自動算出します。

　排他メディアも設定できます。例えば、リワード広告に触れてCVした場合、そのユーザーが他のメディアに接触していたとしても、「そのCVは、"インセンティブが発生する"リワード広告によってのみ引き起こされた」として、他メディアのスコアを0にするような計算ができます。これは、ブースト広告などによって、他メディアのCVが実際のスコアよりも引き上げられることを防ぐための機能です。

メディアグループ名	スコア					比率				
	Last Interaction model	First Interaction model	Linear model	Position Based model	Time decay model	Last Interaction model	First Interaction model	Linear model	Position Based model	Time decay model
PG-RG	137.500	211.000	153.057	168.583	159.474	11.772%	18.065%	13.104%	14.433%	13.063%
PG-AT	0.000	0.000	0.000	0.000	0.000	0.000%	0.000%	0.000%	0.000%	0.000%
PG-RT	181.500	193.500	195.473	189.394	212.796	15.539%	16.567%	16.736%	16.215%	17.431%
PG-PG	785.000	697.500	762.218	746.892	786.321	67.209%	59.717%	65.258%	63.945%	64.411%
DSP動画広告 RG	27.000	38.500	29.198	31.896	30.343	2.312%	3.296%	2.500%	2.731%	2.486%
DSP動画広告 AT	20.000	10.000	12.243	14.331	13.588	1.712%	0.856%	1.048%	1.227%	1.113%
DSP動画広告 RT	16.500	17.000	15.311	16.414	17.569	1.413%	1.455%	1.311%	1.405%	1.439%
DSPインタラクティブ動画広告 RG	0.000	0.000	0.000	0.000	0.000	0.000%	0.000%	0.000%	0.000%	0.000%
DSPインタラクティブ動画広告 AT	0.500	0.500	0.500	0.500	0.700	0.043%	0.043%	0.043%	0.043%	0.057%
DSPインタラクティブ動画広告 RT	0.000	0.000	0.000	0.000	0.000	0.000%	0.000%	0.000%	0.000%	0.000%

図4-22　オンラインアトリビューション分析

▶▶ オーディエンスデータ利用（Lookalike分析、ターゲティング）

　約8億Cookie（カテゴリ数：約250）のデモグラフィックデータ、サイコグラフィックデータを搭載。「○○ページを訪問したユーザーはどんな属性のユーザーか？」を管理画面上からリアルタイムに確認できます。接続しているプラットフォームからターゲティングして広告配信を行うことも可能です。

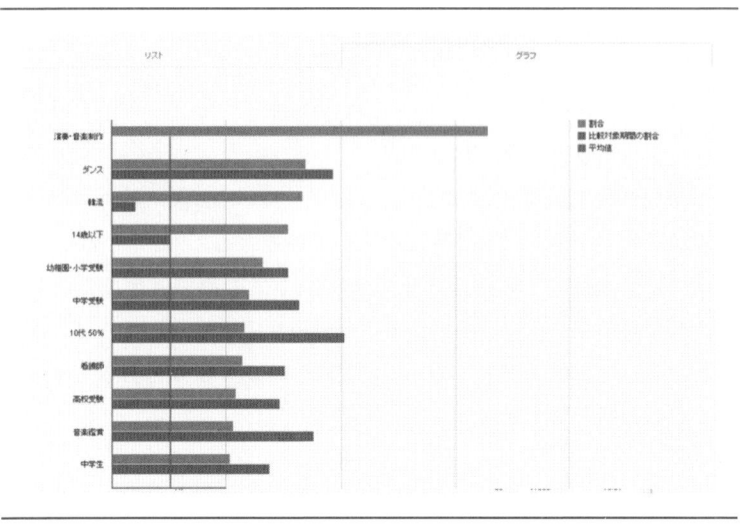

図4-23　オーディエンスデータ①

セグメント	ラベル1	ラベル2	ラベル3	対象UU	全体UU	割合
演奏・音楽制作	AT			1194	290678	41.08
ダンス	AT			49	23182	21.14
競走	AT			8	3845	20.81
14歳以下	AT			3	1557	19.27
幼稚園・小学受験	AT			35	21278	16.45
中学受験	AT			63	41966	15.01
10代 50%	AT	ATデモグラ		1780	1214312	14.49
看護師	AT			28	19573	14.31
高校受験	AT			63	46396	13.58
音楽鑑賞	AT			780	588440	13.26
中学生	AT			172	132820	12.95
社会貢献	AT			29	23224	12.49
スローライフ	AT			71	59901	11.85
認定金・学費・教育費	AT			87	74727	11.64
F2 50%	AT	ATデモグラ	-	292	258692	11.39
小学生・幼稚園児の親	AT			290	259481	11.18
舞台・伝統芸能	AT			126	115006	10.96
ウィンタースポーツ	AT			43	39369	10.92
ドライブ	AT			12	11499	10.44

図4-24　オーディエンスデータ②

ペルソナ分析

　Lookalike分析、複数の軸に切り分けた多面分析がペルソナ分析です。管理画面上から分析結果の確認が可能です。デフォルトタブでは、「生活」「趣味」「娯楽」などに設定されており、追加・カスタマイズすることが可能。訪問ユーザーや広告接触ユーザーの傾向を、自由な切り口で見ることができます。

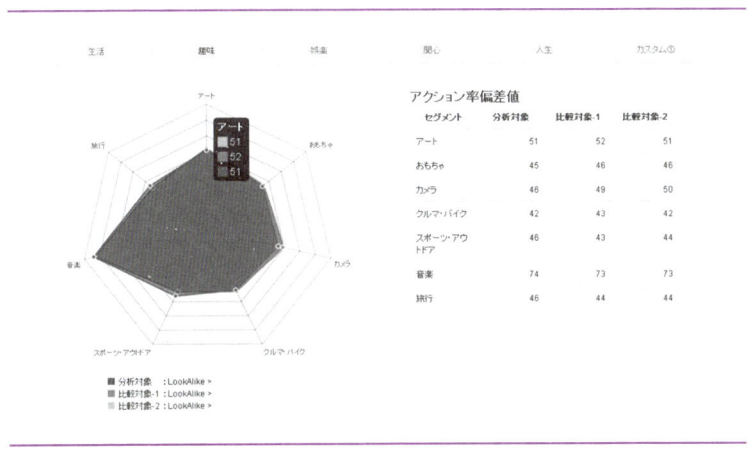

アクション率偏差値

セグメント	分析対象	比較対象-1	比較対象-2
アート	51	52	51
おもちゃ	45	46	46
カメラ	48	49	50
クルマ・バイク	42	43	42
スポーツ・アウトドア	46	43	44
音楽	74	73	73
旅行	46	44	44

図4-25　ペルソナ分析①

CHAPTER 4 Player

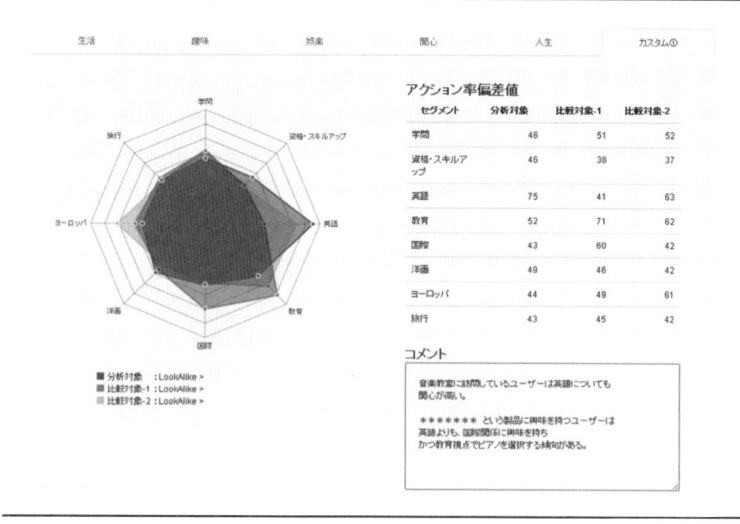

図4-26　ペルソナ分析②

» アクセス解析

　Pandoraでは、「PV」「セッション」「UU」「リファラー」「滞在時間」「直帰率」「検索ワード」など一般的なアクセス解析ソフトで参照できる指標をレポーティングします。

　広告配信データや、気象データなどのオープンデータなどと合わせて見ると面白いと思います。ディスプレイ広告のインプレッションは、ビュースルーサーチによって、サイトアクセス数に影響を与えることが多いため、合わせて見る場合があります。

　アクセス解析ソフトなどを使わずに、1つのツールで見たいデータを確認できるのは便利です。

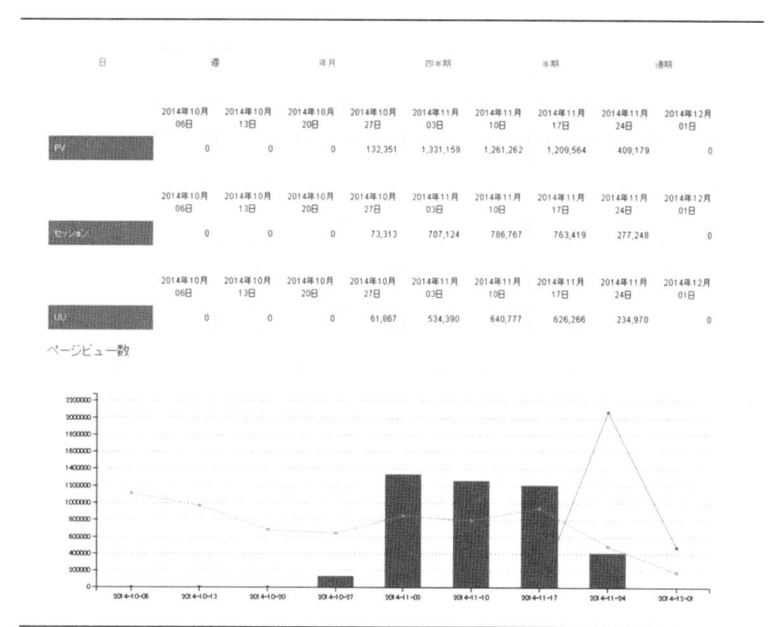

図4-27 アクセス解析①

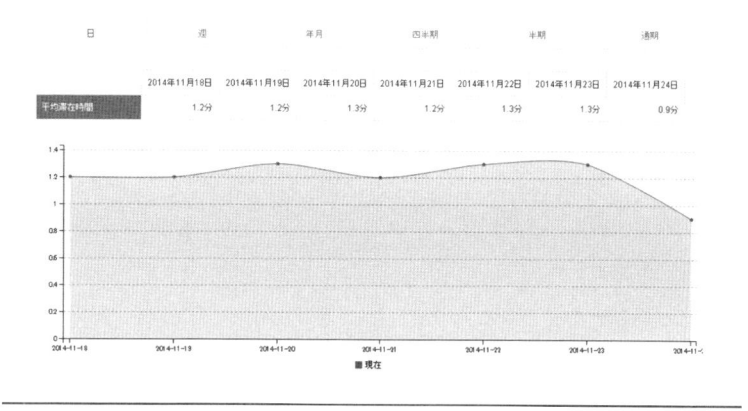

図4-28 アクセス解析②

CHAPTER 4 Player 149

▶▶ CRM（売上管理）

　CRM機能の一部として売上管理機能を搭載。クライアントの顧客DBとデータ連携を行い、当月売上における新規／既存顧客の比率や受注件数、売上金額などを参照できます。

　平均単価や受注率などの計算指標も、カスタマイズによって追加できます。

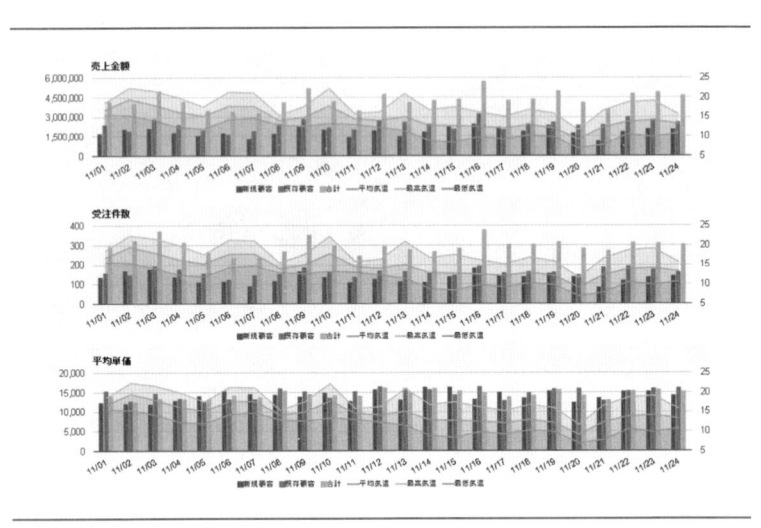

図4-29　売上管理機能①

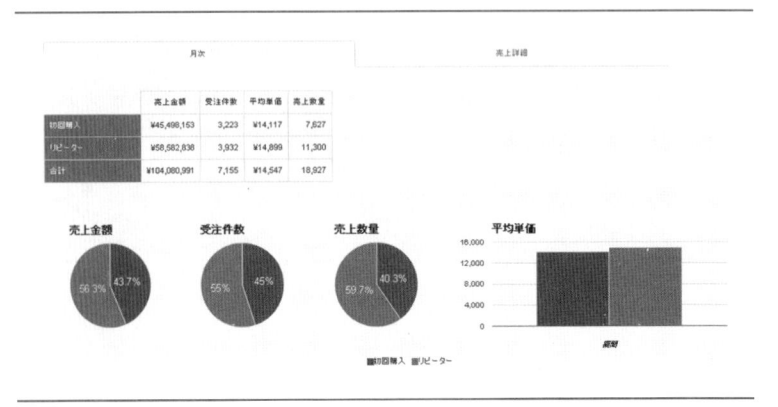

図4-30　売上管理機能②

▶▶ LPO機能（Pandora LPO）

　オムニバス社の保有する300カテゴリー・延べ8億Cookieの行動データとマクロミル社の調査モニタ100万人のデモグラフィックデータを活用したLPO機能です。ターゲットに対してオプティマイズ機能を2段階で設定することでオーディエンスごとのブランディングとCV獲得を両立させることができます。

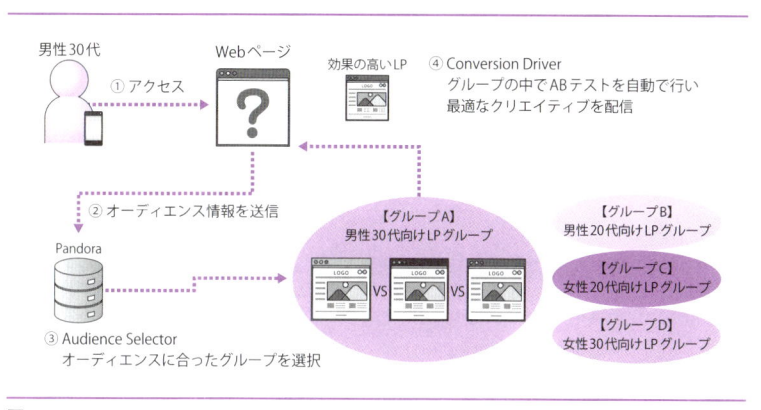

図4-31　Pandora LPO

オプティマイズ機能

　Pandora LPOでは、まず、オーディエンスデータとデモグラフィックデータをベースに、目的に合わせてセグメントをグルーピングします。グループのテーマに沿ったクリエイティブを登録した上で、以下2つのオプティマイズ機能が利用できます。

- Audience Selector：来訪するユーザーの属性や嗜好に合わせて、グループが選択されます。
- Conversion Driver：選択されたグループに登録されているクリエイティブでABテストを行い、効果の高いクリエイティブへ自動的に収束されます。

　上記の設定は、ページ単位だけでなく、Webサイトのパーツ単位でも利用可能です。

10 » 株式会社PLAN-B（DMPサービス解説 Juicer β版）

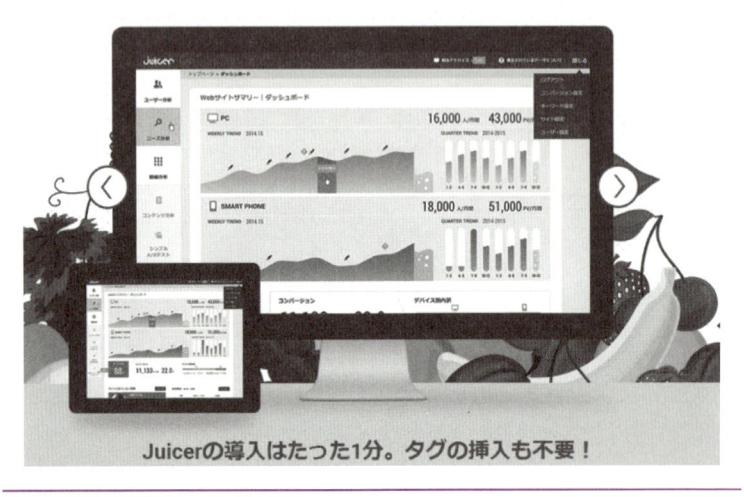

図4-32　Juicer（β版）

» 総評

　インプットは3rd Partyデータ中心、アウトプットがCRM系（サイト改善目的）という珍しいポジション取りのDMPです。無料のDMPでありながら、UIは他DMPや一般的なWebツールと比較しても秀逸。

　初心者向けの機能がメインで、プロには物足りないと思う部分がありますが、「動線分析」というレポートが魅力的です。「動線分析」は、直帰率、離脱率などのサイト内動線以外に、サイトにアクセスする以前の15分間の行動が分かります。

▶▶ ダッシュボード

　Juicerの各レポートが一覧で見られるダッシュボードです。

　JuicerはGoogle Analyticsのアカウントと連携させることで利用でき、一般のアクセス解析ソフトにはない、サイト訪問者のオーディエンス情報を取り入れた複数のレポートが出力できます。

　DMPと聞くと、広告配信やCRMといったイメージが強いですが、このDMPはWebサイト改善に特化している点が特徴です。

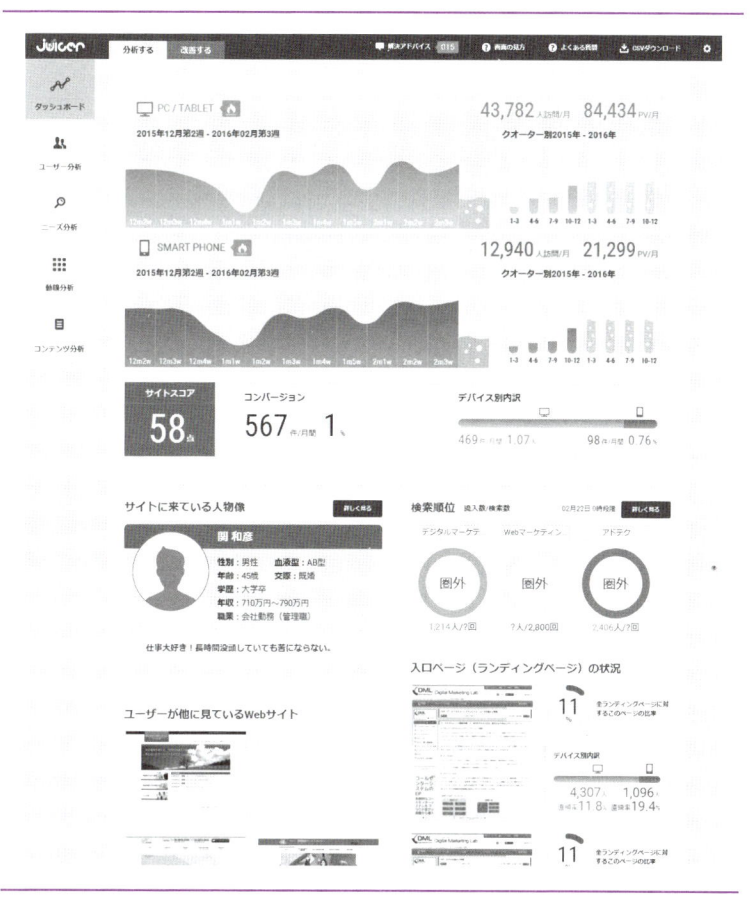

図4-33　ダッシュボード

ユーザー分析

　サイト訪問者の人物像（ペルソナ）を表示するレポートです。以下の情報が閲覧できます。

「性別」「年齢」「学歴」「年収」「職業」「血液型」「交際」「性格」「服」「バッグ」「靴・シューズ」「雑誌」「デジタルライフ」

　「服」や「バッグ」などのボタンをクリックすると、Google画像検索が開くため、より人物像がイメージしやすくなります。

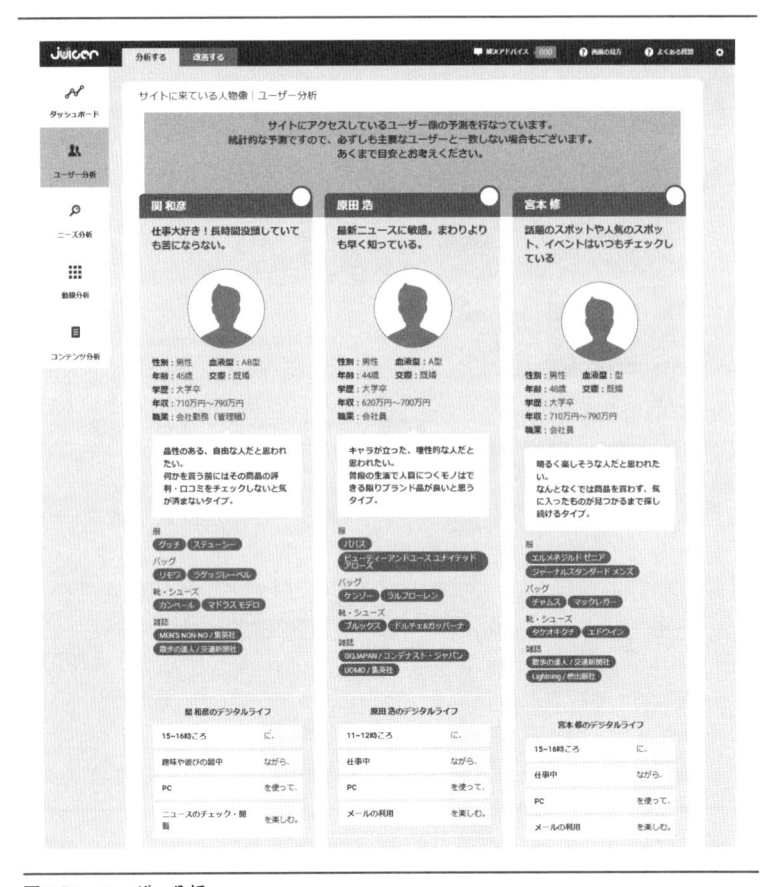

図4-34　ユーザー分析

≫ ニーズ分析

　検索キーワードのレポート。「サイトに訪問したユーザーが利用した検索キーワード」「指定ワードの検索順位の推移」「指定ワードと同時に検索されるワード」のレポートです。「どのワードから、どのくらいのアクセスがあるか」といった定量的にデータを見る目的には向きませんが、コンテンツ企画やSEO対策、検索ワードの順位を時系列で見たい時に活用できます。

　ドラッグ&ドロップで簡単にキーワードを統合できる機能は、表記ゆれによる検索数の分散を解決してくれるので、重宝します。

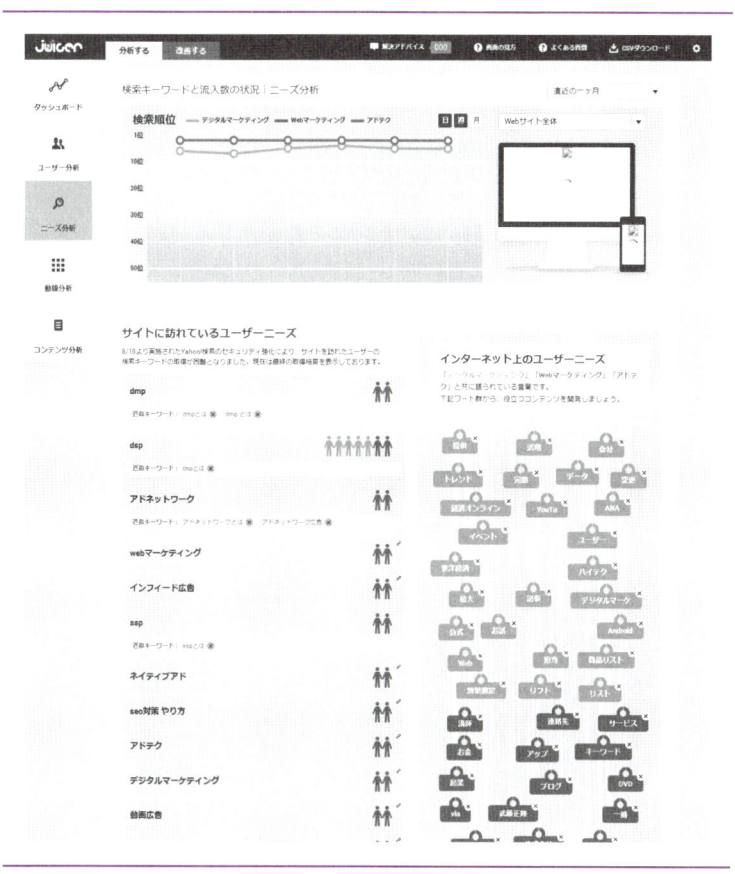

図4-35　ニーズ分析

CHAPTER 4 Player　155

なお、2015年8月18日に実施されたYahoo!検索のセキュリティ強化により、サイトを訪れたユーザーの検索キーワードの取得が困難になりました。現在は最終の取得結果が表示されています。

動線分析

　CVまでのパスを分析するレポート。ページの直帰率が表示されており、高い数値のページは「改善アドバイス」が表示されます。また、視覚的に分かりやすく、スクロールする際の表示もポップで面白いレポートです。

　注目するところは、ランディングページの手前が、リファラーではなく、「サイト訪問直前に見ていたサイト」だということ。一般的なアクセス解析ソフトでは1つ前のページ（リファラー）しか追えません。

　これにより、サイトに訪問するユーザー像が具体的にイメージできる他、ディスプレイ広告を出稿しているのであれば、Webサイトをターゲティングしたり、ユーザーと親和性の高いコンテンツを考えたりなどの活用が考えられます。ただし、定量的なレポートではないため、広告配信ターゲットとしての利用判断は悩ましいところです。

　現在のJuicerのレポートの中では、最も施策につながるイメージが持てるレポートです。

図4-36　動線分析

11 » 最近の買収情報まとめ

» 2014年

2014年1月： 『Facebook』は『LiveRail』(モバイルビデオ広告ネットワーク)を買収
備考 買収額：約4億ドル

2014年2月： 『Criteo』は『Tedemis』(オプトイン・メールマーケティング)を買収
備考 買収額：前金1,700万ユーロ＋順次支払われる400万ユーロと言われている

2014年2月： 『Oracle』は『BlueKai』(DMP) 買収

2014年4月： 『オプト』は『スキルアップ・ビデオテクノロジーズ』(動画配信プラットフォーム)を買収
備考 買収額：22億円

2014年5月： 『Google』は『Adometry』(アトリビューション)を買収

2014年6月： 『Opera Software』は『AdColony』(モバイル動画広告ネットワーク)を買収
備考 買収額：7,500万ドル

2014年6月： 『Twitter』は『Namo Media』(ネイティブアド)を買収
備考 買収額：約5,000万ドル

2014年7月： 『Twitter』は『TapCommerce』(モバイルリターゲティング)を買収
備考 買収額：約1億ドル？

2014年7月： 『Yahoo!』は『Flurry』(モバイルアプリ分析)を買収
備考 買収額：2〜3億ドル？

2014年7月： 『Acxiom』は『LiveRamp』(オンボーディングサービス(企業が保有するオフライン顧客情報のデジタル化))を買収
備考 買収額：3億1,000万ドル

2014年8月： 『Rocket Fuel』は『[x+1]』(DSP、DMP、タグ管理、モバイル広告)を買収
備考 買収額：2億3,000万ドル

2014年8月：『Amazon』は『Twitch』（ゲーム実況サイト）を買収
　　　　　　備考　買収額：9億7,000万ドル
2014年9月：『Millennial Media』は『Nexage』（モバイルSSP）を買収
　　　　　　備考　買収額：1億750万ドル
2014年11月：『Rubicon Project』は『iSocket』（在庫予約型直接取引の自動化ソリューション（Automated guaranteed））を買収
　　　　　　備考　買収額：2,500万ドル
2014年11月：『Rubicon Project』は『Shiny Ads』（在庫予約型の直接取引の自動化ソリューション（Automated guaranteed））を買収
2014年11月：『Yahoo!』は『BrightRoll』（動画DSP）を買収
　　　　　　備考　買収額：6億4,000万ドル

▶▶ 2015年

2015年2月：『Criteo』は『DataPop, Inc.』（データフィードサービス）を買収
2015年3月：『Rubicon Project』は『Chango』（インテントマーケティング）を買収
　　　　　　備考　買収額：1億2,200万ドル
2015年3月：『Flipkart』は『AdIQuity』（モバイルアドネットワーク）を買収
2015年3月：『Cheetah Mobile』は『MobPartner』（モバイル広告プラットフォーム）を買収
　　　　　　備考　買収額：5,800万ドル
2015年3月：『AppNexus』は『Yieldex』（メディア向けにプログラマティック取引支援ツール）を買収
　　　　　　備考　買収額：1億ドル
2015年3月：『Nielsen』は『eXelate』（データプロバイダー）を買収
　　　　　　備考　買収額：およそ2億ドル
2015年4月：『VOYAGE GROUP』は『Kauli』（SSP）を買収
2015年6月：『Verizon』は『AOL』（大手インターネットサービス会社）を買収
　　　　　　備考　買収額：44億ドル
2015年9月：『News Corp』は『Unruly』（動画広告プラットフォーム）を買収を発表
　　　　　　備考　買収予定額：9,000万ドル（パフォーマンス次第で、追加8,600万ドルを支払う）

12 ▶▶ 新規参入について筆者が思うこと

▶▶ システム的な障壁は低くなったが、新規参入障壁は低くない

　Amazonの「AWS」や、Microsoftの「OneDrive」などのストレージサービスが登場したことで、ストレージ費用は、アドテク黎明期と比べて格段に下がりました。また、クラウドコンピューティングの普及、特にIaaS（Infrastructure as a Service）により、サーバーの増強や、データセンターを物理的に海外に移すことも、今やボタン1つで行えます。

　しかし、アドテク業界の新規参入障壁は、決して低いものではありません。システム投資コストは確かに低くなりましたが、ビジネス面（営業面）の難しさがあります。アドネットワークやDSPなどの広告商品は、ある程度国内に浸透しており、広告主と広告代理店などのセルサイドとの関係が構築されています。

　さらに、既存サービスは日々研究開発され進化しています。今から目立った特徴もないDSPやアドネットワークを作ったところで、リプレイスの望みは薄いでしょう。

▶▶ 誰もやっていない領域にチャンスはある

　しかし、チャンスがない訳ではありません。海外では面白い企業があります。Viroolは、YouTubeに投稿する動画をソーシャルやブログでプロモートして、視聴数、シェアを増やすための動画投稿プラットフォームです。投稿したYouTubeの動画に「Twitterのツイート」「Facebookのいいね！」などをつけて配信できます。

　このようなサービスはまだ国内にありません。国内で誰も手をつけていない領域で、かつ、盛り上がっている領域に付加価値を提供するようなサービスであれば、新規参入で成功する可能性はあると思います。

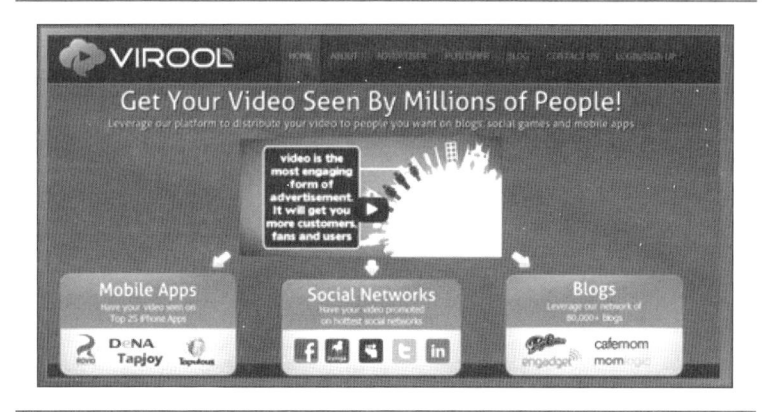

図4-37　Virool（https://www.virool.com/）

CHAPTER 5

Market

01 » 市場規模

» インターネット広告
― 2014年、インターネット広告費が初の1兆円超え

　株式会社電通が毎年発表している『日本の広告費（2014年）』について、「インターネット広告費が初の1兆円超え」というトピックがありました。このことはNHKの「NEWS WEB」でも報道され、話題になりました。インターネット広告の成長がTVで取り上げられるのは、非常に珍しいことだと思います。

　インターネット広告費は、1兆519億円、前年比112.1%と2ケタ成長。このうち媒体費（広告配信に関わる費用）は8,245億円（前年比：114.5%）、この中でも、本書のテーマとしている「アドテク」に関わる広告が含まれるのが、運用型広告になります。運用型広告は5,106億円（前年比：123.9%）と、インターネット広告全体の伸びよりも、さらに高い成長率を見せています。

媒体 \ 広告費	広告費(億円) 2012年(平成24年)	2013年(25年)	2014年(26年)	前年比(%) 2013年(平成25年)	2014年(26年)	構成比(%) 2012年(平成24年)	2013年(25年)	2014年(26年)
総広告費	58,913	59,762	61,522	101.4	102.9	100.0	100.0	100.0
マスコミ四媒体広告費	28,809	28,935	29,393	100.4	101.6	48.9	48.4	47.8
新聞	6,242	6,170	6,057	98.8	98.2	10.6	10.3	9.8
雑誌	2,551	2,499	2,500	98.0	100.0	4.3	4.2	4.1
ラジオ	1,246	1,243	1,272	99.8	102.3	2.1	2.1	2.1
テレビメディア	18,770	19,023	19,564	101.3	102.8	31.9	31.8	31.8
地上波テレビ	17,757	17,913	18,347	100.9	102.4	30.2	30.0	29.8
衛星メディア関連	1,013	1,110	1,217	109.6	109.6	1.7	1.8	2.0
インターネット広告費	8,680	9,381	10,519	108.1	112.1	14.7	15.7	17.1
媒体費	6,629	7,203	8,245	108.7	114.5	11.2	12.1	13.4
広告制作費	2,051	2,178	2,274	106.2	104.4	3.5	3.6	3.7
プロモーションメディア広告費	21,424	21,446	21,610	100.1	100.8	36.4	35.9	35.1
屋外	2,995	3,071	3,171	102.5	103.3	5.1	5.1	5.1
交通	1,975	2,004	2,054	101.5	102.5	3.4	3.4	3.3
折込	5,165	5,103	4,920	98.8	96.4	8.8	8.5	8.0
DM	3,960	3,893	3,923	98.3	100.8	6.7	6.5	6.4
フリーペーパー・フリーマガジン	2,367	2,289	2,316	96.7	101.2	4.0	3.8	3.8
POP	1,842	1,953	1,965	106.0	100.6	3.1	3.3	3.2
電話帳	514	453	417	88.1	92.1	0.9	0.8	0.7
展示・映像他	2,606	2,680	2,844	102.8	106.1	4.4	4.5	4.6

(注) 2014年より、テレビメディア広告費は「地上波テレビ＋衛星メディア関連」とし、2012年に遡及して集計した。

図5-1　株式会社電通：『2014年 日本の広告費』より
出所 http://www.dentsu.co.jp/news/release/pdf-cms/2015019-0224.pdf

- DSPやSSP（媒体社側からみた広告効率の最大化を支援するシステム）などの普及・拡大により、各サイトが持つ広告在庫を広告主側に活用してもらいやすい環境も整った。さらに、DMP（蓄積したさまざまなデータを分析・加工し、広告配信を最適化するシステム）を用いてDSP配信するなど、新たな取り組みも進んだ。
- 動画の運用型広告は、広告主によるブランディング目的での活用を中心に拡大した。

（株式会社電通：『2014年 日本の広告費』より引用）

▶▶ 運用型広告 ─ 運用型広告は5,106億円（前年比：123.9%）

アドテクの市場規模の前に、「運用型広告」について整理しておきましょう。株式会社電通『2014年 日本の広告費』によると、運用型広告費は5,106億円（前年比：123.9%）となっており、前年よりもさらに伸長しています。

運用型広告とは、広告の最適化を自動的もしくは即時的に支援するプラットフォームを用いた広告です。運用によって、広告枠、入札額、ターゲット、クリエイティブ、コンテキストなどを、変動させながら出稿します。

純広告では「○○期間で○○円」「○○Impで○○円」のように、固定的に広告枠の売買が行われますが、運用型広告では「入札」によって広告枠の金額が変動することが特徴です。

具体的には、検索連動型広告（リスティング広告）のほか、アドエクスチェンジ、DSPなどのアドテクを活用した広告が含まれる（純広告、タイアップ記事広告、アフィリエイト広告などは含まれない）ので、アドテクの市場規模を推し量る際は、この運用型広告の数字を参考にするのが良いでしょう。ただし、全てのアドテクを活用した広告が含まれるわけではありません。

簡単に整理すれば、以下のようになります。

運用型広告 ＝ 検索連動型広告＋アドテクを活用した広告（ただし、全てではない）

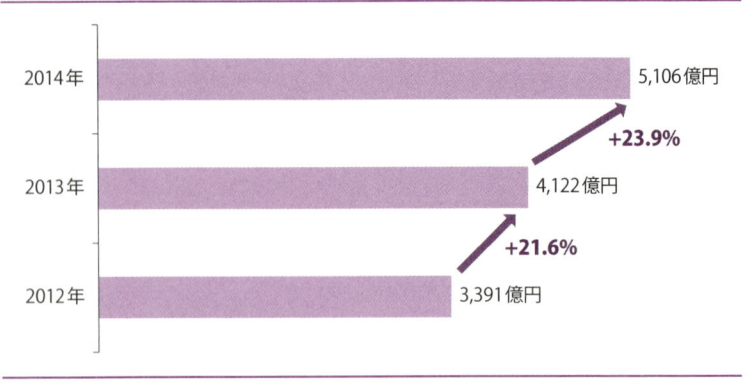

```
2014年 ━━━━━━━━━━━━━━━━━ 5,106億円
                           ↗ +23.9%
2013年 ━━━━━━━━━━━━━ 4,122億円
                     ↗ +21.6%
2012年 ━━━━━━━━━━ 3,391億円
```

図5-2　運用型広告費の推移

▶▶ 検索連動型広告 ― 検索連動型広告が伸びているところにも注目

　前述の通り、運用型広告は毎年2ケタ成長しています。この大きな成長はアドテクを活用した広告が寄与していることは間違いありません。しかし、それ以外で注目すべきことに、検索連動型広告の成長があります。『2012年 日本の広告費』以降では、検索連動型広告のみの市場規模は発表されていません（運用型広告に統合）が、『2011年 日本の広告費』では、検索連動型広告費は2,657億円（PC検索連動型広告費は2,194億円＋モバイル検索連動型広告費は463億円）となっており、運用型広告の大部分を占めています。

　スマートフォンの検索連動型広告の市場規模については、CyberX／シード・プランニングの共同調べのレポートで直近の数字が出ています。これによると、2012年：507億円、2013年：854億円、2014年：1,200億円となっています。あくまで筆者の推測ですが、仮に、PCの検索連動型広告費が2011年と同水準（2,200億円）だったとしても、検索連動型広告全体の市場規模は2012年：2707億円、2013年：3054億円、2014年：3,400億円となり、2ケタ成長ということになります。

　検索連動型広告は、登場して十数年経つ、インターネット広告の中でも歴史がある広告です。それが、今もなお、インターネット広告全体を牽引する規模で成長し続けていることは、近年のアドテクの成長と同じくらい、注目すべきことではないかと思っています。

余談ですが、ソーシャルメディアが登場した少し後「検索はなくなる（情報の中心がソーシャルになる）」と言った方々もいましたが、このようなデータを見る限り、そういう時代が来るとは思えません。能動的な情報入手手段として、「検索」が今後も強力であることは間違いないはずです。

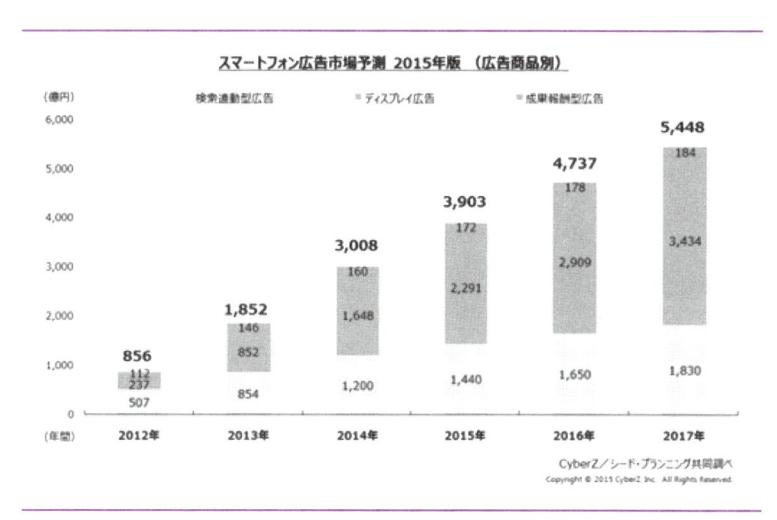

図5-3　スマートフォン広告市場予測 2015年版（広告商品別）
出所　株式会社 CyberZ：『2015年 スマートフォン広告市場動向調査』（https://cyber-z.co.jp/news/research/2015/0218_1859.html）より

アドテク ―
2014年のアドテク市場は前年比141%の2,258億円

2014年のアドテクノロジー広告市場は前年比141%の2,258億円、2017年には2013年実績の約2倍に相当する3,291億円まで成長
　　　　　（株式会社サイバーエージェント：プレスリリースより引用）

スマートフォン向け広告の需要の高まりが、アドテク市場全体を牽引していると言って良いでしょう。総務省の『平成26年情報通信メディアの利用時間と情報行動に関する調査』では、インターネット平均利用時間について、全年代平均でモバイルからの接続がPCよりも上回っており、特に10代はPCの6倍、20代・30代でもPCの2倍以上がモバイル経由という結果でした。経年で

見た時も、モバイル経由の1日のインターネット利用時間（全年代平均）は、37.6分（平成24年）→ 43.2分（平成25年）→ 50.5分（平成26年）と年々増えています。

反対に、PC経由のインターネット利用時間は、30.9分（平成26年）→34.9分（平成24年）、34.1分（平成25年）、30.9分（平成26年）と減少しています。今後はスマートフォン向け広告が、PC向けのアドテク系広告商品が普及してきた時のように、RTBへの対応・ターゲティングの高度化など、広告主のニーズに応え、広告商品としての価値が高まっていく（故に広告出稿量が増える）ことが予想されます。加えて、急増するアプリへの広告出稿ニーズを加味すると、まだまだ伸び代があるように感じます。

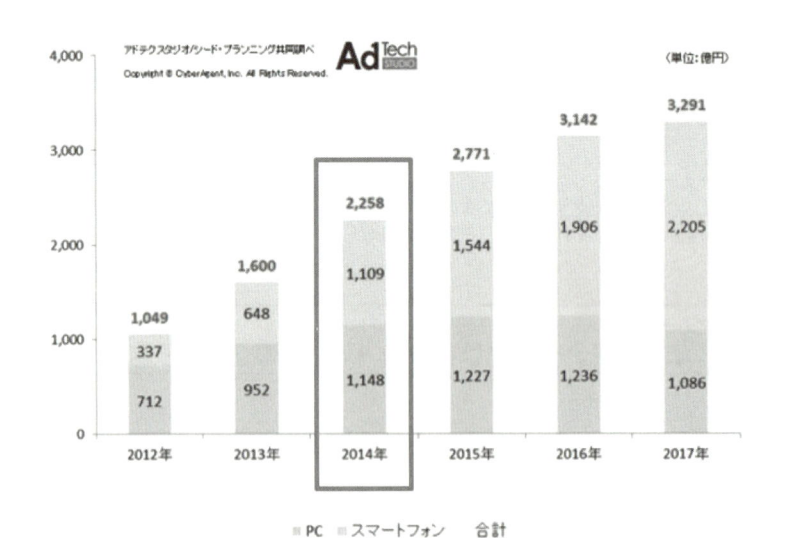

図5-4　アドテクノロジー広告市場の推定・予測（デバイス別）
出所　株式会社サイバーエージェント プレスリリースより
（https://www.cyberagent.co.jp/news/press/detail/id=9235）
Copyright © CyberAgent, Inc. All Rights Reserved.

【アドテクノロジー広告市場の推定・予測（広告商品別）2012年−2017年】(※3)

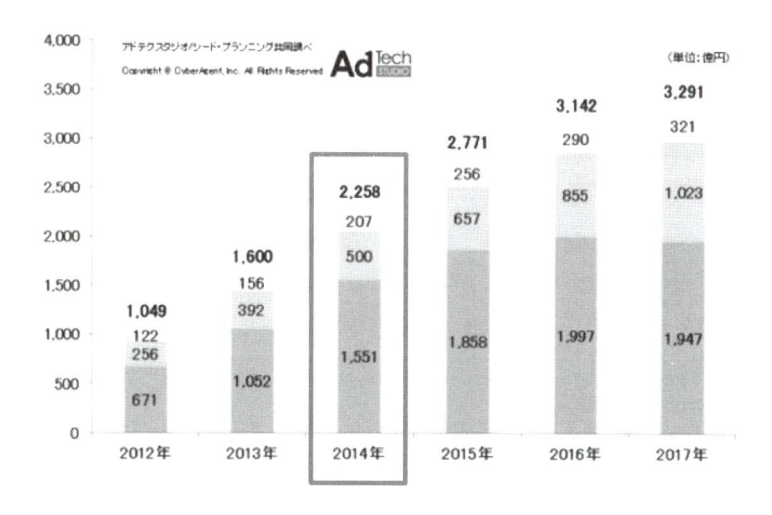

(単位：億円)

年	合計	成果課金型アドネットワーク	RTBを経由したディスプレイ広告	CPC・CPM課金型アドネットワーク
2012年	1,049	122	256	671
2013年	1,600	156	392	1,052
2014年	2,258	207	500	1,551
2015年	2,771	256	657	1,858
2016年	3,142	290	855	1,997
2017年	3,291	321	1,023	1,947

図5-5　アドテクノロジー広告市場の推定・予測（広告商品別）
出所　株式会社サイバーエージェント　プレスリリースより
（https://www.cyberagent.co.jp/news/press/detail/id=9235）
Copyright © CyberAgent, Inc. All Rights Reserved.

図3-1-3　平成26年[平日1日]主な機器によるインターネット平均利用時間（全年代・年代別）

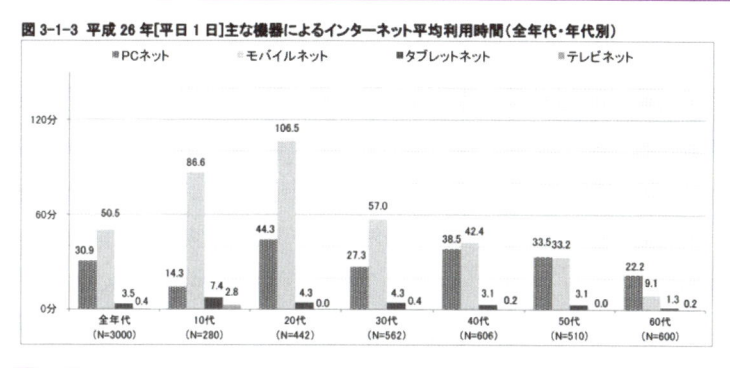

■PCネット　■モバイルネット　■タブレットネット　■テレビネット

年代	PCネット	モバイルネット	タブレットネット	テレビネット
全年代 (N=3000)	30.9	50.5	3.5	0.4
10代 (N=280)	14.3	86.6	7.4	2.8
20代 (N=442)	44.3	106.5	4.3	0.0
30代 (N=562)	27.3	57.0	4.3	0.4
40代 (N=606)	38.5	42.4	3.1	0.2
50代 (N=510)	33.5	33.2	3.1	0.0
60代 (N=600)	22.2	9.1	1.3	0.2

図5-6　主な機器によるインターネット平均利用時間（全年代・年代別）
出所　総務省情報通信政策研究所
「平成26年情報通信メディアの利用時間と情報行動に関する調査」より
http://www.soumu.go.jp/menu_news/s-news/01iicp01_02000028.html

図 3-1-1 経年[平日1日・休日1日]主な機器によるインターネット平均利用時間(全年代)

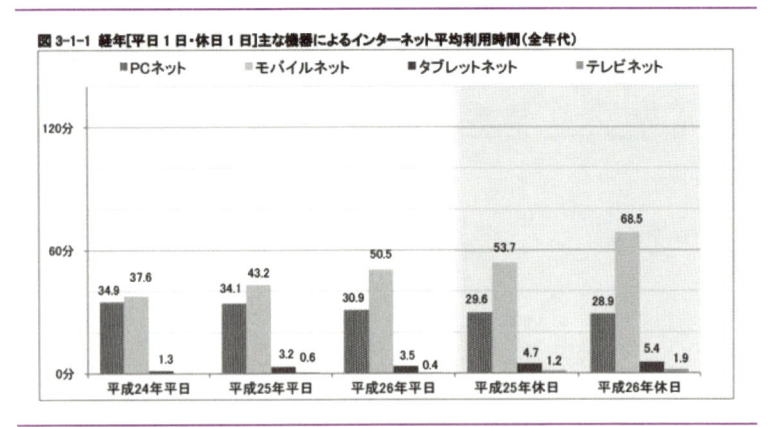

	PCネット	モバイルネット	タブレットネット	テレビネット
平成24年平日	34.9	37.6		1.3
平成25年平日	34.1	43.2	3.2	0.6
平成26年平日	30.9	50.5	3.5	0.4
平成25年休日	29.6	53.7	4.7	1.2
平成26年休日	28.9	68.5	5.4	1.9

図5-7 経年 主な機器によるインターネット平均利用時間（全年代）
出所 総務省情報通信政策研究所
「平成26年情報通信メディアの利用時間と情報行動に関する調査」より
http://www.soumu.go.jp/menu_news/s-news/01iicp01_02000028.html

02 » PMPがもたらす広告取引市場の変化

» まずは現在のRTB取引市場の課題を整理

　「CHAPTER1 History & Technology」に記載の通り、初期のアドネットワークは、余り在庫や中小サイトの広告枠が中心だったため、ブランドイメージの低下を招くようなサイトに掲載されたり、媒体情報が開示できないことも多くあり、大手企業にとっては出稿しづらいものでした。また、最近ではビューアビリティの低さもRTBが抱える課題として耳にするようになりました。

　DSPが普及する頃には、広告取引市場が拡大し、優良な広告枠も増えました。配信会社は、ターゲティングの技術やアドベリフィケーションというツールを用いて、広告主のニーズに応えてきたのです。しかし、基本的には、「広告枠の品質」という課題に対して、「ターゲティングの精度を高める」という方

法で対処してきたため、低品質な広告枠自体は市場に残っています。

アドベリフィケーションは、このような課題を解決するためのツールです。しかし、日々無数に増えるメディアの広告枠を適切に評価し精査していくには、これだけでは無理がありました（ブラックリストの構築が、増加するメディアの数に追いつかない）。RTB市場には、未だ多くの低品質な広告枠が存在します。

また他のRTBの課題として、「入札額を上げること以外に、広告枠を優先的に買い付けることができない」ことが挙げられます。RTB市場ではインプレッション単位でオークションが行われるため、どうしても欲しい広告枠があったとしても、そこに広告を出せるかは入札するまで分かりません。

初期のアドネットワーク

広告取引市場：良くない枠／微妙な枠／良い枠

→ターゲティングの精度が低く、無駄なコストが多い

ターゲティングの進化

広告取引市場：良くない枠／微妙な枠／良い枠

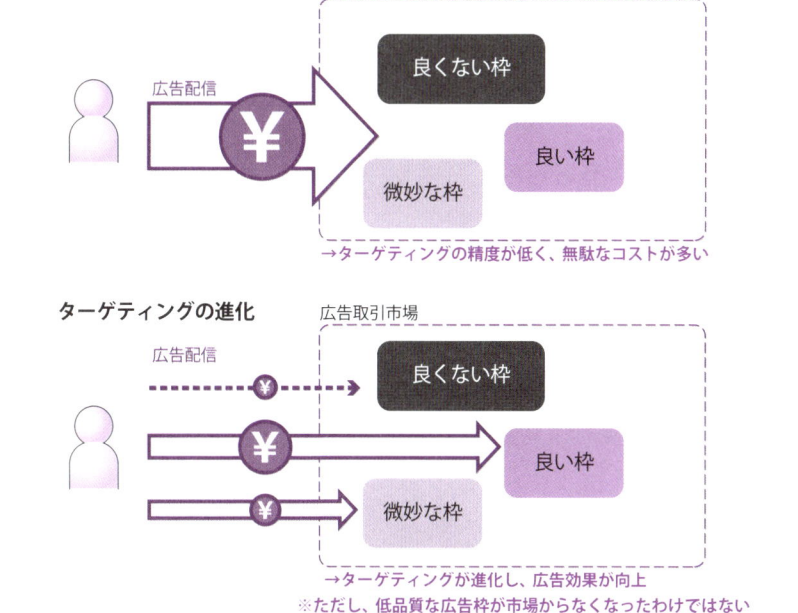

→ターゲティングが進化し、広告効果が向上
※ただし、低品質な広告枠が市場からなくなったわけではない

図5-8　広告枠の品質課題

›› プログラマティックな広告取引の種類

　前述の「広告枠の品質課題」を解決してくれそうなのがPMP（イメージは純広とRTBの間）です。ただし、その話をする前に、プログラマティックな広告取引の種類について説明します。

　プログラマティックな広告取引は、RTBか否かで2つに分かれます。そこから、RTBでは参加方法がオープン／クローズかで2つに分かれ、Non-RTBでは、在庫予約（guaranteed）のあり／なしで2つに分かれます。

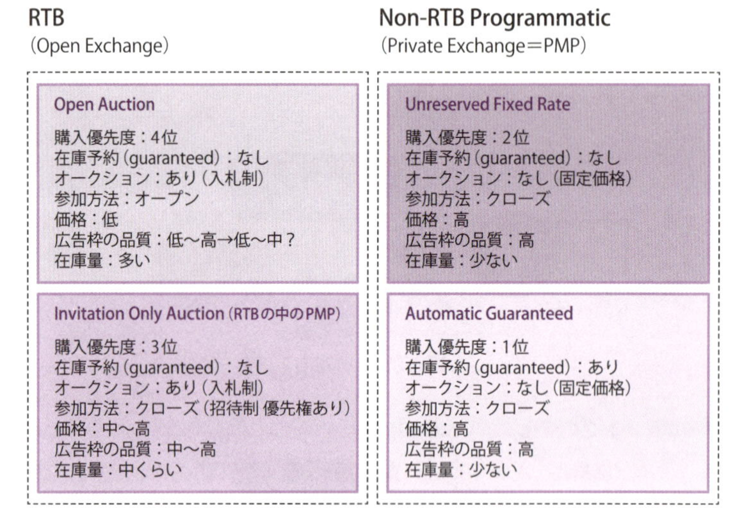

RTB
（Open Exchange）

Open Auction
購入優先度：4位
在庫予約(guaranteed)：なし
オークション：あり(入札制)
参加方法：オープン
価格：低
広告枠の品質：低～高→低～中？
在庫量：多い

Invitation Only Auction（RTBの中のPMP）
購入優先度：3位
在庫予約(guaranteed)：なし
オークション：あり(入札制)
参加方法：クローズ（招待制 優先権あり）
価格：中～高
広告枠の品質：中～高
在庫量：中くらい

Non-RTB Programmatic
（Private Exchange＝PMP）

Unreserved Fixed Rate
購入優先度：2位
在庫予約(guaranteed)：なし
オークション：なし(固定価格)
参加方法：クローズ
価格：高
広告枠の品質：高
在庫量：少ない

Automatic Guaranteed
購入優先度：1位
在庫予約(guaranteed)：あり
オークション：なし(固定価格)
参加方法：クローズ
価格：高
広告枠の品質：高
在庫量：少ない

図5-9　プログラマティックな広告取引の種類

Open Auction

　これは、現在のアドネットワークやDSP経由で、誰もが参加できるマーケット（Open Exchange）で行われる取引方式です。初期のアドネットワークでは、余り在庫や中小サイトの広告枠が中心でした。しかし、現在は品質の高い広告枠も増え、DSPなどアドテクの発展によって広告主に浸透してきました。

Invitation Only Auction（RTBの中のPMP）

　全ての広告主やメディアが参加できるのではなく、参加者が限定されたクローズドオークション（プライベートマーケットプレイス）です。Open Auctionに対して優先権を持っており、良い広告枠がオープンなRTBに流れる前に入札できます（フロアプライスがOpen Auctionよりも高く設定されており、結果的にOpen Auctionより優先的に買い付けできる）。次に出てくるNon-RTB programmaticのマーケットと区別するため、「RTBの中のPMP」と考えてください。これに限らずPMPでは、出稿するメディアが事前に分かっていることが、オープンマーケットと比べた時の大きな違いです。

Unreserved Fixed Rate

　オークションが発生しない固定単価制の取引方式です。Invitation Only Auctionと同様、CPMを高くすることで、RTBに広告枠が流れる前に買い付けることが可能です。そのため、購入優先度がRTBよりも高くなります。在庫予約はできませんが、固定単価のため、広告主は必要な広告費を事前に想定することができることも特長です。固定単価という方式は、TVCMを出稿するようなブランド広告主に受け入れやすい方式となります。

Automated Guaranteed

　固定単価かつ在庫予約の取引方式です。購入優先度が最も高く、品質の高い広告枠を他のマーケットよりも先に購入することができます。その分CPMも高く、先行する海外市場の事例では、CPMがオープンなRTBと比べて、数倍〜10倍以上にもなります。しかし、米国の動画広告では、広告主の91%がこの方式で購入しているという調査結果（Videology調査）があります。Automated Guaranteedでは在庫予約と固定単価により、事前に必要な広告費を把握できることがメリットですが、それだけではありません。

　例えば、TVCMをある期間に出稿するとして、同時期に（短期間で）Webで動画広告を◯◯インプレッション出したいとします。オークションでは、広告主の希望する量のインプレッションを確約することができませんが、Automated Guaranteedでは可能です。TVCMに限らず、季節のある商材では、「ある特定の期間で◯◯インプレッション欲しい」というニーズがあり

ます。つまり、「一定期間のリーチ数をコミットできる」点が特長です。

›› PMP普及後のプレミアムな広告枠の流れ

　仮に、あるメディアの広告枠の1つが、全てのマーケットに参加しているとしたら、図5-10のようイメージになります。

　最も購入優先度が高いのが、「Automated Guaranteed」です。ここで買い手がつけばメディアは高い収益が出せます。Automated Guaranteedは在庫予約型のため、事前に買い手が分かります。買い手がつかない場合は、広告枠が他のマーケットに流れます。

　次に購入優先度が高いのが、「Unreserved Fixed Rate」です。高いCPMでメディアに掲載を依頼することで、固定単価制を可能にします。ただし、在庫予約ではないため、他のマーケットで高い価格がつけばそちらに流れる可能性もあります。そのため、購入優先度を「2位」と書くことに迷いがありました。しかし、実際はRTBよりも高値がつくはずなので、本書では購入優先度を2位としました。

　「Invitation Only Auction」もUnreserved Fixed Rateと同じように、高いCPMを設定することで、Open Auctionよりも優先的に広告枠を購入します。プライベートエクスチェンジ（Automated Guaranteed/Unreserved Fixed Rate）と違い、RTBのため単価は変動します。

　最も購入優先度が低いのが「Open Auction」です。PMPで買い手が付かなかった広告枠が、このマーケットに流れることになります。

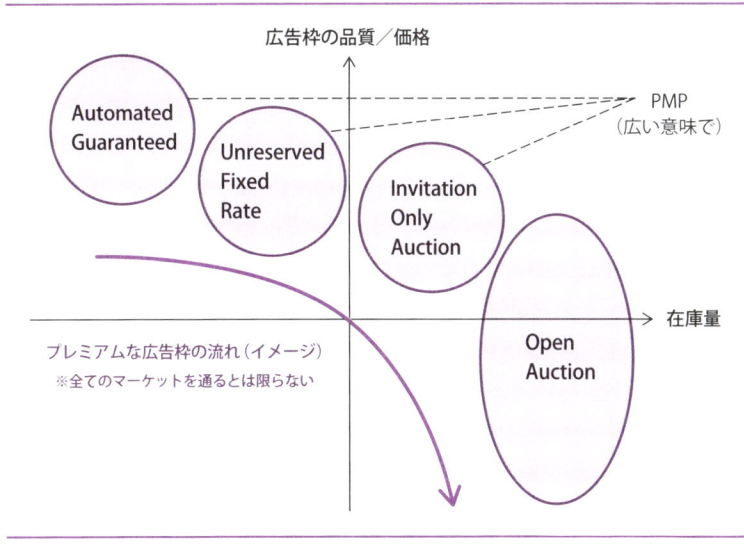

図5-10 マーケットのポジションとプレミアムな広告枠の流れ

▶▶ PMPによって広告枠の品質が改善される

　PMPでは参加メディアが限定され、マーケット全体の広告枠の品質がOpen Auctionと比較して高くなります。広告主は事前に出稿するメディアを確認できるため、ブランドセーフティ、ビューアビリティ、Webサイトのテーマ、広告掲載面など、独自の視点で掲載メディアを選択できます。

　これまで、広告枠の品質改善（特に、ブランドセーフティとビューアビリティ）については、アドベリフィケーションがその役割を担ってきました。しかし、Open Auctionでは、膨大な数のWebサイトが存在し日々増加していくので、精査が追いついていないのが現実でした。

　端的に言うと、アドベリフィケーションは、「良くない広告枠を見つけて、配信対象から除外する」という考え方（ブラックリスト除外）です。一方、PMPの場合は、「良い広告枠を集めてマーケットを作る」という考え方（ホワイトリスト構築）です。アドベリフィケーションとは発想が逆になります。

　広告主として実際に出稿した経験からお話しすると、特にスマートフォン向けの広告のビューアビリティはPCよりも極端に低くなります。そのため、こ

れまで透明性の低いRTBでは、無駄インプレッションがあることを覚悟で出稿してきました。この点も、PMPによって解決されることを期待しています。

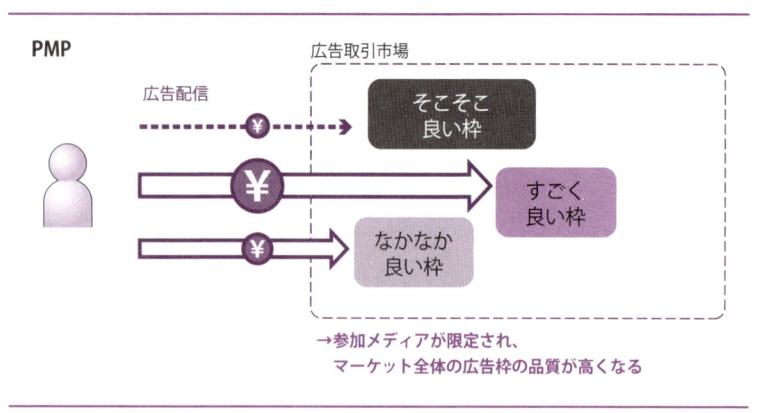

図5-11 広告枠の品質（プライベートマーケットプレイス）

米国におけるプログラマティックの状況

　日本において、PMPは登場したばかりで、これからマーケットが作られるフェーズです。しかし、米国では既に存在しており、RTB（オープンマーケット）よりも高い成長率で、ディスプレイ広告におけるシェアを伸ばしています。eMarketerの調査では、2017年までに米国のディスプレイ広告の83%がプログラマティックになるという予測が出ています。RTBが52%を占めますが、Non-RTB programmatic（PMP）も31%と、高い数値です。

　これに対して、2014年の日本のRTB経由のディスプレイ広告費を500億円くらいと推定すると、純広告を含む現在の日本の全ディスプレイ広告に占めるプログラマティックな取引の割合は、20%に満たないはずです。

　これまでのアドテク系の広告商品と同様に、PMPが米国と同じ成長率で日本で普及するとは考えにくいですが、ブランド広告主のニーズはあるはずです。あとは、セルサイドがメディアに対して、これの導入をサポートし、広告主を納得させる付加価値と効果指標を明確にしていくことだと思います。

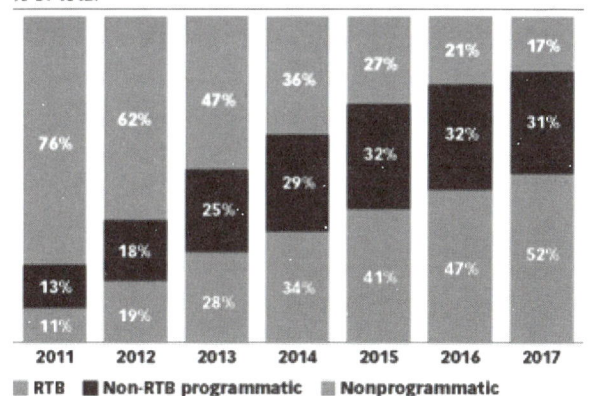

図5-12　米国のディスプレイ広告市場予測
出所「Programmatic Ad Spend Set to Soar｜eMarketer」
(http://www.emarketer.com/Article/Programmatic-Ad-Spend-Set-Soar/1010343)

国内のPMPサービス提供会社について

「Unreserved Fixed Rate」「Automated Guaranteed」分野

　2014年10月、国内最大手である広告代理店の株式会社電通は、Googleの協力のもと、プライベートマーケットプレイスの構築を発表し、2015年2月にベータ版のセールスを開始しました。

「Invitation Only Auction」分野

　2015年2月に株式会社エスワンオーインタラクティブと株式会社VOYAGE GROUPEが共同でPMP専業企業のintelishを設立しました。

≫ PMPを導入しない企業にとって、この変化はマイナス

　PMPによって、今までプログラマティックなマーケットに出てこなかった新しいメディアが増えます。これはPMPを導入する企業にとっては、プラスになります。しかし、今まで品質の高い広告枠をRTBに流していたメディアがPMPに参加すると、RTBで購入できていた広告枠を購入できなくなる可能性もあります。これはPMPを導入しない企業にとってはマイナスです。メディアとして利益を最大化することは当然ですが、広告主としては気に留めておく必要があります。

≫ 枠のターゲティングは強力

　オーディエンスデータの登場によって、ターゲティングは「枠から人へ」と言われますが、筆者の見解としては、むしろ枠のターゲティングは非常に強力であると考えるため、「枠も大事」だと思います。

　生活シーンによって、個人の情報に対する興味・関心は変化します。筆者の場合ですが、朝はアプリでニュース情報を見て、昼は職場のPCでマーケティング情報を検索し、夜はニコニコ動画で趣味の時間。夜のニコニコ動画を見ている「ビジネスOFF」の自分に、マーケティング情報の広告が表示されたとしても恐らく目に留まりません。同じ「人」であっても、時間・場所などシーンが違えば、それに合わせたアプローチが必要です。

　あらゆるシーンを事前にセグメンテーションできるのが「枠」であり、PMPなどの面を指定する広告だと思います。例えば、マーケティング情報サイトに訪問するユーザーは、「"今"、マーケティング情報に対する興味・関心が高くなっている人」と言えます。つまり、枠のターゲティングというのは、「"今"そのコンテンツに興味を持っている"人のターゲティング"」とも言えます。当然のことですが、枠のターゲティングであっても、ターゲティングの先には必ず"人"がいます。広告主としての筆者の見解は、「枠のターゲティングは人よりも強力」。「枠×人なら、さらに強力」です。

03 » DMPと3PASは今後どうなる？ Googleサードパーティポリシー変更の背景考察

» Googleサードパーティポリシー変更の背景と影響範囲

　2015年1月、GoogleはDMP企業に対して、DMPによるデータ収集（DMPタグの入稿）を制限しました。これによって、DMP企業、DMPを利用して効果測定を行ってきた広告主に影響が出ました。

　Googleのディスプレイ広告「GDN」は費用対効果の高いディスプレイ広告として多くの広告主が利用しています。しかし、広告主はGDN以外にも様々な広告キャンペーンを実施しており、これらメディアを横断して効果測定を行うために活用されてきたのがDMPです。DMPタグによるデータ収集が禁止されたことで、GDNを利用している広告主はメディアを横断した効果測定ができなくなりました。

» 今回のポリシー変更の背景（著者の私見含む）

　Global Adtechの記事を読んだところ、「データ漏洩への対策」の影響が高いと思われますが、ここで、1つ疑問が残ります。

「3PASはOKで、DMPはなぜNGなのか？」

　「データ漏洩への対策」が目的であれば、なぜ3PASはOKで、DMPがNGになったのか？ Googleが許可した3PASに限られますが、システム上は、3PASでのデータ収集も可能です。

　そこで考えたのが、「3PASとDMPの違い」です。3PASとDMPの決定的な違いは「広告配信システム（アドネットワークやDSPなど）のコスト負担」です。3PASはアドサーバーを持つことで、DSPが本来負担するはずの「トラフィック費用」や「ストレージ費用」を負担します。一方DMPは、広告インプレッションのタイミングでピクセルタグを一緒に呼び出すだけのため、配信

におけるコストを一切負担せず、データ収集していることになります。アドネットワークやDSPでは、巨大な広告ネットワークに対して大量の広告を配信するため、純広告とは比較にならないほどの膨大なインプレッション（トラフィック費用）が発生します。そして、数多くのクリエイティブを最適化しながら切り替えていくため、多くのクリエイティブを保存しておくサーバーが必要です。リッチメディアになれば、ファイルサイズは静止画の数百倍以上になるため、それだけ大きなサーバー（ストレージ費用）が必要になります。

このように、3PASは広告ネットワークを使った広告配信の欠点・課題とも言える部分を負担してくれるため、広告配信システムから見ると良いパートナーです。

また、3PASの主な機能は、DMPのような「データの蓄積」ではありません。しかし、DMPは完全にデータを取得・蓄積を目的としたシステムです。DMPはパブリッシャーからの立場からすると「（対価を支払わずに）許可なくデータを取得している」というイメージがあるため、このような見え方の部分も今回のポリシー変更の背景にある気がしますが、あくまで筆者個人の考えで、明確な根拠はありません。

» 3PASとDMPについて

日本において、名前が先に出てきたのは確か「3PAS」の方だったと思います。アドエクスチェンジやDSPが登場し、広告主のメディアを横断した効果測定ニーズに応えたのが3PASでした。しかし、3PASの価値はそれだけでなく、リッチメディア配信、シーケンス配信（広告シナリオの設計）など、効果測定以外の部分もあります。

ただ、3PASを導入した企業の多くが求めた3PASの価値とは「広告効果測定」の部分だったと思います。国柄なのか、日本では「攻め（配信）」より「守り（効果測定）」が重要視されるイメージがあります。

この後にDMPが登場しました。DMPが得意とするのは「あらゆるデータの蓄積」です。データの蓄積においては3PASよりもDMPが優れているため、効果測定ツールとしての3PAS利用が中心だった日本では、DMPへの切り替えが起きました。

›› 今回のポリシー変更は3PASにとってプラスか？

　ここでポリシー変更の話に戻りますが、DMPによるGDNのデータ収集ができなくなってもGoogleから許可されている3PASでのトラッキングは可能です。そのため、もしかしたら多少は3PASにとって追い風になるかもしれません。

　ただ、筆者の個人的な見解としては、効果測定（データ収集）の部分はDMPに任せて、3PASには"攻め"の部分を担わせるのが良いと思います。DMPでオンライン以外のマス広告のデータや、DM、メール、アクセス解析などのデータを蓄積して、3PASではDMPに蓄積されたデータからシナリオを設計して、配信をマネージするポジションが適していると考えます。

04 ›› DMPの市場と課題とマーケティングオートメーション

›› 市場規模

　ITRの発表では、国内DMP市場の2013年の売上金額は2億円、前年比：200%の成長率となっています。また、2014年も2013年比で300%と、大幅な伸びが予想されます。

　成長率は非常に高いですが、そもそもの金額がRTB経由のディスプレイ広告などと比較すると、かなり見劣りします。米国のDMPトップ企業「BlueKai」の2013年の売上高は6,400万ドル程度（BlueKaiは2014年2月にOracleに買収されています）。そのため、DMP自体にはポテンシャルを感じません。DMPを活用した広告配信（オーディエンスターゲティング）は今後拡大すると思いますが、DMP企業に入る売上はその一部でしかありません。そのため、広告配信以外の柱となるマネタイズ手段が必要となりそうです。

「CHAPTER4 国内DMPプレーヤー」では、DMP導入企業数を記載していますが、実際は「その会社のDSPを利用すると、無料で利用できるDMP」もあり、DMP単体でマネタイズに成功している企業は、まだまだ少ないでしょう。

(単位：億円)

年度	2012	2013	2014	2015	2016	2017	2018
金額	0.1	2.0	6.0	10.0	12.0	13.5	14.5

※ベンダーの売上金額を対象とし、3月期ベースで換算。2014年度以降は予測値。

図5-13　DMP市場規模推移および予測
出所　ITR Market View：マーケティング管理市場2015

≫ 個人情報保護法改正によってデータ流通量は増えるか？

個人情報保護法の改正について、2015年5月21日に衆議院で可決された「個人情報の保護に関する法律」では、『購買履歴や移動情報など企業に蓄積された個人情報（パーソナルデータ）について、個人を識別できないよう加工して、なおかつ個人情報を復元できないようにしたデータ「匿名加工情報」にすれば、本人同意なしに提供できる』としています。

この法案の可決がDMPの今後や、オーディエンスデータの流通量に大きく影響するような声も聞きします。しかし、筆者はさほど影響しないと考えています。改正案の話が出る前、ビッグデータの活用は白でも黒でもなく、グレーでした。これが黒に転んでいたら、企業のビッグデータ利用が制限され、大きな影響が出たでしょう。しかし白の場合、そもそもビッグデータに明るく、データをマネタイズできる企業は、グレーの時からデータサプライしていたため、法改正よってデータ流通量が急激に増えることはないはずです。

余談ですが、「共通ポイントサービス」や「ポイント連携」の話を最近よく聞きます。実はこれにはビッグデータ的な側面があります。ポイント連携のためには、お互いの会員IDをシンクさせる必要があります。会員IDがシンクできれば、オーディエンス情報の提供やエクスチェンジは技術的に可能です。データ提供先の企業は提供元のオンライン行動履歴や購買情報のオーディエンスデータで、自社のマーケティングデータをリッチにできます。

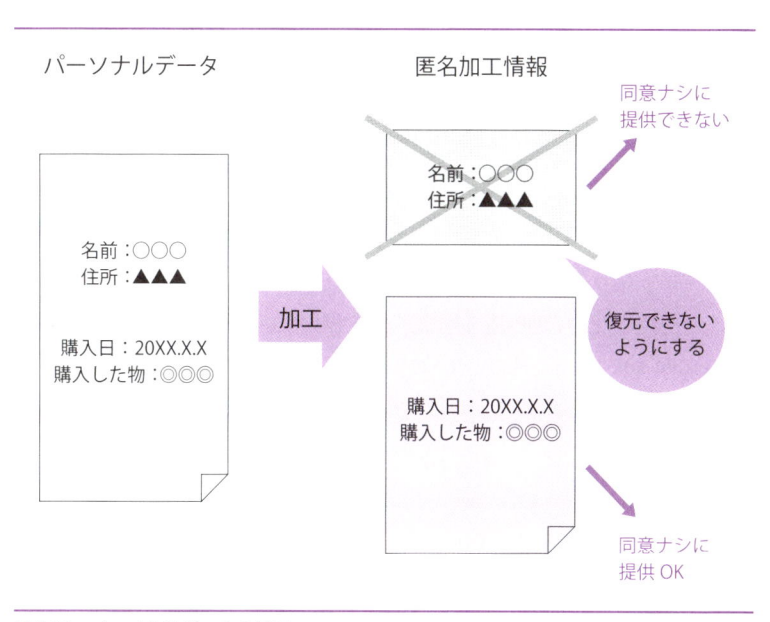

図5-14　パーソナルデータの活用

　大量のパーソナルデータを保持しながら、DMPに今までデータサプライしてこなかった企業は確かに多いです。しかし、このような企業は法案云々の前に、そもそもデータに対するリテラシーが低く、データをマネタイズできていなかっただけに思えます。法案が施行されたとして、すぐにデータのマネタイズに取り組めるとは思えません。つまり、データ流通量の増加に、法改正それ自体はあまり寄与しないと考えます。データ流通量を増やすためには、DMP側からサプライヤーに積極的に働きかけることが大事です。幸い、「データのマネタイズ」のニーズは広がってきています。サプライヤーはデータのプロではありません。そのため、データのフォーマット、データ連携や受け渡しのフ

ローなど、DMP側が安心してデータ提供できる環境を整えることができれば、オーディエンスデータの流通量は今後増えていくでしょう。

▸▸ 低単価商材×ダイレクトレスポンス広告におけるオーディエンス活用は難しい

　ディスプレイ広告において、オーディエンスターゲティングを実施している企業は多いですが、CPAを効果指標とするダイレクトレスポンス目的の広告では、なかなか成果が出ないとよく聞きます。

　オーディエンスターゲティングでは、データ使用料が配信費に上乗せされるため、ブロードリーチやリターゲティングのCPMよりも高くなります。このCPMの差をリーチできるユーザーの質でカバー（CVRの改善）できれば、オーディエンス配信はブロード配信よりも費用対効果が高いと言えます。以下で、シミュレーションします。

目標CPAを変化させた時のCVRへの影響

オーディエンスのCPM：ブロードリーチの+30%
Imp：それぞれ500万Impで固定
CPA：変数
CVR：1,000Impに対するCVR

【結果】
CPAをブロードリーチと同じに保つには

目標CPAを1,000円にした時

	CPM	Imp	Cost	目標CPA	CV	CVR
オーディエンス	¥260	5,000,000	¥1,300,000	¥1,000	1,300	26%
ブロードリーチ	¥200	5,000,000	¥1,000,000	¥1,000	1,000	20%

+6%CVRを改善する必要がある

目標CPAを2,000円にした時

	CPM	Imp	Cost	目標CPA	CV	CVR
オーディエンス	¥260	5,000,000	¥1,300,000	¥2,000	650	13%
ブロードリーチ	¥200	5,000,000	¥1,000,000	¥2,000	500	10%

+3%CVRを改善する必要がある

目標CPAを1万円にした時

	CPM	Imp	Cost	目標CPA	CV	CVR
オーディエンス	¥260	5,000,000	¥1,300,000	¥10,000	130	3%
ブロードリーチ	¥200	5,000,000	¥1,000,000	¥10,000	100	2%

+1%CVRを改善する必要がある

図5-15　オーディエンスターゲティングのシミュレーション

　シミュレーションの結果、目標CPAが数千円以上の場合は必要なCVRの改善率が低いため、リーチできる層によっては効果的かもしれません。しかし、目標CPAが1,000円以下になると、CVRを6%も改善する必要があります。

　結論。オーディエンスターゲティングでは、高単価商材なら実施はありえま

すが、低単価商材では、CPMの差をCVRで埋めることが難しく、ダイレクトレスポンス広告としては実施が難しいと言えます。例えば、乗っている車や吸っているタバコの銘柄など、セグメントが細分化できれば、ターゲティングできるオーディエンスの質（CVR）は上がります。しかし、対象者も少なくなるため、配信ボリュームが不足します。つまり、低単価商材×パフォーマンス系広告主の場合、オーディエンスデータの利用は難しくなります。

DMPとマーケティングオートメーションは相性が良い

オラクルのBlueKai買収は話題になりました。BlueKaiは米国のDMPトップ企業で、数億人のアクティブユーザーのオーディエンスデータを保持しています。このデータを、数万のセグメントに分類し、アドネットワークやアドエクスチェンジ、DSPなどに販売します。DMPはデータ（オーディエンスデータ）を蓄積・セグメント化することが得意なシステムです。

マーケティングオートメーションとは、マーケティングの各プロセスおけるアクションを自動化するための仕組みやプラットフォームのことを指します。顧客や見込み顧客に対して、どんなアクションをとってきたかを記録し、「最適なコンテンツを、最適なタイミングで、最適な方法で届ける」ことを目的に利用されます。「メール配信」「セミナー管理」「Webアクセス履歴」「フォーム機能」「リード管理」「スコアリング」など、マーケティングのアクションが集約されたプラットフォームです。ただし、DMPのように3rd Patyデータを取り込み、セグメント化する機能はありません。

DMP単体をCRMツールとして利用する場合、課題となるのが「アクションにつなげにくい」ことです。DMPが得意とする点は、データの蓄積やセグメント化です。オーディエンスターゲティングなどの広告配信のアクションはできますが、広告以外のマーケティング施策も含めた最適解を出すことはできません。「DMPのデータをどう活用して、どうアクションにつなげるかは、クライアントに依存している」と言えます。

データを蓄積・セグメント化することが得意だが、アクションが苦手なDMP。マーケティングのアクションは得意だが、3rd Patyデータの取り込み・セグメント化の機能などが無いマーケティングオートメーション。この組

み合わせは、お互いの欠点を埋めつつ長所を生かせる、理にかなった組み合わせです。

05 » マーケティングオートメーション×DMPの事例

　マーケティングオートメーション×DMPが話題になる以前、筆者は自身が勤める企業で、マーケティングオートメーションシステム（Salesforce）とDMPを組み合わせたシステム開発のプロジェクトを進めていました。「リードナーチャリングを進化させる」という目的のもと、マーケティングを自動化・効率化するだけでなく、現場の営業担当に「積極的にデータを活用してもらいたい」との想いから立ち上げたプロジェクトです。

　結局、社内の事情により開発完了には至りませんでしたが、この構想が現在のマーケティングオートメーション×DMPのコンセプトに近いため、事例として掲載します。マーケティングオートメーションの導入検討をされている方は、ぜひ参考になさってください。

　画面は全部で4つ、「クライアントプロファイル」「スコアランキング」「ウォッチリスト」「アラート設定」です。

» クライアントプロファイル

　顧客のプロファイル画面です。このページでは、その顧客に関するデータの全てが確認できます。

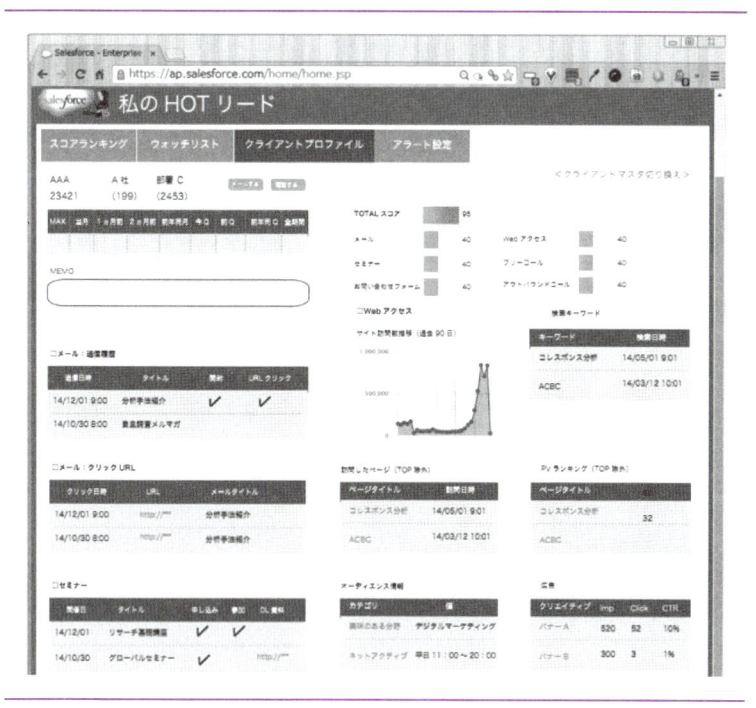

図5-16　クライアントプロファイル

売上

直近の売上やヨミ、前年売上や全期間売上などです。

メール

メルマガを送った履歴が閲覧できます。開封したメールやクリックしたURLが分かるため、どのコンテンツに興味を持ったかが分かります。

セミナー

セミナーの参加履歴と関連資料のダウンロード履歴です。

Webアクセス

時系列のサイトアクセス数のグラフや検索したキーワード、よく閲覧するページなどを見られます。

オーディエンス情報／広告

　DMPと連携することで、自社サイト以外の訪問履歴からユーザー像を把握します。また、広告に対するアクションも記録します。

スコア

　その顧客が現在どのくらいHOTになっているかを表す指標であり、営業担当がアプローチする際の判断材料です。スコアリングのロジックは自由に組めます。

> 例）本日からさかのぼり、3日以内に"サービス名"でサイト訪問していたら＋10pt、7日以内なら＋3ptなど。

▶▶ スコアランキング

　自分が担当する顧客のスコアをランキング形式で確認できる画面です。

図5-17　スコアランキング

スコアリング区分

　スコアリング区分は「全て（合計）」「メール」「セミナー」「Webアクセス」などがあり、任意のスコアリング区分でフィルタして、スコアを再集計します。例えば、セミナーの出席回数が多い人にアプローチしたい場合はスコアリング区分を「セミナー」に絞ります。

企業名

　企業名でフィルタ（検索）します。

スコア

　スコア○○pt以上でフィルタします。

新着トピック

　スコアがプラスされるアクションがあったときに、アクションの内容が表示されます（最新10件）。

アプローチ

　コンタクトしたい顧客がいた場合、このボタンを押下することで連絡できます。［メールする］ではメーラーが立ち上がり、［電話する］では電話をかけることができます。

›› ウォッチリスト

　任意で担当顧客を追加する画面です。重点的にアプローチしたい・トラッキングしたい顧客がいる場合は、このページに登録すると、いつでも確認できます。

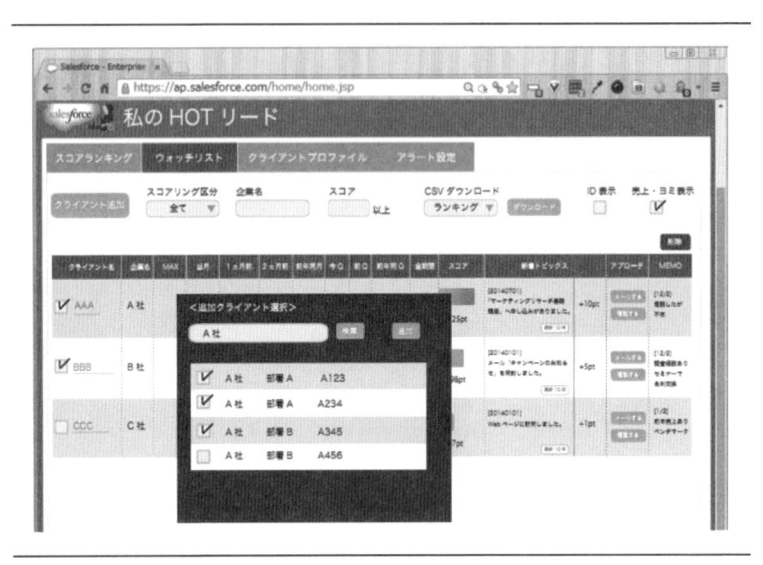

図5-18　ウォッチリスト

›› アラート設定

　営業担当宛に届くレコメンドメールを設定する画面です。レコメンドメールとは、担当顧客のスコアが指定のPtよりも高くなった時や、ポジティブなアクションを行った時に、営業担当に送られるメールです。
　このメールが届くことにより、営業担当は適切なタイミングで顧客にアプローチできます。

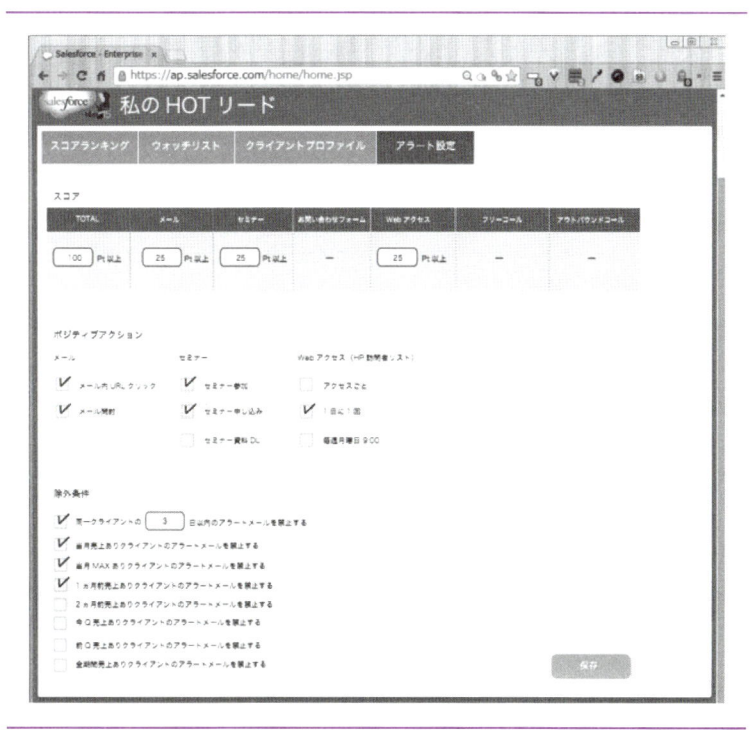

図5-19　アラート設定

こちらの資料は以下でダウンロードいただけます。

> 参考　マーケティングオートメーション×DMPの事例資料
> http://dmlab.jp/material/DML_MarketingAutomation.html

06 マーケティングオートメーションとの連携を期待！ Webプッシュ通知

≫ Webプッシュ通知の概要

Webプッシュ通知とは

　2015年中旬頃に登場した、アプリではなくWebからプッシュ通知を送信する仕組みです。スマートフォンはもちろん、PCにもプッシュ通知を送信することができます。

　まだまだ提供企業が少なく、マーケティングでの活用は進んでいませんが、筆者はこの仕組みがダイレクトマーケティングの1つの手段として今後拡大すると期待しています。ここでは、Webプッシュ通知の位置づけや有用性、各社サービスの比較、マーケティングオートメーションとの関係について解説します。

マーケティングにおける位置づけ

　図5-20はリードジェネレーションからリードナーチャリングまでのステップをまとめたものです。ターゲットフェーズ（ターゲットユーザーのステータス）ごとに、よく利用されるコンタクトチャネル（ユーザーへのリーチ手段）を記載しています。

　この図から、ユーザーを「潜在顧客（PHASE3）」までシフトさせることで、メールアドレス等の個人情報を取得することができ、コンタクトチャネルの選択肢が増えることがわかります。さらに、ここで増えるコンタクトチャネルは個人に対して直接コンタクトできる特長を持っています。

　しかし、個人情報の取得ハードルは高く、「潜在顧客」になるまでにかなりの数が脱落します。そこで「未開拓ユーザー（PHASE1）」と「潜在顧客（PHASE3）」の間に「つながりユーザー（PHASE2）」というフェーズを提唱します。Webプッシュ通知は「つながりユーザー」を作り、関係構築するために有効なコンタクトチャネルになり得ると考えています。

リードナーチャリング・リードジェネレーションの概要

↓多くの企業で見落としがちなユーザー

ターゲットフェーズ	【PHASE1】未開拓ユーザー	【PHASE2】つながりユーザー	【PHASE3】潜在顧客（Cold Lead）	【PHASE4】見込顧客（Hot Lead）	【PHASE5】既存顧客
マーケティングフェーズ	ジェネレーション	ジェネレーション／ナーチャリング	ナーチャリング	ナーチャリング	ナーチャリング

コンタクトチャネル例：
- ソーシャルメディア
- イベント出展
- Webプッシュ通知
- 広告
- SEO対策
- メール
- セミナー
- ダイレクトメール
- 営業活動全般（営業、テレマなど）

ターゲットフェーズ	ターゲット定義	マーケティングフェーズ
PHASE1	【未開拓ユーザー】マーケットに存在するターゲットとなるユーザー	ジェネレーション
PHASE2	【つながりユーザー】自社と何らかの接点を持ち、継続的にリーチ可能なユーザー	ジェネレーション／ナーチャリング
PHASE3	【潜在顧客（Cold Lead）】メールアドレス等の個人情報取得済みの、直接コンタクト可能なユーザー	ナーチャリング
PHASE4	【見込顧客（Hot Lead）】潜在顧客の中でニーズが顕在化したユーザー	ナーチャリング
PHASE5	【既存顧客】顧客化したユーザー	ナーチャリング

図5-20　リードジェネレーションからリードナーチャリングまでのステップ

▶▶ 導入方法とクリエイティブ

　Webプッシュ通知の導入には「WebサイトにURLリンクを設置する」「WebサイトにJavaScriptタグを設置する」のいずれかが必要であり、利用するサービスにより異なります。

　URLリンクの場合は、ユーザーがオプトイン用のバナー画像などのリンクをクリック、遷移先Webサイトでプッシュ通知を許可することで、プッシュ通知の送信対象となります。JavaScriptタグの場合は、URLリンクと同様のこともできますが、サイト訪問時にポップアップを表示して許可を得ることができるサービスもあります。どちらの場合も、ユーザーは個人情報を入力することなく、企業からの通知を受け取ることができます。

　図5-21はPC、スマートフォンそれぞれのWebプッシュ通知の表示例です。画像＋タイトルテキスト＋数行のテキストを送信できます。クリックすると設定したWebページに遷移します。Webプッシュ通知を送信した際に端末の電源をOFFにしていた場合も通知がストックされ、次回起動時に通知が表示されることが特長です。

デスクトップPC

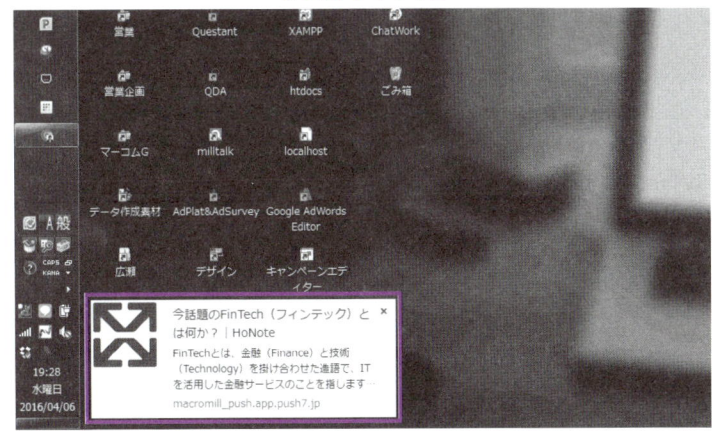

スマートフォン

図5-21 Webプッシュ通知のクリエイティブ

›› メールとWebプッシュ通知の比較

　同じような用途となるメールとWebプッシュ通知の機能を比較しました。注目すべきは「Webページ誘導率」です。メールの場合は、「メール開封→リンクのクリック」の2ステップでWebページに誘導しますが、Webプッシュ通知の場合は「通知のクリックのみ」の1ステップでWebページに誘導することが可能となり、そのため、メールよりも効率良くWebページに誘導できます。

　メールの開封率、リンクのCTRは著者が運用しているメルマガの実績を記載しています。Webプッシュ通知のリンクのCTRはWebプッシュ通知サービス「プッシュさん」を提供する、株式会社シロク様より頂戴した事例を記載しております。

比較項目	メール	Webプッシュ通知
ユーザーの許可ハードル	× メールアドレス入力	○ プッシュ通知の許可のみ
取得できるユーザー情報	○ フォーム入力情報	× プッシュ通知を送信するためのIDのみ
保存性	○ 受信メールBoxにストック	× 通知表示時に一度だけ表示される
表現力	○ 長文テキスト＋画像やCSS	× 短文テキスト＋アイコン画像
作成の労力	× ライティング力が必要	○ 短文テキスト＋アイコン画像
到達率（A）[*1]	× 12.7%	○ ほぼ100%
リンクのCTR（B）	× 10.7%	○ 15%
Webページ誘導率（A×B）	× 1.4%	○ 15%

*1　メールは開封率、Webプッシュ通知は通知が端末に表示される率。

図5-22　メールとWebプッシュ通知の比較

Webプッシュ通知の使い方の注意点と各社サービスの比較

クリエイティブ自体の表現力は低い、目的はあくまでWebページ誘導

　プッシュ通知は短文のテキストとアイコン画像しか送れません。ユーザーがクリック（タップ）したくなるようなメッセージを作りましょう。目的はあくまでWebページの誘導です。

　メールの場合は、開封してもらう（読んでもらう）だけで1つのエンゲージメントとして評価することができますが、プッシュ通知はクリックされて初めて意味があるものです。

一斉メール配信みたいな使い方はしないで欲しい

　あえて厳しく言うと、クリックされないプッシュ通知はユーザーの行動を妨げるだけの無駄なものです。メールよりもCTRを厳しくウォッチしてください。現在はWebプッシュ通知をマーケティングの手段として取り入れている企業は少ないですが、筆者は今後増えると予想しています。そうなった時にユーザーは多くの企業からプッシュ通知を受け取ります。全く興味のない情報が多数届いた場合、ユーザーはプッシュ通知自体に嫌気が差すでしょう。

　Webプッシュ通知は強力なダイレクトマーケティングの手段に今後なり得ます。ただし、それは企業側の使い方次第です。マーケターにとって、ユーザーにダイレクトにリーチできるコンタクトチャネルが増える機会はそうそうありません。この機会を本当に無駄にしないで欲しいと思っています。

　「ユーザーがWebページの何のコンテンツに興味を持ってプッシュ通知を許可したか」を把握できる環境を整え、その上で自社のマーケティングにWebプッシュ通知を取り入れてください。

[事例ページ] http://www.macromill.com/landing/web_push.html

　届けるコンテンツはユーザーの興味に合わせてパーソナライズした内容が好ましく、企業側で送信の頻度をコントロールすることや、ユーザー側で送信頻度がコントロールできることも重要です。ここは後述のマーケティングオートメーションに期待しています。

Webプッシュ通知の各社サービス比較

　各社サービスの比較表です。無料で利用できるサービスも多いため、各サービスの違いを理解するには実際の管理画面を触っていただくのが一番良いと思います。

サービス名			Push7	Pushnate	プッシュさん
URL			https://push7.jp	https://pushnate.com	https://pushsan.com
提供元			株式会社 GNEX	個人	株式会社シロク
無料プラン			あり	あり	あり
有料プラン			不明	なし	なし
配信制限			5千／月	5万通／月	なし
対応プラットフォーム	PC	Google Chrome	○	○	×
		Firefox	○	○	×
	SP	Android OS	○	○	○
		iOS	△ ※アプリインストール必要	×	×
実装方法			jsタグ設置	jsタグ設置／リンク設置	リンク設置 ※非SSLページ可
特徴			・独自ドメイン対応 ・サブドメイン対応 ・RSS連携 ・API連携 ・WordPressプラグイン	・独自ドメイン対応 ・日時指定配信 ・定期配信 ・シナリオ配信 ・RSS連携 ・通知ごとのアイコン画像の指定	日時指定配信

図5-23　Webプッシュ通知サービスの比較①　出典：株式会社シロク（2016年3月31日作成）

サービス名	Browser Messanger	PushCrew	bpush
URL	https://browser-messenger.net	http://www.pushcrew.jp	https://bpush.net
提供元	株式会社大広	株式会社アッシュ	個人
無料プラン	なし	あり	あり
有料プラン	初期 50 万円 月額 10 万円	1.5 万円／月〜 （オプトイン数：501〜）	20 万円 （ライセンス販売）
配信制限	10 万通／月	無制限	5 万通／月
対応プラットフォーム PC Google Chrome	○	○	○
PC Firefox	×	○	×
SP Android OS	○	○	○
SP iOS	×	×	×
実装方法	js タグ設置	js タグ設置	js タグ設置
特徴	・日時指定配信 ・定期配信 ・セグメント配信 ・レポート機能 ・通知ごとのアイコン画像の指定	・独自ドメイン対応 ・サブドメイン対応 ・日時指定配信 ・セグメント配信 ・レポート機能 ・RSS 連携 ・API 連携 ・通知ごとのアイコン画像の指定	・独自ドメイン対応 ・マルチドメイン対応 ・日時指定配信 ・RSS 連携 ・API 連携

図5-24　Webプッシュ通知サービスの比較②　出典：株式会社シロク（2016年3月31日作成）

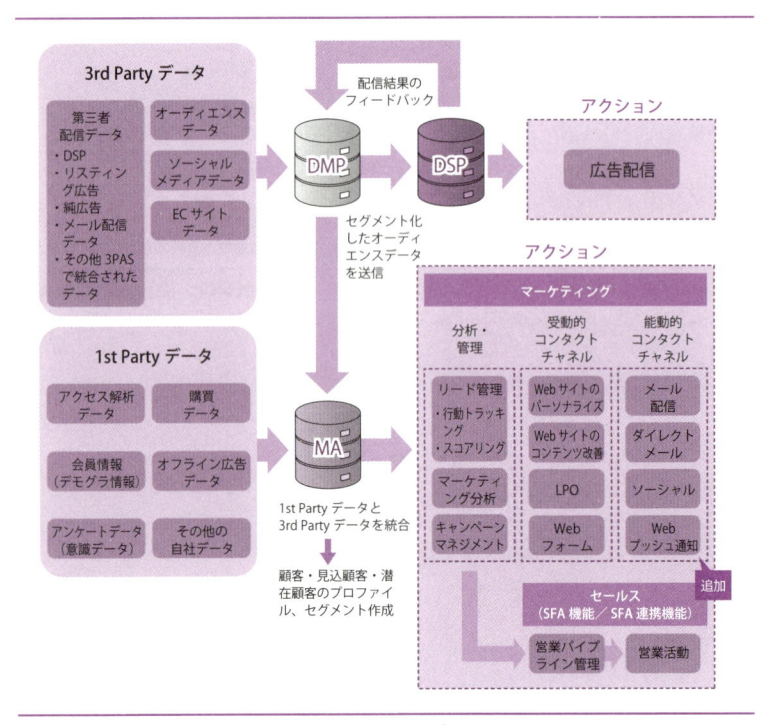

Webプッシュ通知が加われば、マーケティングオートメーションは強力になる

　Webプッシュ通知はマーケティングオートメーションと組み合わせると非常に面白くなります。これまで、個人情報を取得していないユーザーに対して行えるアクションは、広告配信くらいでした。Webプッシュ通知がマーケティングオートメーションに加われば、このユーザーに対しても企業側から継続的にアプローチすることが可能です（プッシュ通知のパーミッションを得る必要はある）。

　マーケティングオートメーションはマーケティングのアクションが集約されたプラットフォームです。メールに関しては、ステップメール（シナリオ配信）、セグメント配信などが行えます。最近はDMPとの連携も進み、個人情報取得済みの顧客や見込顧客だけでなく、Webサイト来訪者のデータが取得できるツールもあります。

図5-25　マーケティングオートメーション＋Webプッシュ通知

DMPで得たオーディエンス情報や自社のデータをもとに、セグメント化したデータをWebプッシュ通知に活用すれば、パーソナライズしたプッシュ通知を送ることができます。これは非常に強力なダイレクトマーケティングの手段です。

　Webプッシュ通知のクリエイティブは簡単に作成できるため、案内したいWebページの数に比例して送信数（アクションの頻度）が増えます。そして、コンタクトチャネルの数やアクションの頻度が増えるほど、マーケティングオートメーションのニーズは高まります。

　クライアントがMAツールに期待するのは「どんなアクションができるか」です。個人情報を聴取していないユーザーに対して、ダイレクトにアプローチできるWebプッシュ通知は、今後ダイレクトマーケティングの強力な手段となるでしょう。そして、これを好機と捉えたMAツールの中にも組み込まれていくと予想しています。

07 » 動画広告の市場と課題と未来

>> 市場規模（広告フォーマット別）

　国内の動画広告の市場規模について、株式会社サイバーエージェントのプレスリリース（2014年10月21日公表）では、2014年の動画広告市場は311億円（前年比：197%）とあります。デジタル広告の中でも最も伸び盛りの広告フォーマットと言ってよいでしょう。

　インターネット広告費（媒体費）に占める割合は3.8%になります。筆者の私的見解では、2017年には、7%以上に拡大すると予測します。

　2017年予測では、880億円に拡大し、現在主流のインストリーム広告が大部分を占めることに代わりありませんが、インスクロール広告やインバナー広告のシェアも伸びています。インスクロール広告はスマートフォン向けプロモーションでの活用が期待され、ユーザーのデバイスシフトと共に今後伸びていくと考えられます。

　動画広告のフォーマットの種類については本書「CHAPTER2 Creative」の『動画広告』で解説しています。

【動画広告市場規模推計・予測＜広告商品別＞(2012年−2017年)】

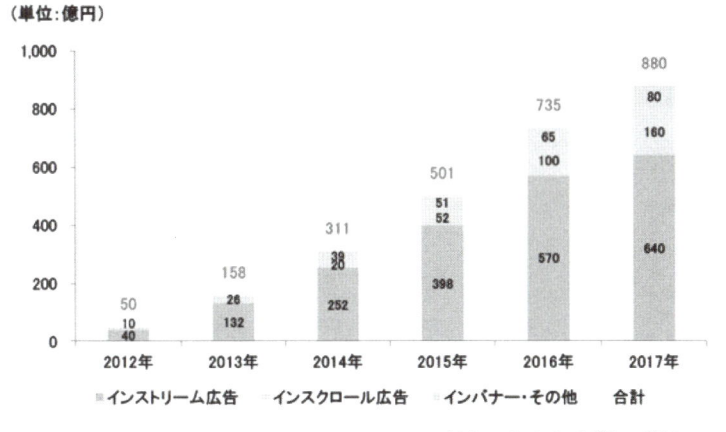

(単位:億円)

年	インストリーム広告	インスクロール広告	インバナー・その他	合計
2012年	40	10	—	50
2013年	132	26	—	158
2014年	252	20	39	311
2015年	398	52	51	501
2016年	570	100	65	735
2017年	640	160	80	880

＜サイバーエージェント／シード・プランニング調べ＞

図5-26 動画広告市場規模推計・予測＜広告商品別＞
出所 「サイバーエージェント、国内動画広告の市場調査を実施」
(https://www.cyberagent.co.jp/news/press/detail/id=9392) より
Copyright © CyberAgent, Inc. All Rights Reserved.

▶▶ 市場規模（デバイス別）

　スマートフォンのシェアについて、2014年時点では約3割程度ですが、2017年にはスマートフォンのシェアが52％になり、PCを追抜く予想になっています。総務省の『平成26年情報通信メディアの利用時間と情報行動に関する調査』では、「あらゆるソーシャルメディアで、モバイルからの利用率が高くなっている」と報告されており、むしろ「モバイル向けプロモーションの普及が遅れている」と感じます。

【動画広告市場規模推計・予測＜デバイス別＞(2012年-2017年)】

(単位:億円)

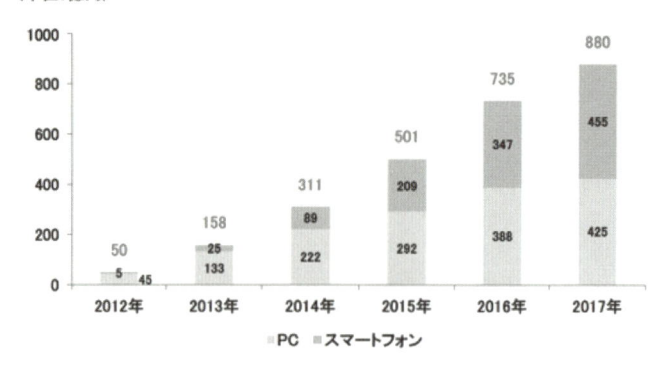

年	PC	スマートフォン	合計
2012年	5	45	50
2013年	25	133	158
2014年	89	222	311
2015年	209	292	501
2016年	347	388	735
2017年	455	425	880

〈サイバーエージェント／シード・プランニング調べ〉

図5-27　動画広告市場規模推計・予測＜デバイス別＞
出所 『サイバーエージェント、国内動画広告の市場調査を実施』
(https://www.cyberagent.co.jp/news/press/detail/id=9392) より
Copyright © CyberAgent, Inc. All Rights Reserved.

図 5-1-3-1 平成26年ソーシャルメディアの利用率(機器類型別)(全年代)

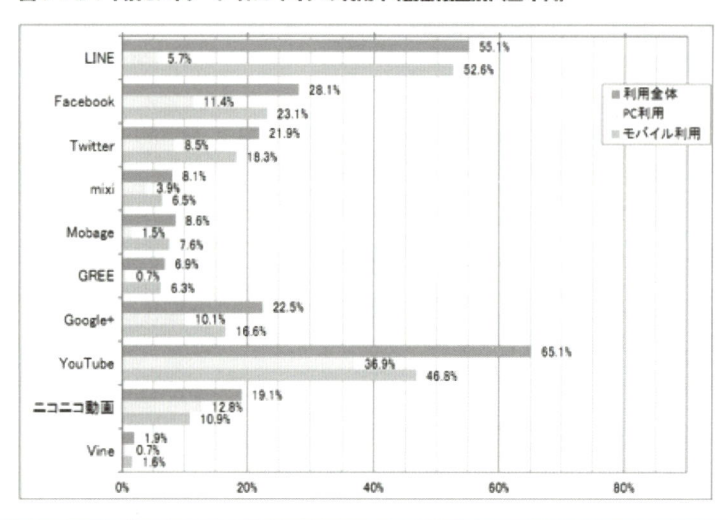

	利用全体	PC利用	モバイル利用
LINE	55.1%	5.7%	52.6%
Facebook	28.1%	11.4%	23.1%
Twitter	21.9%	8.5%	18.3%
mixi	8.1%	3.9%	6.5%
Mobage	8.6%	1.5%	7.6%
GREE	6.9%	0.7%	6.3%
Google+	22.5%	10.1%	16.6%
YouTube	65.1%	36.9%	46.6%
ニコニコ動画	19.1%	12.8%	10.9%
Vine	1.9%	0.7%	1.6%

図5-28　ソーシャルメディア利用率(機器類型別)
出所 総務省情報通信政策研究所
『平成26年情報通信メディアの利用時間と情報行動に関する調査』
(http://www.soumu.go.jp/menu_news/s-news/01iicp01_02000028.html) より

▶▶ 米国市場

　米国では、2011年の時点で既に20億ドルものマーケットが存在しており、2014年は57.5億ドル、2017年には90.6億ドルに成長すると予測されています。

　対して日本は2014年で311億円です。その差は35.8倍にもなります（1ドル＝123円で計算）。

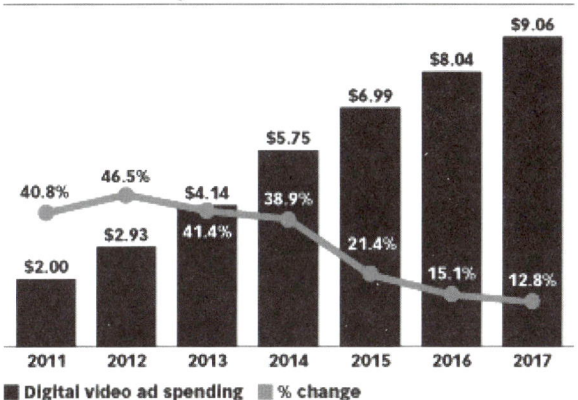

図5-29　米国の動画広告市場
出所　Online Video Advertising Moves Front and Cente ｜ eMarketer（http://www.emarketer.com/Article/Online-Video-Advertising-Moves-Front-Center/1009886）

▶▶ 日本と米国の環境の違い

　日本と米国の環境の違いに、動画サイトの数があります。日本で主要な動画サイトと言えば、「YouTube」「ニコニコ動画」「Gyao」ですが、海外には数多くの動画サイトが存在します。動画広告市場の大部分を占めるのはインストリーム広告（動画サイトで配信される大画面の広告）のため、動画サイトの数は広告インベントリに大きな影響を与えます。

CHAPTER 5 Market　205

また、プログラマティックな広告配信のニーズの違いもあります。前述の動画サイトの数の差に関係しますが、日本の場合、少数の動画サイトが動画広告のインベントリの大部分を占めます。そのため、動画DSPなどを利用して、複数の動画サイトに広告配信を希望する広告主のニーズが海外よりも低い状況です。日本の場合、大手サイトにのみ出稿すれば、動画視聴者の大部分にリーチできるため直接出稿が主流です。

　対して、米国では多数の動画サイトが乱立していることから、プログラマティックな動画広告配信が進んでいます。自社サービスとの親和性が高いユーザーを見つけ出して広告を見てもらうためには、豊富なオーディエンスデータを利用したプログラマティックな広告配信が有効です。米国でのYouTubeのシェアは20％以下に下がってきており、一方でプログラマティックな動画広告は、2015年の50億ドルから、2018年には150億ドルへ伸長すると予測されています。

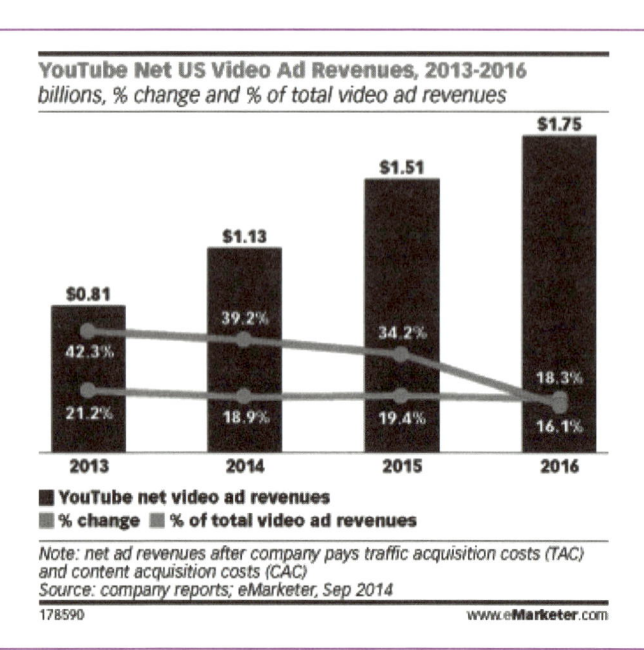

図5-30　動画広告におけるYouTube市場シェア予測（米国）
出所 YouTube Owns Nearly 20% Share of US Digital Video Ads - See more（http://www.emarketer.com/Article/YouTube-Owns-Nearly-20-Share-of-US-Digital-Video-Ads/1011191）

```
Global – Programmatic Advertising, Programmatic Video Advertising Spending, 2013-2018
(US$ billion)
```

年	Programmatic Ad Spend	Programmatic Video Ad Spend
2013	22	1
2014	28	3
2015	36	5
2016	45	8
2017	56	11
2018	69	15

Source: Socintel360　© Socintel360

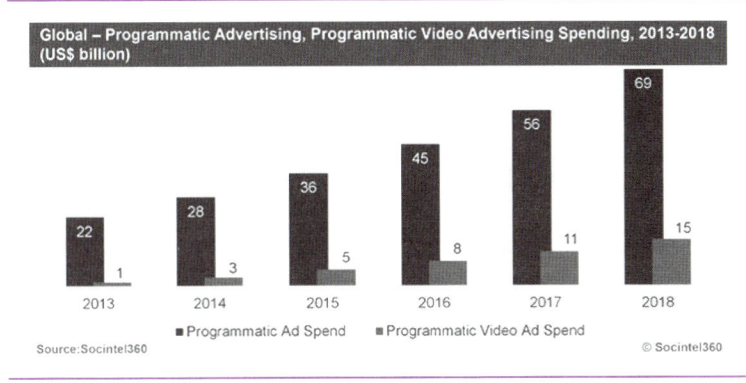

図5-31　プログラマティック動画広告の市場規模予測（米国）

出所　programmatic to offer multiplatform capabilities and enhanced advertising efficiencies｜socintel360（http://www.socintel360.com/for-2015-programmatic-to-offer-multiplatform-capabilities-and-enhanced-advertising-efficiencies/373/）

▶▶ TV×プログラマティック広告配信

　海外では、TVへのプログラマティック広告配信が進んでおり、「Tubemogul」「Yume」「Brightroll」などの動画広告配信エンジンが、サービスを提供しています。圧倒的なリーチ量を持つTVCMにオンラインの要素が加わることで、広告の価値が飛躍的に向上します。

　例えば、現在のTVCMでは、「番組や時間帯で視聴者像を推定して広告を放送」しますが、オーディエンスターゲティングが可能になれば、現在よりも精度の高いターゲティングで、広告を届けたいユーザーにリーチすることが可能です。同じ番組を見ていたとしても、番組の間に流れる広告は、人によって異なるということです。

　また、オンラインであるということは、効果測定が強いということです。地域、曜日、時間帯ごとの広告視聴数、正確な視聴率などを計測できます。

　ニールセンの調査では、2020年までにTVにおけるプログラマティック広告配信は進み、TVCMの約50％がプログラマティックな広告配信になると予測が出ています。市場規模はオンライン＋オフラインの合計で880億ドル、オンライン単体では330億ドルとあります。

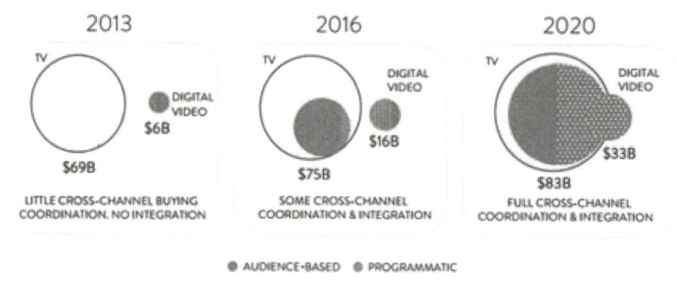

図5-32　TVへのプログラマティック広告配信
出所 Nielsen: TV and Online Advertising Will Merge by 2020｜ClickZ（http://www.clickz.com/clickz/news/2332507/nielsen-tv-and-online-advertising-will-merge-by-2020）

【参考】TubeMogul PTV

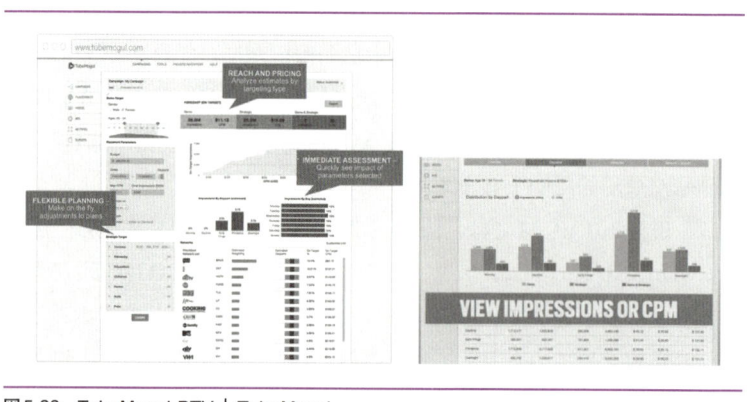

図5-33　TubeMogul PTV｜TubeMogul
出所 http://www.tubemogul.com/platform/products/programmatic-tv/

≫ 日本におけるTV×プログラマティック広告配信の課題

　日本でTVCMのプログラマティック配信が普及するには、いくつかクリアしなければならない課題があります。

①インターネット接続テレビの普及率

　米国では全世帯のうち、40％がインターネット接続テレビを保有しており、ヨーロッパでは60％以上と、さらにスコアが高くなっています。

　対して、日本のインターネット接続テレビの保有率は25.6％となっており、利用意向も「積極的に使いたい」と回答した人はわずか5.6％です。

　ヨーロッパでは家庭におけるWi-Fi普及率が約90％で、Wi-Fi内蔵テレビの登場によって、一般家庭にスマートテレビが普及したそうです。しかし、日本の家庭でのWi-Fi利用率は57.8％しかありません。これは中国の6～8割がスマートテレビというスコアよりも低いです。

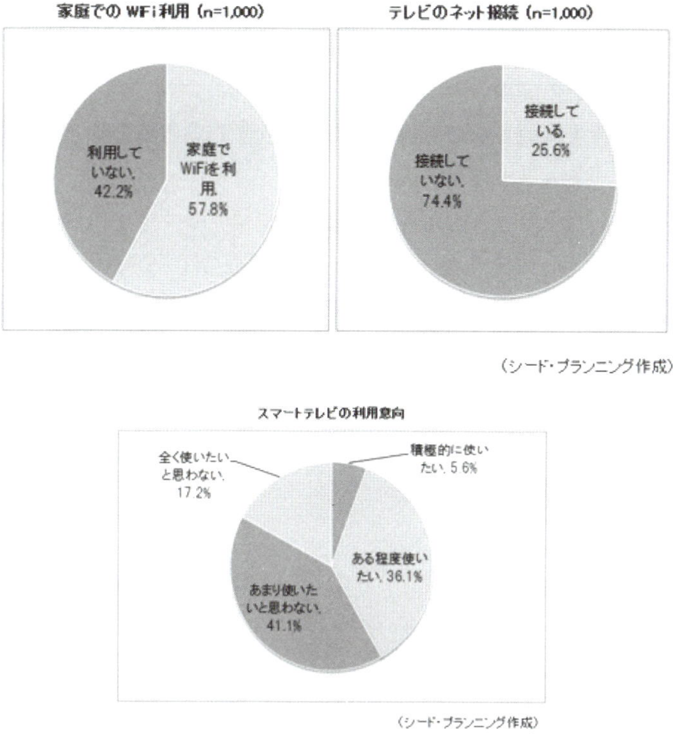

図5-34　「テレビのニーズ」調査結果
出所 「テレビのニーズ」調査結果｜シード・プランニング（https://www.seedplanning.co.jp/press/2014/2014040201.html）

②独特な視聴習慣とチャンネル数（広告インベントリ）

　海外ではTVのデジタル化（CS化）が進んでおり、チャンネル数は、韓国、台湾、中国などのアジア圏で200以上、米国では1,000を超えています。海外では有料視聴が文化として根付いており、日本の地上波中心の文化とは全く異なります。

　チャンネル数は当然、広告インベントリにダイレクトに影響します。民放キー局の寡占状態の日本では、そもそも広告枠の数が限られています。また、チャンネル数が少ないということは広告枠あたりの単価が上がります。現在テレビ局が保有する広告枠はWebで言うところの純広です。最も高値で売れる、しかも在庫余りの心配がない枠を、開放することはないはずです。プログラマティックの流れは、現在のテレビ局にとっては嬉しいことではないでしょう。

③日本特有の電波の問題

　テレビ局が枠を開放しないと仮定した場合、放送免許取得などの話になりそうですが、新規参入はまず不可能です。

　残念ながら、筆者の個人的見解は、「TV×プログラマティック広告配信の時代は、日本には当分来ません」です。ただ、現在のTVCM枠がプログラマティックになることはないかもしませんが、スマートテレビが普及すれば、ユーザーがTVという1つのスクリーンで、TV番組以外を視聴することは増えるはずです。そこにプログラマティックの機会があるかもしれません。そこは少しだけ期待をしたいです。

08 » 新たな市場を作れるか？
CMP（コンテンツマーケットプレイス）

»» CMPの概要

　CMP（Contents Market Place）とは、コンテンツを流通させるためのマーケットプレイスのことです。CMPでは、広告主が流通させたいコンテンツを作成し、掲載してくれるメディアを募ります。CMPに参加するメディアは、広告主から提供されるテキスト情報などを参考に、コンテンツを作成し、掲載します。コンテンツが掲載されると、CMPを通じて広告主からメディアに報酬が支払われます。

広告主のメリット
　コンテンツが掲載される場所は、従来のバナー広告枠のように限られたスペースではなく、メディアのメインコンテンツになります。視認性が高くなることはもちろんですが、良いコンテンツであれば、ソーシャルで拡散される可能性もあります。

メディアのメリット
　メディアは新たな情報源と収益源を得られます。情報として価値のあるものだけを選び、コンテンツとして掲載すれば良いのです。

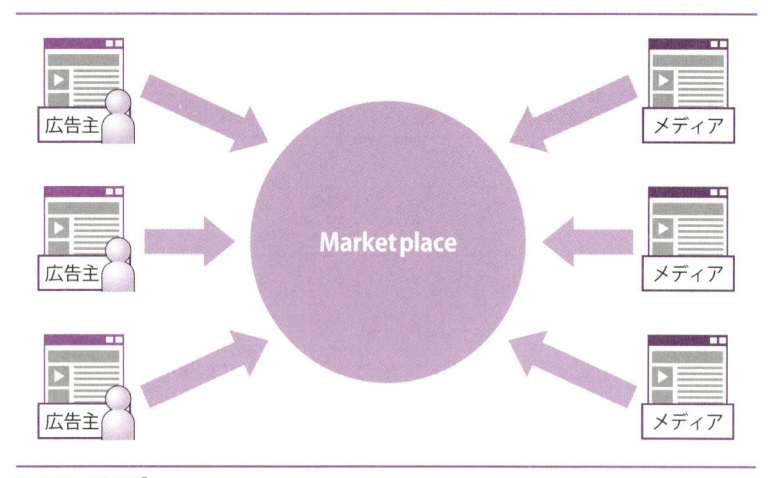

図5-35　CMP①

CMPにより、メディアの収益は増加する

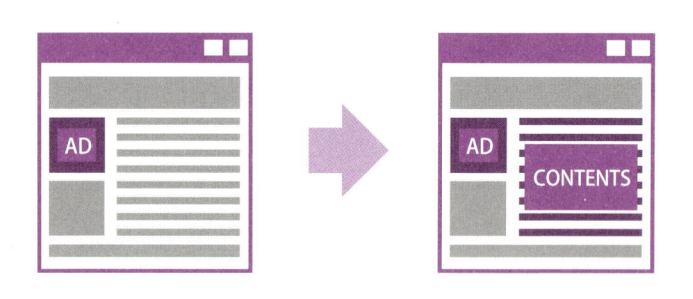

図5-36　CMP②

» 【サービス例】動画コンテンツマーケットプレイス「VISM」

　「VISM」は株式会社オムニバスが提供する、動画コンテンツマーケットプレイスです。広告主は流通させたい動画と動画の情報をメディアに向けて配信します。メディアは広告主の動画やアピール文を読み、コンテンツとして掲載するかを判断します。掲載の決定権はメディア側にあります。

図5-37　VISM

図5-38　VISMの画面

選ぶ広告主から、選ばれる広告主へ

　CMPは、入札金額やWebページとの関連性のみで配信されるような今までの広告とは異なります。メディアは、広告主が提供したコンテンツを、自身のコンテンツと同等のものと扱い掲載します。そのため、ユーザーに対して本当に有益なコンテンツでないと選ばれません。

　これまでのアドテクは、広告主が主役でした。広告主が、掲載する広告枠を選び、ターゲットオーディエンスを決めて、広告を配信します。広告という性質上、当然のことです。しかし、「"ユーザーが見たい・読みたいと思えるコンテンツ、メディアが掲載したいと思えるコンテンツ"を広告主が考え、提供する」、このようなマーケティングがあっても良いのではないでしょうか。

　正直なところ、このCMPというワードを本書に書くかは非常に悩みました。「ニーズの主体者が広告主ではなく、メディアやユーザー側」というのは、自分でも理想論のように思えます。

　ただ、マーケターがユーザーとコミュニケーションをとる上で、広告以外の方法にも目を向けるべきだと感じています。CMPが新しいコミュニケーションの手段になってくれることを期待します。

Special Contents

01 » DSPを語る ～ヤフー株式会社 高田 徹 氏～

» DSP事業者を選定する時の3つのポイント

広瀬 最近は、大手企業のみでなく、あまり事業規模が大きくない中小企業の方からも、DSP出稿のご相談を受けることが多くなりました。広告主は、どのような視点でDSP事業者を選べば良いか教えていただけますか。

高田 DSPと一口に言っても、事業者別に提供しているサービスは異なります。中小企業の方でも使い易いDSPもあれば、大企業向けのDSPもあります。ダイレクトレスポンスのみを行うのか、それ以上のブランディングなども視野に入れてマーケティングするのかが、まず、1つ目です。2つ目がネットワークです。DSPがアクセスできるネットワークは各々異なるため、確認が必要です。そして、最後に3つ目は、データの質やデータを使いこなせる人がいるかということです。DSPは、あくまでも広告枠を買い付けするツールでしかありません。いかに効率良く買い付けることができるかは、"データ"がポイントになります。自身がやりたいことと、パートナーである広告代理店が提供できるサービスの比較をして、冷静に見極めることが大切だと思います。

Yahoo! JAPANが重視する"クライアントのメリット"

広瀬　第三者配信について、貴社のネットワークは基本的にクローズドですよね。クローズドである理由と、今後のYahoo! JAPANの方針を教えていただけますか。

高田　メディアYahoo! JAPANとして、どのように考えるかだと思います。クライアントにメリットがあるテクノロジーや新しい仕組み、突出した機能がある場合には、検討をすると思います。しかし、そのような企業は多くありません。

広瀬　それでは、貴社がCriteo社にネットワークを開放した理由はどこですか。

高田　テクノロジー面で優れているからです。リターゲティングの精度が優れており、クライアントにメリットがあると考えたことが理由です。Criteoが出すCVRは非常に高く、特に、商品数が多いクライアントでは顕著です。面白いところは、リターゲティングした商品よりも、その関連商品の売上の方が高いところです。これは、ユーザーの検索履歴や予約履歴などの行動情報をもとにした、レコメンデーションエンジンが優れているからです。

YDNとYahoo!プレミアムDSPの位置づけ

広瀬　パフォーマンスを重視する広告主では、YDNとスポンサードサーチのみで十分ではないかと思うのですが、Yahoo!プレミアムDSPの利用目的やYDNとの併用メリットをお教えいただけますか。

高田　サービスの志向性が異なります。YDNは、数万から数十万もの多くのクライアントにご利用いただくことを想定して開発したサービスです。できる限りご自身で運用し、コンサルテーションや運用、サポートを希望する場合は広告会社へ依頼できるというコンセプトです。一方、Yahoo!プレミアムDSPは、ターゲットが狭く、大手クライアントの1,000～2,000社が利用されるイメージです。ブランディングからダイレクトレスポンスまで一貫してサービスを提供することができ、特にブランディングを目的としたプロモーションにおいて、データの利用方法

といった運用も含めて提案が可能です。

そのため、併用時には、Yahoo!プレミアムDSPで多くのユーザーにリーチをして、YDNやスポンサードサーチを活用してさらに刈り取りを行うという位置づけで考えています。

ただし、今後、YDNにDSPのような機能を順次追加予定のため、数年後の将来の位置づけは、変わっていくと思います。

現状は、クライアントのニーズにカスタマイズする製品がYahoo!プレミアムDSPで、全クライアントのニーズに合った機能を提供しようとするのがYDNと言えます。

広瀬 クライアント別にカスタマイズすることもあるのは知りませんでした。どのようなカスタマイズの要望がありますか。

高田 多いのは、「行動予測」と言っていますが、クライアントのデータ、例えばコンバージョンポイントなど目標となるデータとYahoo! JAPANのデータを掛け合わせて分析して、購買確率を予測するケースです。Look-alikeのように、類似ユーザーを見つけるということではなく、AのユーザーよりもBのユーザーの方が購入する確率が高いのではないかという予測をモデル化することができます。

広瀬 1st Partyデータに対して3rd Partyデータを掛け合わせることで、さらに精度が上がるということですね。

高田 この場合、3rd PartyデータはYahoo! JAPANのデータとなるため、単純にデータプロバイダーから購入しているデータとは粒度が異なります。Yahoo!検索で、○○のタイミングで△△を検索していたり、Yahoo! JAPAN上で○○の行動をしていると、□□の商品の購入確率が○%であるということが分かります。「予測」と「類似拡張」は似ていますが、モデリングしているという点が違います。

▶ DSP利用の失敗は"データ精度"にあり

広瀬 一般的なDSPのオーディエンスデータを活用したキャンペーンを行った方で、成功しているクライアントをあまり聞きません。この原因は、ターゲティングの方法、オーディエンスデータの精度、データ自体どれ

にあるのでしょうか。

高田　データ精度です。実際に、私は男性ですが、Web上のデータでは、女性としてみなされていたことがありました。データ精度を上げるのは非常に難しいため、失敗の理由は、やはりデータ精度だと思います。

広瀬　オーディエンスデータとひとくくりで見られることが多いですが、各社でデータ精度にはかなり開きがありそうですね。

高田　メディアが運営しているDSPの良さはそこにあります。Yahoo! JAPANでは、様々な行動データだけでなく、ログイン情報データもあるため、性別であれば、ほぼ100%に近い形で正解データを保持しています。

▶▶ vCPM課金方式の可能性

広瀬　ビューアブルインプレッション課金は、クライアントの立場からすると、広告出稿を行うハードルを下げる好要因ですが、Yahoo! JAPANでは、視野に入れていらっしゃいますか。

高田　もちろん検討しています。前提として、Yahoo! JAPANは、課金システムに対して厳密に確認している企業です。

　　　ビューアビリティの一歩手前である、CSC（Client Side Counting）の方式を初めて採用したのはYahoo! JAPANです。CSCでは、サーバーサイドではなく、あくまでもユーザーのブラウザの表示でカウントします。そのため、広告配信はされているが、ページのロードが遅くて実際にはブラウザに表示されていない場合でもインプレッションがカウントされていたのを、CSCではカウントしないということです。

　　　今後、ネットワークを広げていきますので、ビューアブルインプレッション課金を採用する可能性はあります。

▶▶ 広告主がリテラシーを高めるためのポイント

広瀬　テクノロジーによって、複雑化する広告業界で広告主がリテラシーを高めるためのアドバイスをお聞かせいただけますか。

高田　数えられる"インプレッション"や"クリック"の指標だけを追求しないということです。マーケティングの考え方の基本は、どれだけ認知を広げて、商品や企業を理解してもらい、買いたいユーザーに届けることができるかという点にあると思います。しかし、マーケティング施策の効果の全てをクリック単価やCTRで図ってしまうと、本来、企業のマーケティング指標で大事にしている点から離れていってしまいます。
　　　また、各プロバイダーの「当社の方が他社よりもCTRが良い」といった言葉を鵜呑みにせずに、自社のマーケティングゴールをきちんと理解してくれるパートナー選びをすることが大切です。

▶▶ 全部やると言い続けるYahoo! JAPAN

広瀬　最後の質問です。DSP分野は非常に激戦化している領域であると思います。敵に塩を送ることになるかと思いますが、この分野で事業者が勝ち残っていくために必要なことは何だと思いますか。また、Yahoo! JAPANはどのような方向性で事業を成長させていく予定ですか。

高田　「全部やります」は、事業として成立しづらく、恐らく、得意分野に特化していくことが正しいのではないかと考えます。しかし、Yahoo! JAPANは「全部やります」と言い続けます。そして、DSPプレーヤーの方々にも「御社が提供しているのは、本当にDemand Side Platformですか」と問い続けると思います。アッパーパネルからボトムまで、全てをつなげたマーケティングができなければ、DSPではありません。

高田 徹（たかた・とおる）
ヤフー株式会社
マーケティングソリューションカンパニー
エグゼクティブユニットマネージャー

2007年オーバーチュア入社。2008年、オーバーチュアの吸収合併に伴いヤフーに転籍。ヤフーが開発した興味関心連動型広告「インタレストマッチ」のプロジェクトを統括した後、検索連動型広告「スポンサードサーチ」の配信システム変更におけるプロジェクトマネージャーを担当。その後、ディスプレイ広告領域のユニットマネージャーを経て、現在はマーケティングソリューションカンパニーのエグゼクティブユニットマネージャーとして、検索広告、ディスプレイ広告、データビジネス、コンテンツマーケティング関連のマーケティングソリューション全体におけるプロダクトの責任を持つ。

02 » DMPを語る ～日本オラクル株式会社 福田 晃仁 氏～

ORACLE® MARKETING CLOUD

▶▶ DMP「Oracle BlueKai」とは？

広瀬　Oracle BlueKaiの他製品との違いについて教えていただけますか。

福田　国内の多くのDMPプロダクトは、DSP事業社が運営しているか、1st Party側のDMPです。それに対して、Oracle BlueKaiは、広告接触などの実行チャネルを持たず、オーディエンスデータのみを収集します。そして、集めた膨大なデータを売買するマーケットプレイスを開放する、というスタンスになります。

広瀬　オーディエンスデータ売買のプラットフォームという位置づけですね。

福田　2014年、オラクル社はデータロジックス社を買収しました。データロジックス社は、オフラインデータのオンボーディングを専門に取り扱う企業です。例えば、スーパーの実店舗での購買履歴を、アンケートなどで取得したメールアドレスなどをキーにオンボーディング（Cookieとの紐づけ）させる、といったノウハウを多数持っています。データアグリゲーション領域の専門企業が傘下にいるわけです。また、保有しているCookieプロファイルは、他社DSPやDMP、Media、Ad Networkなど200社超のパートナー企業がデータプロバイダーであり、まさに、桁違いのデータを保有しています。

▶▶ DMPの活用事例

広瀬　DMPは使い方次第で、広告配信やCRMにも活用できそうですね。実際はどのような使われ方が多いですか。

福田　基本的には、広告配信のためリスト作成のご利用がほとんどですが、オーディエンスデータの種類と活用方法の多さに大きな違いがあります。海外の車業界の事例では、オフラインデータのオンボーディング活用の事例があります。車用品のリテール事業社における、車検サービスでは、ほとんどの顧客情報がオンライン化されていません。かつスタンドアローンの状態で、車のナンバーや所有者、車検の時期などの情報が格納されています。このようなオフラインデータを、匿名性を担保した状態でオンライン化させ、車検の時期を迎えた見込み顧客に、新車の広告

をピンポイントで配信するといった事例です。

2nd Party利用も盛んで、例えば、メーカーが、提携リテール事業社とデータ連携をするといった事例があります。

Oracle BlueKaiは、実行チャネルを機能として持たず、外部との連携をすることで実現しています。つまり、オーディエンスデータをプールすることに特化し、リストの「精度」を上げています。実行チャネルは持たない代わりに、多くの実行チャネルと中立的に接続し、結果的にどのようなチャネルでも実行可能という形になっているわけです。このような「しくみ」は国内で例がありません。

このように、海外では「データビジネス」が進んでいます。国内では、金融やカードのようなデータは個人を特定できなくてもセンシティブなデータとみなされ、利活用がされてきませんでしたが、海外では匿名性が担保できれば、データを活用するという判断が進んでおり、国内のクライアントにおいても波及しつつあります。

広瀬 ここまでのパーソナルデータになると、広告ターゲティングとしての利用価値も高くなりますね。国内のオーディエンスターゲティングといえば、Web訪問ベースのデモグラやサイコグラフィックの推測によるターゲティングの印象が強いと思いますが、全く違いますね。文化の違いもあると思いますが、国内でこのような事例は聞いたことがありません。

福田 今の日本国内ではかなり難しいと思います。データ市場の成熟度に関係すると思いますが、日本では、データのアグリケーションの主体はWeb訪問ログベースとなります。一方、海外では、オフライン領域からのデータを活用できる基盤が発達、成熟しています。これは、オーディエンスデータを利用したターゲティングに大きな価値を生み出しています。

広瀬 DMPを導入する障壁と導入企業の商材、企業規模を教えていただけますか。

福田 オンライン広告を実施したことがない企業には、敷居が高いと思います。獲得施策を一通り実践し、CPAの踊り場を経験したようなクライアントが、さらにCookieの精度を求めるといった場合に向いています。

Oracle BlueKaiをご利用いただいている予算規模としては幅があります。一般的に、DMPのようなオーディエンスデータに割り振るコスト

は予算全体の10％～程度が相場になります。利用形態や従量課金によって、幅のあるご利用額となるので、年間で見るとある程度のデジタル広告予算を持つクライアント様が多数となります。商材は、自動車、小売、テック系が多いです。

▶▶ DMPとマーケティングオートメーション

広瀬 マーケティングオートメーション（MA）についてお教えいただけますか。日本では、MAツールというとBtoBというイメージが強いと思いますが、オラクル社では、「Oracle Eloqua」というBtoB企業向けのツールと、BtoC企業向けの「Oracle Responsys」を提供されていますよね。

福田 はい。現在、これまでMAツールを利用していなかったBtoBビジネスを行っている企業へのMAツールの導入が進んでいます。この理由は、BtoBの場合、現場でのノウハウの蓄積のしやすさにあると思います。

例えば、自社が出展した展示会で、名刺交換をしたあるユーザーが、どの製品に興味を持ってくれて、その後配信したメールのあるURLをクリックした、といった個人のステータス管理がされています。この場合、「あるユーザー」に対して、「営業が何をするべきか？」という問いは比較的解を求めやすい。つまり、誰に何をするかの答えが得やすいということです。

もちろん、シナリオ構築以外にも深いノウハウが必要になり、コンサルテーションが必要になるケースもありますが、このような販売戦略に近いケースは、現場でシナリオを構築し、ノウハウが蓄積されやすいため、MAの運用イメージを比較的持ちやすい、という特性があります。

一方、BtoCは、同じ問いとしても「顧客をどのように認識するか」、「顧客ごとのコミュニケーションをどのように行うか」という、事業戦略に近い領域を含みます。BtoBと比較し、BtoCの難易度が高い、ということではなく、事業戦略に照らし合わせるが必要があるケースが多い点が、BtoBとの違いだと思います。事業横断の場合には、さらに複雑化します。

海外ではマーケティング方針や戦略を、自社内で決定する体制が当然と

してあり、前年度までの分析と課題の可視化、顧客セグメンテーション、シナリオ方針などの上位設計が自社内で完結します。その後、これらに基づき、戦術、チャネル別の施策へつながり、KPIが決定されます。一方、日本では、しばしば、マーケティング戦略を設計する部分が取り組まれないまま、いきなり施策から実施してしまいます。そのため、CPAやコンバージョン率だけを見て、改善したかどうかがマーケティングのKPIになるケースが多々あるのです。

つまり、「顧客が自社製品の購買についてどのようなモチベーションがあり、どのような接触をしているか」が整理されないまま、施策のみを実施している、というのが多くの現場で見られる状況です。

このようなギャップがあるため、海外国内製品問わず導入に際して、自社の顧客の分析からプランニングを行い、どこに投資すべきかまで外部の提案を受けなければならない、というのが国内の状況かと思います。

広瀬　まだまだ、日本での普及には時間が掛かりそうですね。しかし、一般的に、BtoC企業の方がマーケティング予算が多い、かつ、マーケティングコミュニケーションが複雑でMAツール利用の恩恵を受けやすいはずなので、もどかしくもあると感じました。

›› BlueKai買収による展開

広瀬　2014年のBlueKai買収は、DMP×MAの流れを感じさせる出来事でした。買収による今後の展開を教えてください。

福田　DMP×MAをORACLEシリーズとして提供するメリットのひとつとして、内と外のシームレスなマーケティングフローの構築が可能になる、という点があります。

オラクルのオートメーションで導き出されたシナリオ（○○の行動をした顧客、○○のアプローチで反応した顧客と反応しなかった顧客など）によって分けられたセグメントには、ある特定のメッセージや製品に対して反応が良いなどの特徴がある顧客の集まりとなります。MAとDMPが内部連携されていると、非常に密なコミュニケーションの末に決定されたセグメントをシードオーディエンスとして扱うことができ、

そして、これに対して広告接触やオーディエンス拡張をかけていくというのが全体のイメージ図です。

広瀬 精度の高いデータがオーディエンスの拡張元になることで、これを基に拡張したオーディエンスデータの精度も従来と違ってくるということですね。

福田 ターゲティング精度が変われば、検索サイトでアクションを経たユーザーが、自社のWebサイトへ訪問してくれる機会が増えます。そこで、Oracle EloquaやOracle Responsysで顧客のセグメンテーションが自動で行われ、最終的にシードが貯まるというサイクルができあがります。「内」と「外」(1st/3rd) のデータ連携は、網羅するプロダクト、事業者が異なり、その壁をインテグレーションで実現してきましたが、Oracle BlueKaiではMA側との内部連携によりインテグレーションせず、シームレスにデータを利用できます。

MAで根拠のあるユーザセグメントを生成し、顔の輪郭がはっきりしたユーザを狙い撃ちして、おもてなしする、というデータドリブンマーケティングが実現するということです。

データドリブンマーケティングを成功するために、まずマーケターがやるべきことは？

広瀬 最後に、DMPに限らないと思いますが、データドリブンなマーケティングを推進していくために、マーケターはまず何を考えれば良いでしょうか。

福田 自社の1stデータである顧客のデータの整理、解釈をすることだと思います。そのうえで、勝ちパターンを見つけていく。Oracle BlueKaiのようなDMPやOracle Responsysのような高度なMAツールは、自社顧客の整理／解釈の上に成り立っています。オーディエンスデータの利用やマーケティングオートメーションは、自社の顧客の理解があってこそ、というわけです。データから顧客の表情を読み取り、セグメンテーションの上、個別対応（パーソナライゼーション）を行うというデータドリブンなマーケティング手法は、顧客データの見立て／理解が済んでいることが大前提として必要なのです。

福田 晃仁（ふくだ・あきひと）
日本オラクル株式会社
オラクルマーケティングクラウド
プリンシパルソリューションコンサルタント

国内売上上位ECサイトの購買分析を多数担当。事業分析から施策とインフラ設計を行い、戦略構築支援を行うDMPコンサルタントを経て、現在、オラクルマーケティングクラウドの日本のOracle BlueKai/Oracle Responsysを担当する。

03 » 動画広告を語る ～株式会社オムニバス 山本 章悟 氏～

» 動画広告の利用シーン

広瀬 オンライン広告の用途について、日本では、顕在化したニーズに対してクロージングを行っていくダイレクトレスポンス型の広告の方が好まれる傾向があると思います。このような国内市場で、ブランディング型の動画広告のサービス提供を、いち早く開始したのはなぜですか。

Special Contents 227

山本　アドテクノロジーは、広告効果をリアルタイムに細かく計測が可能であり、かつ、ターゲティングを細かくチューニングできるため、獲得チャネルを作る点で非常に有効だと考えます。しかし、"効率的な獲得チャネルを作る"ということを目的とした広告は、獲得できるコンバージョン数に限界があり、実施すればするほど、その限界に近づきます。その際、獲得数自体を上げる打開策としては、新しいターゲットに向けて露出を増やすことが大切です。もちろん、静止画のバナー広告でも新規のリーチを増やせます。しかし、映像と音声を使ったインパクトのある動画は、静止画のインプレッションの何倍もの価値があると考えたため、動画広告事業に取り組み始めました。

広瀬　"インプレッションの質"に注目されたわけですね。静止画と動画の1インプレッションの価値の差を明らかにするために、広告接触者ベースでリサーチを行ったことがあります。仰る通り、ブランド認知率ベースでは数倍の差がありました。

　　　一方で、これは個人的な意見ですが、マーケターはROAS/ROIが高い、ダイレクトレスポンス広告から始めるべきだと思います。ただ、運用者のスキルによりますが、ダイレクトレスポンス広告は、最適化（≒獲得限界）までに比較的時間がかかりません。そのため、獲得数が限界に達した時に"どうブレイクスルーするか"が重要です。そこで、リーチを広げる必要が出てくるため、リーチの「量」「質」「ユーザー層」を加味すると、動画広告の選択肢が出てくるのではないでしょうか。

≫ 広がる動画広告の活用

広瀬　動画広告が市場に出始めた頃は、毎年のように「動画広告は流行る」と言われましたが、実際は導入が進まずに、"来る来る詐欺"と言われていたことも懐かしいですね。当時は導入に消極的だった広告主も多かったように思いますが、現在はいかがですか。

山本　使用するクライアントが増え、一般化されて、市場に根づいたという手応えがあります。

広瀬　YouTubeのプリロールだけを見ても、昔と今でクリエイティブの変化

を感じます。以前は、"静止画クリエイティブの延長"という印象でしたが、今は、4分以上の長尺の動画もあり、ブランディング向けの広告が増え、広告主が使い慣れてきたように思います。

山本 そうですね。動画広告が注目されるようになってきた理由の1つに、映像デバイスの進化があると思います。若年層を中心にテレビを見ない世代が増え、LTEやブロードバンド回線が整備され、PCはもちろんタブレットやスマートフォンで、動画を簡単に負荷なく見られる環境が整ってきたのは、動画広告市場拡大に貢献しています。

広瀬 マルチスクリーン時代と言われていますが、スマートフォン向けの動画広告を配信したいというクライアントのニーズは多いですか。

山本 主に、広告主がターゲットとするユーザーが若年層の場合には、PCよりもスマホに多く存在するため、このような場合は顕著にニーズがあります。

広瀬 動画広告を実施されている企業の規模についてはいかがでしょうか。

山本 大手企業がもちろん多いのですが、最近では中小企業も増えています。

広瀬 動画広告が日本に登場した頃、CMを実施したことがない中小企業では、動画制作の時点で、価格が折り合わず断念してしまう人が多かったように思いますが、今は非常に低価格な動画制作会社も増えてきましたね。そういう意味でも以前より敷居が低くなったように感じます。

▶▶ 動画広告のメジャメント

広瀬 MarkeZine Day 2014で、「日本の動画広告にはリーチとメジャメントが足りない」とお話されていたと思いますが、現在はいかがですか？

山本 各媒体社が動画広告を配信できる枠を設けるようになり、動画広告を手掛ける企業も増えてきたため、リーチは増加してきていると実感しています。

メジャメントは、国内でもビューアビリティの議論が活発に行われ始め、より良いメジャメントがどんどん出てくると思います。また、動画広告を出稿する際に効果測定をすることはセットで考えられるようになってきています。本来、動画広告は、ブランドメッセージを伝え、記憶

を作るという役割を担っています。しかし、2012年以前は、動画広告の評価方法が確立されていなかったため、クリックやCVで測れないという点が市場拡大の障壁でした。しかし、アトリビューション分析が可能となり、マクロミル社のAccessMillを使用して、ユーザーの態度変容が確認でき、動画広告市場は広がりを見せています。

広瀬　リサーチ業界も動画広告市場の伸びを機会として、オンライン広告の効果測定サービスを多数リリースしていますね。インテージ社も、この分野のプロダクトに注力している印象です。

山本　動画広告は、新聞や雑誌などの紙媒体やTVを見る機会が減った若年層をターゲットとした商材で効果を発揮しますが、若年層以外の年代でも有効です。いくつかのニュースメディアのユーザー属性を確認したところ、40～60代のユーザーの比率が高いとわかりました。ターゲットとするユーザーによって、メディアを変えることで、幅広い属性のユーザーにリーチできます。

　　　また、動画を視聴したユーザーへバナー広告を配信するという手法で成果が確認できています。このようにオンライン広告ならではの"ターゲティングの工夫"が行えることもメリットです。

広瀬　これは動画DSPの話ですが、日本の場合、少数の動画サイトが動画広告の大部分のインベントリを占めており、プログラマティックな動画広告配信のニーズが海外よりも低いように感じます。この点はいかがでしょうか。

山本　確かに、そのような状況はあります。しかし、今は動画広告枠を設けるメディアや、動画視聴サイトも年々増えてきており、動画DSPの価値が上がってきたように思います。

　　　動画広告枠を持つメディアが増えるほど、動画DSPの最大のメリットである、オーディエンスやフリークエンシー、曜日、時間などの配信ロジックを一括で操作できるという点が活きてくるので、その点を打ち出していきたいですね。

▶▶ **PMPの可能性**

広瀬 動画広告のプライベートマーケットプレイス（PMP）の提供を開始した背景をお聞かせいただけますか。

山本 プレミアムな枠を持っている媒体社側は、媒体運営に非常に力を入れているため、ユーザーの質や価格にもこだわりがあります。このような媒体社をオープンRTBの環境で管理するのは無理があると感じていました。それを解消するのがPMPであると考えるのは必然でした。PMPでは、パブリッシャー側はフロアプライスを決められる点がメリットで、掲載可否の確認も100％行っているため、媒体のブランドを毀損することもありません。もちろん、広告主側のニーズもありましたし、海外において、動画広告PMPは既に存在しています。

広瀬 海外の動画広告の場合、Automated Guaranteedと言われる在庫保証をする取引形態が主流だと思いますが、日本においても同じ傾向でしょうか。

山本 始動したばかりのため予想し難いですが、現状、純広のような取引形態を希望されるクライアントは多いです。

広瀬 PMPの登場は、PMPに出稿をする広告主だけでなく、出稿をしない広告主にも関係する話だと思っています。従来のオープンマーケットになかった良質な枠がPMPに提供されることは、広告主とメディア、双方にとってメリットです。一方で、メディア側からすると、単価が高いPMPへ広告枠を提供したいと考えるのが当然のため、現在、オープンマーケットで流れている良質な広告枠がPMPへ移行する可能性があるように思います。これはPMPに出稿しない、オープンRTBのみに出稿する広告主にとってはリスクのように感じます。

山本 はい、そのようなケース相当数あるように思います。今までのアドテクは広告主側のアドテクでした。しかし、PMPの出現で、パブリッシャー側でのアドテクが考えられるようになってきています。パブリッシャー側は、広がりつつあるシステムの中で、いかに自社の利益を作りつつ、その枠組みの中で収益を上げられるかを考えています。そのため、

広告主は、これまではオープンRTBで出稿できていた広告が、PMPでないと出稿できないケースが今後出てくると思います。

▶▶ 動画広告の展望

広瀬　動画広告の話をすると、ブランド毀損や広告詐欺の話がついて回ると思います。中には、動画広告のクリックの23％はボットによる不正であるという見解も述べられていますが、PMPではこの点は改善されるのでしょうか。

山本　私共がPMPで購入している枠は、国内の優良枠です。数値で図ってはいませんが、かなりクリーンな状態であると言えます。

広瀬　最後に、日本の動画広告の課題、国内の動画広告市場の展望をどのようにお考えかお聞かせ願えますか。

山本　動画広告は、使わざるを得ない広告になっていくのではないかと考ええいます。そして、課題は、クリエイティブです。ユーザーが嫌悪感を抱かない露出の仕方をしていく必要があると感じています。アドブロックは、行き過ぎた刈り取り施策によって、ストーキング広告と言われてしまうようなリタゲを行ってきた結果生まれた機能だと思います。この点を考慮しないと、ブランドを作る良い機会となるはずの動画広告も、ユーザーから嫌われてしまう動画広告になる恐れがあるでしょう。ユーザーにエンターテイメントとしての動画広告を提供していくことが大切です。

先日出席した講演で、ある方が仰っていたのですが、"Make a good advertisement. ではなく Make advertisement good."を考えるべきだという話に、とても共感しました。意味は、良い広告を作るということではなく、広告そのものを良くしようということです。広告がもともとつまらないと捉えられているから、良い広告を作ろうとしてしまう。そうではなく、広義の意味で、広告自体を良くしていかなければならないという点は、同感でした。

私共のような会社が、ユーザーが面白いと思ってもらえる広告を考えていくべきだと思っています。

山本 章悟 (やまもと・しょうご)

株式会社オムニバス

代表取締役CEO

2008年8月(株)オムニバスを設立。オムニバスではアドエクスチェンジ、オーディエンスターゲティング等、最先端のアドテクノロジーを使ったサービスを展開。アドネットワーク型媒体の「Omnibus Network」オーディエンスターゲティングネットワークの「Omnibus Audience Network」を展開。2013年2月にVideoDSPを展開するTubeMogul Incの日本法人であるTubeMogul Japanとの業務資本提携を行い国内でのオンラインビデオ広告市場に参入を果たす。デジタル環境の進化によって変化したユーザーに対する、企業の新たなコミュニケーション戦略の構築をサポートしている。

04 » ネイティブアドを語る
〜株式会社グライダーアソシエイツ 荒川 徹 氏〜

» 重要なのは、ユーザー目線での"ネイティブ"

広瀬　USでは米国のオンライン広告業界団体IAB (Interactive Advertising Bureau)が発表している「IABネイティブアド・プレイブック」の6分

類がネイティブアドの定義として語られることが多いと思いますが、日本におけるネイティブアドの定義について教えてください。

荒川　日本ではJIAA（一般社団法人日本インタラクティブ広告協会）が2015年の3月にネイティブ広告を「デザイン、内容、フォーマットが、媒体社が編集する記事・コンテンツの形式や提供するサービスの機能と同様でそれらと一体化しており、ユーザーの情報利用体験を妨げない広告を指す。」と定義しています。日本ではantenna*の広告も含め、多くの場合、インフィード型（Webサイトやアプリのコンテンツとコンテンツの間に表示される体裁の広告）に分類されます。インフィード型でも、デザインリッチのものとそうでないものとで区別するなど、JIAAの定義をベースに独自に分類している方もいらっしゃいます。

広瀬　日本でもやっと定義が決まったということですね。"イン"のつく広告タイプは、特にわかりにくいですね。インフィードを始め、インリード、インスクロールなど広告フォーマットが様々です。そのため、私がネイティブアドについて説明する際は、利用目的ベースで簡単に説明することが多いです。「ネイティブアドとは、広告掲載面に広告を自然に溶け込ませることで、"ユーザーにコンテンツの一部として見てもらう"ことを目的とした広告のこと。具体的な広告フォーマットを指すのではなく、いわば概念である。これを実現する具体的な広告フォーマットとして、インフィード型やレコメンドウィジェット型の広告がある」とお話ししています。

荒川　媒体社側では、広告の見せ方がネイティブであるかを重視しがちですが、JIAAの定義は、あくまでもユーザー側を重視しています。antenna*も、ユーザーがいかに自然に楽しめるかを最優先にしています。1回でも嫌な体験をしたアプリやサービスは二度と使用しないというリサーチ結果もあり、特に女性ほどその傾向が強いため、この点は十分に気をつけています。

広瀬　IABの『IAB ネイティブアド・プレイブック』では、掲載する広告の他に、その先のリンク先も確認することになっていますが、日本においてはいかがですか？

荒川　もちろん確認しています。リンク先の確認は媒体社側で行い、ユーザー

体験を損なわないよう気をつけています。広告を出稿するのは広告主様や、広告主から依頼を受けた代理店様だったとしても、媒体社側は「プラットフォームを提供しているだけ」という主張は通りません。掲載している広告、そのリンク先で提示している情報をきちんとウォッチしなければなりません。

▶▶ 加速する質的広告の需要

広瀬 ネイティブ広告市場が伸長しているという感覚はありますが、実際はいかがでしょうか。

荒川 市場規模が拡大しているという実感はあります。これは、antenna*だけでなく、キュレーションサービスを提供している他の企業でも同じ傾向です。私はよくデジタル広告を、刈り取りに効果的な「量的広告」とユーザーの気づきや興味・理解を促進する「質的広告」と大きく2つに整理して考えていますが、「質的広告」のニーズが特にナショナルクライアントやラグジュアリーブランドを中心に増加していると感じています。

広瀬 認知が純広で、刈り取りが運用型で、そのスキマを埋めるようなイメージですね。

荒川 そうですね。デジタル広告は量的に見せる広告が多く、女性をターゲティングした量的特化型など、ある分野に特化した広告商品も多く登場しています。市場競争は激化しており、各社が独自の色を出そうとしている状況です。また、CPCを抑えてPVを短期間に増加させる短期型の商品と、ブランディングを目的として3ヵ月や年間で活用する中長期型の商品とで分かれてきているように感じており、antenna*は特に、後者の中長期でのお取り組みが増えてきています。

▶▶ 中長期的な出稿で得られるバリュー

広瀬 中長期でのお取り組みが多いとのことですが、広告主は、どのような目的で出稿されているのでしょうか。

荒川 大きく2つあります。まず1つは「ブランドやサービスの世界観を損な

わずに届けたい、広告記事や動画などのリッチコンテンツを美しく見せたい」という目的でご出稿いただくことが多いです。そのため必然的に、ブランドやサービスの世界観を大切にするラグジュアリーブランドやナショナルクライアントの比率が高くなります。もう1つは、そのような広告主様はマス広告も出稿していらっしゃることが多いのですが、マス広告ではリーチしづらい層というのが存在します。そのような層にリーチできることも、ご出稿いただいている理由です。分かりやすい例で、「(TVではリーチしづらい) 都市部に住む、20～40代の忙しい日々を送っている生活者にリーチしたい」というご要望からご発注いただくこともあります。

中長期のお取り組みについては、antenna* が実現する「質的広告」というところに関係しており、これの目的や役割である"ユーザーの気づきや興味・理解を促進する"ことを実現するためには、ユーザーにただ単に広告を多く見せれば良いわけではなく、"いつ、誰に、何を、どう見せるか"というプランニングが重要です。これにより、ユーザーと定期的な質の高いコミュニケーションが実現できますし、広告コンテンツはアーカイブできるので、広告主側にも知見が蓄積されます。

広瀬 今までキュレーションサービスは"ユーザーにとってのまとめ"だと考えていましたが、広告主である企業側にとっても"ユーザーとのコミュニケーションのまとめ(記録)"でもあるわけですね。ユーザーとコミュニケーションを継続していくための、一種のプラットフォームのような印象を受けました。

▶▶ 質的広告におけるメジャメント

広瀬 お聞きした限り、「質的広告」において、クリックやコンバージョンは評価指標としづらい印象を受けたのですが、広告主からはどのようなメジャメントを求められますか。

荒川 全ての広告主様で実施しているわけではありませんが、ご要望に応じて、アンケート結果をフィードバックしています。例えば、一般ユーザーとantenna* ユーザーでのブランドイメージの違いや、antenna* ユ

ーザーで広告コンテンツに触れた人とそうでない人、1回と複数回の接触での波形の違いといった結果をご提供しています。

広瀬　マス広告に近い効果測定方法ですね。最近はデジタル広告であっても、ブランディングを目的とした広告では、Cookieや広告IDを使った、アンケートによるブランドリフト調査が増えています。効果測定について、事例があれば教えていただけますか？

荒川　TVCMで多くのGRPを投下している際、antenna*で全く同じCMを流したところ、反応が鈍くなったことがあります。同じコンテンツの使い回しでは、ユーザーは興味を持ってくれなかったということです。GRPが増えるほど、TVCMを見たことがあるユーザーの比率も高くなるので、そのぶん影響が大きくなります。その結果を受けて、antenna*に最適化した形で作った動画では反応が高く出るといったことがありました。

　　　その他、反応の違いの例では、映画の予告編を自動再生動画で配信する場合、動画のどこから自動でループ再生する5秒を切り出すかで全く反応が違ってきます（注：現在は指定の5秒から15秒が自動再生する）。また、ストーリーをメインで訴求するのか、監督を推しているのか、キャストの俳優をアピールしたいのかでも反応が異なります。さらにantenna*では、ユーザーの生活リズムに合わせた「ジャストインタイム」の考えを大切にしているため、業種・目的に応じて、適した配信時間帯に広告を配信するようにしています。今後は500万人を超えるantenna*ユーザーの日々のアクセスデータに基づいた配信コントロールや、広告主及びメディア側で抱えているデータに紐づいたマーケティング分析・指標作りに取り組んでいきます。

▶▶ ネイティブアドは堂々と

広瀬　ガイドラインの整備も進み、ネイティブアドはこれからが本番のように感じています。一方で、未だにステマと一緒に語られることも多いネイティブアドですが、今後の展望についてお聞かせください。

荒川　ステマの温床だといったニュースなども確かにあります。しかし、

antenna*はユーザーファーストでメディア・広告主の世界観を壊すことのないように運営を行っています。確信していることは、ブランドは誇るべきものが多くストーリーがある広告は、美しく届けることで生活者も喜んでくれるということです。媒体社も配信事業者様も広告主様もガイドラインを守り、ユーザーファーストであることを常に意識すること。これを正しく続けていくことができれば、ネイティブアドは生活者に認められるものになっていくと考えています。

荒川 徹（あらかわ・とおる）
株式会社グライダーアソシエイツ
取締役COO

早稲田大学大学院商学研究科修了。2007年株式会社マクロミルへ入社、事業会社リサーチ営業担当を6年経験。その後、同社経営戦略室で北米事業担当、セルフアンケートツールQuestant事業開発責任者を担当。2014年1月にグライダーアソシエイツにジョイン。COOとして、antenna*のセールス、プロモーション施策、各種アライアンスを統括する。

05 » アトリビューションを語る ～アタラ合同会社 岡田 吉弘 氏～

» アトリビューションの歴史

広瀬 アトリビューションが注目された背景を教えてください。

岡田 "アトリビューション"という言葉は、近年、耳にするようになりましたが、考え方自体は以前からありました。Yahoo!プロモーション広告の前身であるオーバーチュアで採用されていた「アシスト数」が、現在のアトリビューションの考えの基礎にあたると言えます。従来の効果測定では、最後に広告接触した"ラストクリック"のコンバージョン（CV）のみを測定していました。しかし、CVに至るまでの接触回数が1回とは限りません。複数回接触した結果、CVしているケースも多くあります。この最後のクリック以前の接触の効果を考慮する必要性は分かっていましたが、計測するシステムや環境が整っていなかったため、アトリビューションの考えが浸透しにくかったのだと思います。つまり、概念や問題意識は以前からありましたが、「環境」や「意識」が追いついていなかったのが実態だと思います。

広瀬 環境というのは、「DSP」や「3PAS」といった仕組みが整っていなかったからでしょうか。

岡田 そうですね。配信面では、第三者配信が大きなきっかけだと思います。しかし、これらは、媒体間を横断した広告の効果を把握できるようになったということにすぎません。その後のアクセス解析までを行うなど

の、一連の分析が可能となったのが、2010年以降だと思います。この頃から次第に課題を現実問題として取り組めるようになってきました。

広瀬　クライアントからアトリビューションのニーズが出始めたのは、もう少し経ってからの印象ですが、いかがですか。

岡田　はい。最初に国内で"アトリビューション"という言葉を使い始めたのは、ATARA社だと認識されている方が多くいらっしゃいます。それが2010年頃です。海外のカンファレンスでは、2008年か2009年頃から耳にしはじめた印象です。国内では、アドネットワークが広がりを見せ、第三者配信ベンダーが徐々にアトリビューションを浸透させようという動きを始めたのもちょうど2010年頃だったように思います。

アトリビューションの様々な活用

広瀬　最近の"アトリビューション"事情はいかがでしょうか。

岡田　「オンライン＋オフライン」の他、「ブラウザ＋アプリ」「PC＋モバイル」といったスクリーンを跨いだアトリビューションの要望が増えています。アトリビューションが必要になったというよりは、タッチポイントの増加により、考えざるを得なくなってきたのではないかと思います。

広瀬　TVとWebの組み合わせの要望は多そうですね。

岡田　そうですね。TVCMで「○○で検索」といった検索ワードを表示するといった、TVのクリエイティブが検索につながるという施策は、弊社の有園がパートナー会社様と共に行いました。この施策は、施策を行った当初ほどではないですが、今でも有効な施策として認められています。

広瀬　アトリビューションの話題が、以前ほど騒がれなくなったように感じますが、実際はいかがですか。

岡田　アトリビューションの概念を浸透させるには時間がかかりましたが、現在は落ち着き、実践のフェーズに移行してきていると考えています。アトリビューションモデルは、企業によって採用すべきモデルが違います。そのため、コンバージョンパスのみでスコアを割り振るのではな

く、企業ごとに様々な変数を設定し評価ポイントを変える、いわゆるデータドリブンアトリビューションに移行していると思います。

最近は、購買データやビーコンを使用した位置情報も活用されることがあります。こうなると、アトリビューションというよりもマーケティングオートメーションに近いかもしれません。貢献度を算出する対象として、オンラインデータだけでなく、オフラインデータが使用されるケースも増えてきました。

広瀬 確かに、2013年頃のアトリビューションと比較して、複雑化したというよりは、分析対象となるデータが増えた印象があります。

≫ アトリビューションが適さないケースもある？

広瀬 例えば、購入検討期間が長い場合には分析が必要で、反対に短い場合には不要ということはありますか。

岡田 そういった傾向はあります。ワンセッション24時間以内で9割のCVを獲得している企業であれば、ラストタッチのみの確認で十分なケースも多いです。分析よりも新規顧客獲得の検討に時間や費用を使った方が建設的な場合も多いと思います。一方で、検討期間があまりにも長すぎるのも貢献度の確認が難しくなります。例えば、1年前に見たメディアを覚えている人はほとんどいないと思います。その場合は、タッチポイントを単純にタッチしたから評価するのではなく、次のアクションにつながった時に評価する、いわゆる態度変容で評価の重み付けをします。このようなケースでは、単純なモデリングでは分析が難しいため、数理モデル（いわゆるデータドリブンアトリビューション）を活用することもあります。

≫ 最適なスコアリングモデルは"比較"で決める

広瀬 モデルの質問をされることは多いです。例えば、「成果配分」「マルコフ」「ベイジアン」のどのモデルを使用するのが良いかといった質問は答えに困ります。

岡田　「○○モデル」が良いという結論を出すには、試行錯誤が必要です。ある企業にとっては適しているモデルでも、その他の企業では向かず、別のモデルが適していることもあります。企業や商材で適したモデルは異なるため、モデルを決定するには、"比較をする"ということが大事です。単純な成果配分モデルであれば、多くのツールで比較が可能なため、まずはスコアを比較してみると良いと思います。その後、変数やクレジット配分を考慮し、「マルコフ」や「ベイジアン」といったモデルを検討していくことになります。どのモデルが最も適しているかは、試行錯誤した上で判断するのが良いでしょう。

広瀬　私自身は、様々なスコア配分パターンをテストできる自動スコアリングモデル[*1]を作りました。これを作るにあたって、広告接触者へ広告認知率をリサーチしたのですが、この結果から「広告Aは広告Bよりも（1回接触あたりの）認知率増加の期待値が○pt高い」というメディアの違いによる"接触価値の差"が分かりました。他には、フリークエンシー別の集計結果も面白かったです。どのメディアでも認知率の増加は、フリークエンシーが一定のラインを超えると、急激に鈍化し対数関数的な曲線を描きます。つまり、これらを変数化して、メディア×フリークエンシーでスコアを設定できれば、「動画広告1接触の評価を静止画の○倍にする」「○回以降の接触を評価しない」など、企業や商材に合わせて様々なスコア配分パターンをテストできます。もちろん、オフラインを含めた複雑なアトリビューションの場合は、回帰分析などの数理モデルも試す必要がありそうですね。

岡田　はい、使用されるケースは多いと思います。その場合もモデルは比較をすることが前提です。

›› アトリビューションの"落とし穴"

広瀬　最後に、これからアトリビューションを開始される方に、分析の注意点など、アドバイスをいただけますか。

---

*1　Media Interaction Weight Back model。オムニバス社のDMPで利用可能。

岡田　アトリビューション分析には、良いことばかりではなく、落とし穴が多いので注意が必要です。データが欠損している、少ない、整っていないといった場合には、実施までに難航します。よくあるのは、パスデータはあるが、コストデータが紐づいていないケースです。コストデータが紐づいていないとクレジット配合してもROIが出せません。

広瀬　リスティング広告やディスプレイ広告でもCPCやCPMが確認できますが、コストデータが紐づかないのですか。

岡田　はい。「IDを一緒にしていない」「媒体社側に渡しているパラメータが一緒でない」などの理由で、コストだけが紐づけられないケースが多々あります。このような問題の多くは、設計が上手く行われていないことにあります。落とし穴の大半は、分析時ではなく、分析を行う以前の設計やデータ自体にあります。

広瀬　インプレッションやクリック単価で入札する広告でコストデータが紐付かないのは盲点でした。アトリビューション分析で注意すべき点は、「分析自体よりも、分析以前の設計やデータ成型部分」というのは重要なポイントですね。

岡田 吉弘（おかだ・よしひろ）
アタラ合同会社
取締役 CCO

広告代理店勤務を経て2006年にGoogleに入社。広告代理店・広告主向けに、最大手からベンチャー企業まで幅広くアドワーズ広告の啓蒙・拡販に従事。検索エンジンマーケティング黎明期から一貫してアカウントマネジメントの現場を主導し、数多くの業界や様々な企業規模のクライアント・パートナーとのプロジェクトの経験を有する。

06 » タグマネジメントを語る
～Fringe81株式会社 佐藤 洋介 氏～

Fringe81

» "テクノロジー"を軸とするFringe81

広瀬　まずは初めに貴社のビジネスについてお聞かせください。

佐藤　当社は2005年に創業し、一貫してテクノロジーを基軸としたソリューション／サービス提供をしています。メディア様向けのサービスでは、docomo様、D2C様と共同でアドネットワーク開発を行っております。広告主様向けでは、第三者配信エンジン「digitalice」、タグセキュリティシステム「TagKnight」、DMP「Humpty」を展開し、その他、運用型広告に特化した代理店事業も行っています。

広瀬　幅広く事業を手がけていらっしゃいますね。

佐藤　はい。事業展開の軸が、広告かテクノロジーかと言えば、テクノロジーにあります。分かりやすい例で言えば、第三者配信事業の場合、リッチなクリエイティブのバナー広告配信で成長している企業が中心ですが、当社の場合は、分析のデータ拡充やデータの種類を増やすことで、事業を伸ばしてきました。

広瀬　私が運営するWebサイト「Digital Marketing Lab」で、第三者配信（3PAS）について、強みは「配信（クリエイティブ）」「効果測定」の2つであると解説しています。

　　　貴社の場合は、後者の方に注力してきたということですね。

佐藤　はい。Fringe81では、データを抽出しやすくするための配信設計や抽

出されたデータを元に効率的な予算配分を算出するといったコンサルティングのようなサービス提供をするケースが多くあります。

▶▶ "ワンタグ"と"タグマネジメント"の違い

広瀬 そもそもタグマネジメントとは、タグマネジメントツール登場の背景など、タグマネジメントツールについてご説明をお願いします。

佐藤 タグマネジメントの目的は、"タグ"と呼ばれるJavaScriptを制御する事で、外部のWebサービスとの連携を簡単かつ安全に行うことです。
2006年頃には、「ワンタグツール」と呼ばれる、タグを一覧化・管理するためのツールが存在していました。しかし、リターゲティング技術の発達により、「外部Webサービスとの連携数増加」「連携時におけるタグ設置ページ箇所の増加」「設置方法の複雑化」の3つの理由で、旧来のワンタグツールでは解決できないニーズが発生しました。
例えば、「10秒以上LPに滞在したらリターゲティングタグを呼び出す」というような制御をしたい場合、特殊な制御が必要です。しかし、旧来のワンタグツールでは素早くこれに対処することが難しいこともありました。
他にも、アドネットワークやDSPの浸透で、ページごとのタグの出し分けや、あるタグで取得したパラメータの値を別のタグでも使いたいといったニーズが出てきました。このようなニーズに対応するため、2010年頃に登場したのがタグマネジメントツールです。

広瀬 私は、タグマネジメントの目的を「"攻め"のタグマネジメント＝オーディエンスマネジメント」「"守り"のタグマネジメント＝セキュリティ」という2つのイメージで捉えています。
これまでの話から、御社では、"ワンタグ"と"タグマネジメント"を完全に区別されているという理解で良いでしょうか。

佐藤 はい。区別しています。ワンタグは、約10年前から存在しており、キャンペーン開始時に一括でページにタグを設置するといった目的で使用されていました。
タグマネジメントという言葉については、ワンタグよりも広い範囲で捉

えています。私共の概念では、サイトに来訪したユーザのデータを受け取り、ルールに基づいて任意のパートナーに安全にデータを受け渡す実行者としています。この言葉に、広瀬さんが仰る攻めと守りのタグマネジメントの意味合いも含まれているのかと思います。

›› タグにまつわるトラブルをなくす「TagKnight」

広瀬 貴社のタグマネジメントツール「TagKnight」のリリースの同時期に、GTMやYTMといった無料サービスも登場しましたね。この2つのサービスだけでも脅威だったように思いますが、当時の状況についてお聞かせいただけますか。

佐藤 2011年から「digitalice」という第三者配信事業を行っていました。このアドサーバーには、簡易的なタグマネジメントツールが搭載されています。しかし、タグ設置におけるニーズの多様化で、より独自に進化させる必要があると感じていました。

ちょうどその折、2012年3月にeMetricsというアナリティクス技術を中心としたカンファレンスがサンフランシスコであり、TagMan/ensighten/Tealium/BrightTagなどのタグマネ事業者が出展していたため、管理画面での実際の作業内容などの話を聞くことができました。これらのツールはニーズに充分に応えられるものであったため海外でリリースされているタグマネジメントツールを日本に導入するという考えもありましたが、タグマネジメントツールは運用がキーになると思っていたため、自社で制作するという意思決定をしました。2012年後半から開発に着手していた矢先、GoogleさんからGTMがリリースされましたが、これは、予想の範囲内でした。しかし、その後Yahoo!JapanさんがBrightTagを担ぎ、かつ無料で提供するのを知った時は、衝撃が走りました。アメリカでプライシングの比較表を作り、ランニングコストも試算していたため、無料提供はあり得ないと想定していたためです。

ただ、タグマネジメントの波が海外から国内に来ることは想定していましたし、堅牢なシステムと安全な運用が不可欠だと考えていたため、「タグにまつわるトラブルをなくすセキュリティツール」という特性を

十分に活かそうと決めて邁進しました。

▶▶ "TagKnight"の魅力

広瀬 TagKnightの機能についてお教えください。私も利用していますが、タグの発火条件で使用するベン図のUIがわかりやすく重宝しています。

佐藤 TagKnightは、タグとルール設定の登録、それらを元にしたサイト上でのタグの出し分けを基本機能としています。それに加え、タグの設置状態が簡単に分かるUIやタグの挙動を設置前に確認する擬似発火機能、タグの挙動に不具合が生じた時にアラート／エラーメールが受信できる機能などが搭載されています。

通常、タグマネジメントのルール設定を作ることは、本質的には、集合論の論理式を扱うことです。しかし、Web担当者の方全てに知識があるわけではなく、知識がある方でもルールを正しくイメージすることは、難しいものです。私自身、記号の向きや括弧の範囲で意図しているルールと全く違う挙動をしてしまう設定を作ってしまうことがあるため、この点に強い課題を感じていました。ルール設定をそのまま論理式で扱うとヒューマンエラーで、トラブルになると思いました。そこで、検討した結果たどり着いたのがベン図でした。ルール設定に必要なand/or/notを視覚的に理解できれば、ルールの検算もしやすくなり、目的に応じたルールが正確に作成できます。

広瀬 現在のオンライン広告は、配信や効果測定において、タグが起点となって稼働することが多々あります。自社でプランニングを行い、ターゲティング設定をして、HTMLの読み書きができる広告主は、タグマネジメントツールを自ら使えると思うのですが、そうでない広告主も多いように思います。

例えば、キャンペーンの主導が広告主ではなく広告代理店の場合や、ページ管理は、マーケティングの部署ではなくシステム部門で、ページのソースコードを触ることがない広告主は多いと思います。

このようなクライアントから、一連の業務委託を依頼されることはありませんか。

佐藤　無料のタグマネジメントツールがある一方で、私共の有料サービスが生き残っている理由と言えるかもしれませんが、代行ニーズは非常に多いです。その場合、業務委託契約を結び、タグにまつわる一式の業務をお受けしています。
　　　無料のワンタグやタグマネジメントツールを利用して自社や広告代理店でタグ管理していたら、タグトラブルによりサイトがダウンした、遅延しているという相談をいただきます。
　　　デジタルマーケティングを行う上で、このリスクは非常に大きいです。新規に広告を開始したり、効果測定ツールを導入したりすれば、その度にページに設置するタグが増加するため、トラブルのリスクが高まります。
　　　トランザクションが多ければ多いほど、ユーザに与える影響も大きくなります。そのため、1日に数十万件のアクセスがあるサイトのクライアント様にご依頼いただくことが多いです。この場合、タグ設定のご依頼を頂く度に実機での表示ずれや遅延発生の有無を私共にて確認しています。このような作業は人力でないと対応できません。私共のタグマネジメント事業が存続している理由は、優れたツールに加え、このような一連のタグマネジメントの運用を熟知している点にあると考えています。

▶▶ "TagKnight"が提供する価値

広瀬　最後に、TagKnightを通じて、マーケターに提供したい価値や今後、この業界でどのような存在で有りたいかをお聞かせいただけますか。

佐藤　マーケターがマーケティングに集中するために、安心して実行ができる環境を提供する最良のパートナーでありたいと思っています。TagKnightは、Webサイトを利用したデジタルマーケティングの実行に伴って発生するリスクをコントロールためのツールです。新しいJavaScriptタグの設置は、外部の企業が提供する最終的に自社で責任が取れないプログラムを自社サイトへ挿入する行為であるため、自社サイトにいつ、どのような影響があるか分からずリスクを許容する事が実はとても難しいです。クライアントの経営陣からすれば、この点は非常

に不安であると思います。

こうしたタグは、きちんとアンダーコントロールする事（管理下に置く事）が大切です。具体的には、ページ毎でタグを可視化できるようにして、万が一トラブルが起きた際には、アラートで把握できる状態にする事です。これにより、マーケターの方は本来やるべき施策に集中できると思っており、その環境を作るというのが、TagKnightを通じて提供したい価値です。

佐藤 洋介（さとう・ようすけ）
Fringe81 株式会社

2006年ネットエイジグループ新卒第一期生としてネットエイジ社に入社。モバイル広告代理事業でメインクライアントの営業数字を伸ばし最年少マネージャーに抜擢された後、効果測定ツールやアフィリエイトツールのプロダクトマネージャー、アドネットワークの新規開拓等を経て技術と事業をつなぐ「橋渡し人」として活躍。2010年Fringe81参戦。以来全てのプロダクト設計に関わっている。

07 アドテク業界を語る 〜株式会社Legoliss 酒井 克明 氏〜

≫ アドテク業界に新規参入した "Legoliss"

広瀬　アドテク分野の新規参入企業ということでインタビューさせていただきます。まず、Legolissを立ち上げられた背景について、酒井さんのキャリアも交えながらお教えください。

酒井　Legolissは2015年4月に起業し、クライアント企業に必要なマーケティングプラットフォームの設計・構築や、データ・テクノロジーを活用したマーケティング支援事業を行っています。特に「アドテク」にこだわっているわけではないですし、アドテク業界に参入したとも思っていないのですが、マーケティング活動の中でデータやテクノロジーをきっちり「使う」ところをお手伝いしたいし、僕らだからこそしないといけないだろうなと考えたので創業しました。

私自身について、元々はエンジニア出身なのでテクノロジーには明るい方だと思っています。その経験もあってネット専業の広告代理店で、ビットツールの開発や、アクセス解析ツールを活用したコンサルティングなどを推進していました。その後、広告主側での経験も経て総合広告代理店で経験を積んできたのですが、「テクノロジーは強いがマーケティングが弱い」「マーケティングは強いがテクノロジーは弱い」という企業を多く見ていました。専業代理店はテクノロジーの知見はありますが、"マーケティング活動の中で最新のテクノロジーをどう使っていく

か"というプランニングの部分が弱く、逆に総合代理店は、プランニングは強いのですが、まだまだ旧来型のメディアが事業の中心となっており、DSPやDMPなどのアドテクノロジーと呼ばれる分野の理解が弱いと感じております。この両者をバランスよく兼ね備えたプレーヤーはあまりに業界にいないなと。そこで、僕らがそのプレーヤーになりたいとの想いからLegolissを立ち上げました。

▶▶ クライアントが抱える課題

広瀬 具体的にどのような課題が多いですか。

酒井 DMPやDSPを導入したが正しく使えていない、導入はしたものの何をしたら良いかわからない、というクライアントが非常に多いです。

例えば、DMPを導入した際に、1つのシステムで完全なデータや機能が揃うケースは少ないため、「データが足りない」「広告主側のプライベートDMPとの連携が弱い」などの問題が出てくることがあります。

いくら最新のテクノロジーやシステムが出たとしても、パーフェクトに全てが賄えるシステムも現状ではまだないため、各々の機能や特徴、そしてできることの限界を踏まえた上でどう組み合わせるか、どう活用していくかが重要です。当社でも、1つのシステムに絞ってセールスしているのではなく、都度、広告主に合ったシステムやサービスをご提案したり、組み合わせて提案するケースが多いです。

▶▶ 変化が求められる広告代理店

広瀬 ある媒体社の方とのお話の中で、興味深い内容をお伺いしました。最近、「直接取引が増えている」「短期的な取引から長期的な取引にシフトしている」というお話でした。確かに、私自身も広告主として媒体社から直接お取引のお話をいただくことが増えたように感じます。

酒井 そうだと思います。以前のような単純な枠売りであれば、代理店がバイイング力を使って、枠を買い切ることで、中間に入り、媒体社と広告主が直接取引することは少なかったです。しかし、現在は、枠売りのみで

はなく、自社で抱えているデータやユーザー、それらを活用したマーケティング施策の提案が多くなりました。

昨今のアドテクの流れからプログラマティクの浸透は買い切りモデルを破壊しつつあるというのは真実です。ただ、プログラマティックがあるからこそ、買い切りモデルが生きるということもあると思います。昔と違うのは単なる買い切りではなく、そこにデータを使うという点が違うかなと。大手の総合代理店は本来それができるポジションにいるはずなのですが、現状できている会社はありません。

一方媒体社は、自社内のサービスや自社内のユーザーを最も理解できていると思います。だからこそ、"データのマネタイズ"という業界の潮流を機会として捉え、代理店を介さずに広告主との関係を強化するプレーヤーが増えています。そうすると、これまで代理店経由で販売していた広告商品を自社で直接販売するケースが増えてくると思います。反対に、現状の代理店は自分たちが間に入る価値を提案できていないとも言えます。

単純な広告売買でないからこそ、今までの枠売というスタイルでは中間プレーヤーの存在理由が難しくなってきているのが実情だと思います。

広瀬 テクノロジーの登場、進化で、クライアント企業のマーケティング活動の幅は広がったと思います。クライアントサイドからすると、これだけのことかもしれませんが、一方、セルサイドからすると、「クライアント企業のニーズの高度化」「商品の複雑化」という状況を生んでいます。この状況の対応に代理店は遅れを取り、反対にデータをマネタイズしたい媒体力やリテラシーが高い媒体社は、上手く順応しているといったところでしょうか。

私のようなクライアントサイドから申し出るケースはあまりないのかもしれませんが、媒体社の方へ逆提案することがあります。具体的には、「広告主側の我々が保持しているデータと媒体社側のデータをシンクさせることで〇〇なことが行えないか」といった内容です。保有しているデータや、テクノロジーに関しての知見がないと答え難い内容かもしれません。

酒井 仰る通り、売る側としては、データやテクノロジーに関するリテラシー

が必要ですし、非常に手間と時間が掛かります。裏を返せば、大変なため実行しているプレーヤーもまだ多くはありません。ただ、労力を惜しまずにその壁をクリアできれば、クライアント企業の基幹システムにまで踏み込んだ提案ができます。これにより、単発の発注だけでなく、長いお付き合いができると考えています。

"ブランドを横断したコミュニケーション構造"

広瀬 実際にご担当されている案件についてお聞かせいただけますか。貴社の場合、ダイレクトレスポンスよりはブランディング施策を行われるクライアントが多いように思います。そのようなクライアントが感じている課題とニーズに興味があります。

酒井 いわゆる、ブランド側、ナショナルクライアントと言われる広告主が多いのは事実です。ただダイレクト系クライアント様も全くないわけではありませんし増えてきています。双方ともにデータを活用したマーケティングを積極的に試そうとされています。

とある飲料メーカー様の事例ですが、よくある例で、ブランド毎にブランドAE制を引いており代理店が分かれているケースが多くあります。この場合、それぞれの代理店が担当商品を販売するための施策を実施するわけですが、これは"企業や商品起点の一方通行のコミュニケーション"でしかありません。

ユーザーの立場で考えると、ブランドを指名で買う場合もあれば、そうではなく、気分によって飲みたいものが変わることもあるはずです。例えば、ちょっと特別な日にはプレミアムなビールを飲みたい時もあれば、最近お腹が気になってきたからプリン体ゼロや糖質ゼロのビールを飲みたいなど。このようなユーザーが求めていることに立脚した場合に、今までのブランドからの一方通行のコミュニケーションでは一人のユーザーに対して各々のブランドがうちの商品いかがですか？とコミュニケーションしてしまうことになります。そうではなく、「ユーザーが求めているタイミングで（ブランドを横断して）最も適している商品をオススメする」という、"ユーザーの興味や、タイミングに適したコミ

ュニケーションの実現"を目指しているクライアント様がいます。

これを実現するために、ブランド間を横断したDMPのようなプラットフォームを構築し、ユーザーのタイミングを捕まえるべく、リアルタイムなデータを使ってデータドリブンなコミュニケーションを行うための、基盤作りを当社ではお手伝いしています。

広瀬　手法を含めたフローを整理するとこのようなイメージでしょうか。

(1) ユーザー理解・データ取得のためのブランドを横断したプラットフォーム構築
(2) 取得したデータを基に、コミュニケーションに繋げるためのセグメント設計
(3) 設計したセグメント毎にコミュニケーションの考察・実施

どの過程も非常に負担がありますが、企業規模が大きいほど(1)の段階で躓いてしまいそうですね。テクノロジーは様々なデータを横串で取得できる環境を作ってきたと思いますが、まだまだサイロ型の組織を持つ企業が多いように思います。

酒井　代理店同士の抗争やこれまでの取引企業との"お付き合い"といった政治的な問題もあります。

しかし、最近では、各ブランドのマーケティングを横串で見る部署を新たに設けている企業が徐々に増えています。まだ、大幅に組織体制を変えるほどのインパクトはありませんが、旧来の宣伝部のやり方に問題を感じている社員が「ブランドを横断したコミュニケーション構造を作る」というチャレンジをしています。

広瀬　素晴らしい動きですね。最終的に、ユーザーへリーチする手段は、運用型広告となることも多いと思います。縦割り組織の場合、自社ブランド同士で入札の競争が起こり、不用意に単価が上がったり、ユーザーの取り合いが起こったりするリスクがあります。"ブランドを横断したコミュニケーション構造"が実現されれば、このような機会損失がなくなりますね。

▸ アドテク業界を俯瞰して

広瀬 最後の質問です。業界全体を俯瞰して、この業界の課題は何であると思いますか。

酒井 よくある代理店論ではあるのですが、総合代理店の場合、テクノロジー進化へのシフトがスローペースであるように思います。また、専業代理店も、テクノロジーファーストの動きはありつつも、コミュニケーションのストーリー設計が弱い気がします。これらをクリアしているプレーヤーの数が少ないのが課題です。理想は両方ができるプレーヤーが増えることですが、現実的には、各々のプレーヤーが少しずつ自分の領域を飛び越え、できる部分を増やしていくしかないと思っています。お客様から見たら総合も専業もどっちでもいいはずですので。代理店論を話してること自体がサプライヤー側のエゴですかね。

専業代理店もマス領域に踏み込めばいいんですよ。もちろんハードルが高いことは理解していますが、なぜ、専業は専業のままなのかというのはずっと疑問に思っていますし、一部では乗り越えようとしている動きもあるので応援したいですね。

広瀬 広告主側のことを話せば、「新しい顧客を獲得するための施策において、CPAが刈り取り施策と一緒に考えられている」点は、課題だと感じます。

まず、手法の話ですが、新しい顧客を獲得するための施策において、"刈り取りやすいユーザー"と同じアプローチを行ってはいけません。リーチしているユーザーが異なるのであれば、メッセージやリーチするタイミングなども変える必要があります。これは、クリエイティブとテクノロジーの担当領域だと考えます。

トライ&エラーを繰り返して、それでも実際はCPAが高くなることの方が多いと思います。しかし、チャレンジしなければ、今以上の成長は見込めません。CPAに日々追われるマーケターは、ここにチャレンジできていないように感じます。これは広告担当者というよりは、決裁権のある人間やマーケティングコミュニケーションを俯瞰して検討する人

間の課題であると思います。

酒井　そうですね。チャレンジできる環境にあるか、チャレンジしたい担当者なのか、チャレンジを許可してくれる責任者がいるかは重要です。企業文化で難しいケースも多いと思いますが、この課題をクリアしなければ、その先にある可能性は見えてきません。売る側、買う側が共に考えていきたいですね。

酒井 克明（さかい・かつあき）
株式会社Legoliss
代表取締役社長

SEとしてキャリアをスタートし、ネット専業広告会社でSEM、ビットツールの開発や、アクセス解析ツールを活用したコンサルティングを推進。その後、ネットベンチャーにて事業開発責任者、広告主側でのマーケティング責任者を経て朝日広告社へ。デジタル部門部長としてオムニチュアとのパートナー契約をリードし、コンサルティングチームの立ち上げ、アドテクノロジーを使用したアトリビューションマネジメント、トレーディングデスクの立ち上げ、DMPを活用したマーケティングソリューション開発等、テクノロジーとマーケティングを融合したソリューションを推進。その後モデューロ取締役に就任。データセラー型DMPを軸に、DSP、3PAS等のテクノロジーを組み合わせたマーケティングソリューションを大手ブランド広告主向けに提供。2015年4月より株式会社Legolissを起業しテクノロジーを活用したマーケティング支援事業を展開。

≫ Special Thanks

本書を執筆する上でご協力いただいた企業、
いつも仕事でお世話になっている企業を紹介します。
パートナー選びの参考としていただければ幸いです。
筆者にご連絡いただければ、担当者を紹介することも可能です。

株式会社マクロミル

ネットリサーチの国内最大手の市場調査会社です。アドテク分野では、デジタルマーケティングリサーチ「AccessMill」を提供しています。筆者がマーケティング担当として所属する企業です。

http://www.macromill.com

株式会社イノ・コード

Web集客による起業や事業拡大の支援を行う、コンサルティング会社。コンテンツ制作、SEO対策、Web集客までを一貫して行っています。筆者が取締役を務める企業です。

https://innocord.co.jp

ヤフー株式会社

日本最大級のポータルサイト「Yahoo! JAPAN」を運営。インターネット広告、ビッグデータを活かしたDMPやDSPなど幅広いマーケティングソリューションを提供。本書「Special Contents」に出演。

http://docs.yahoo.co.jp

日本オラクル株式会社

データベース最大手企業。マーケティング分野では、マーケティングプラットフォーム「Oracle Marketing Cloud」を提供しています。本書「Special Contents」に出演。

http://www.oracle.com/jp/index.html

株式会社オムニバス

動画広告を中心とした広告主向けサービスを提供する、トレーディングデスクです。アドテク黎明期から活躍する企業で、筆者と親交の深い企業です。本書「Special Contents」に出演。

http://e-omnibus.co.jp

株式会社グライダーアソシエイツ

キュレーションマガジン「antenna*[アンテナ]」の運営会社。厳選されたコンテンツを1日1,000以上配信しています。本書「Special Contents」に出演。

http://glider-associates.com

アタラ合同会社

広告主や広告代理店向けに、運用型広告やアトリビューション分析のコンサルティング、レポート作成支援システムの提供などを行っている企業です。本書「Special Contents」に出演。

http://www.atara.co.jp

Fringe81株式会社

第三者配信エンジン「digitalice」、タグマネジメントツール「TagKnight」、DMP「Humpty」など、テクノロジーを基軸とした、幅広いソリューションを提供しています。本書「Special Contents」に出演。

http://www.fringe81.com

株式会社Legoliss

マーケティングプラットフォームの設計・構築や、データ・テクノロジーを活用したマーケティング支援事業を行っている企業です。本書「Special Contents」に出演。

http://legoliss.co.jp

株式会社PLAN-B

マーケティングプラットフォーム「Juicer」をはじめとした、デジタルマーケティングサービスを展開する企業です。本書「CHAPTER4：Player」「08 国内DMPパッケージの位置付け」において、資料をご提供いただきました。

http://www.plan-b.co.jp

株式会社メディックス

インターネットマーケティングの総合コンサルティングを手掛ける企業です。リスティング広告やディスプレイ広告の知見が深く、非常に相談しやすい企業です。

http://www.medix-inc.co.jp

ビーズアンドハニー株式会社

ストラテジックプランニングから企画、構成、制作までのブランドコンサルティングを手掛ける企業です。毎回、クオリティの高いブランドサイトを制作いただいております。

http://beeshoney.jp

ブルースクレイ・ジャパン株式会社

SEOの始祖と呼ばれる、ブルースクレイの日本法人です。SEO、リスティング広告運用などのサービスを提供しています。Web広告の運用でお世話になっています。

http://bruceclay.jpn.com

株式会社インテージ

様々なリサーチサービスを提供する、市場調査会社です。アドテク分野では、TVを含めた広告効果測定サービスなどを提供しています。本書「CHAPTER 3：Measurement」『04 クロスメディア効果測定の事例』で、ご協力いただきました。

https://www.intage.co.jp

網羅株式会社

ロングテールSEO強化、SEO内製化支援を行う企業です。SEO対策のいろはを教えていただきました。筆者サイト「Digital Marketing Lab」のSEOの強さも、この企業のSEO研修があったからこそです。

http://www.moula-inc.jp

ターゲットメディア株式会社

マーケティング資料ダウンロードサイト「マーケメディア」を運営。BtoBのリードジェネレーションを目的とした、企画・メディア運営にご協力いただいております。

http://www.tmedia.co.jp

シナジーマーケティング株式会社

CRM分野のクラウドサービスを展開する企業です。BtoBのリード管理ツール「Synergy! LEAD」を利用させていただいています。筆者と親交の深い企業で、共催セミナーなども実施しています。

https://www.synergy-marketing.co.jp

株式会社カケル

広報、PR、イベント等の企業コミュニケーション支援を行う企業です。新サービスPRやオウンドメディア運営において、ご協力いただいております。

http://kakelu.com

GLOSSARY

デジタルマーケティング一般用語

1st Party Cookie

1st Party Cookie（ファーストパーティクッキー）とは、ユーザーが訪問しているWebサイトのドメインから直接発行されているCookieのことです。つまり、「Cookieの発行元のドメイン」＝「訪問Webサイトのドメイン」であるCookieを指します。

Cookieとは、ブラウザでサイトを閲覧した際に作成され、データを一時的に保管しておく仕組みです。現在はアドテクまわりで広告配信の技術として聞くことが多いですが、広告配信に限定した仕組みではありません。元々は会員制のサイトなどで、ログインした情報を記録して、次回ログインの手間をなくしたり（サイトにアクセスすると自動でログインされる）、コンテンツの内容をユーザーに合わせて表示したりする目的で作られた技術です。

3rd Party Cookie

3rd Party Cookie（サードパーティクッキー）とは、ユーザーが訪問しているWebサイトのドメイン以外から発行されているCookieのことです。つまり、「Cookieの発行元のドメイン」≠「訪問Webサイトのドメイン」であるCookieを指します。

Cookieでは、サーバーとクライアント間を次のように管理します（参考 Wikipedia https://ja.wikipedia.org/wiki/HTTP_cookie）。

① WebサーバーがWebブラウザに状態を区別する識別子をHTTPヘッダに含める形で渡します。
② ブラウザは次にそのサーバーと通信する際に、与えられた識別子をHTTPヘッダに含めて送信します。
③ サーバーはその識別子を元にコンテンツの内容をユーザーに合わせてカスタマイズし、ブラウザに渡します。必要があれば新たな識別子もHTTPヘッダに含めます。

以降②、③の繰り返し。

BTA

BTA（Behavioral Targeting Advertising）とは、ユーザーが閲覧したページ情報をもとに、ユーザーをセグメントするターゲティング広告です。これの代表的な広告がリターゲティング広告です。

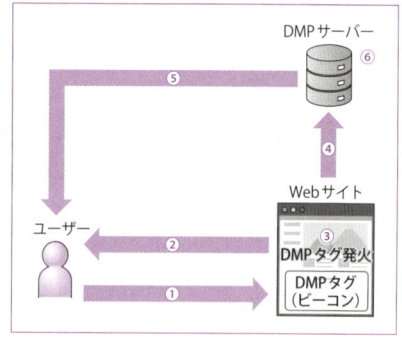

Cookieシンク

Cookieシンク（Cookie Sync）とは、Webサイト訪問やバナーインプレッション時に、そのユーザーに対して発行されたCookieを、別のドメインで発行したCookieに紐づけ、CookieIDを統合・マッピングする技術のことです。これにより、ユーザーのWeb上の様々な行動（Cookie情報）が1つに統合され、1人のユーザーに関する情報が豊富になります。

この技術は、広告配信を効率化するためのターゲティングや、プライベートDMPを活用したCRMなどの目的で利用されるほか、広告接触者やサイト訪問者へのリサーチでも利用されています。

図 Cookieシンク

① DMPタグ（Webビーコン）が設置されたWebサイトをユーザーが訪問します。
② Webサイトはユーザーに対して1st Party Cookie（ID：AAA）を発行します。
③ DMPタグが発火します。
④ Webサイト（に設置されたDMPタグ）から画像がリクエストされ、DMPのサーバーへリダイレクトします。
⑤ DMPサーバーはリクエストを受けて、WebサイトがユーザーにCookie情報（ID：AAA）を取得しつつ、ユーザーにDMPのCookie（ID：BBB）を発行＋ダミー画像を返します。
⑥ DMPサーバーには、自身のCookieIDとWebサイトのCookieID情報がマッピングされます。
※（イメージ）ID：AAA＝ID：BBB

CRM

CRMとは、顧客関係管理（Customer Relation

ship Management）の略称で、顧客との良好な関係を構築し、顧客価値を高めるためのマネジメント全体のことを指します。CRMは「理解」→「分解」→「再構築」の３つのフェーズに分けることができます。

「理解」のフェーズでは、CRMシステムを用いた情報収集を行います。デモグラフィック情報、購買情報、来店頻度、興味のある商品など、ミクロ視点でその個客（顧客）について把握できる情報の抽出を行います。または継続的に抽出できる仕組みや運用フローの構築を行います。

「分解」のフェーズでは、顧客セグメントの作成（例：デモグラフィック、サイコグラフィック）や、CRM用のKPI指標での分類（例：サイト来訪頻度、来店頻度）など、収集した情報を分解・整理して、データを活用するための環境を整えます。

最後の「再構築」のフェーズでは、現在の顧客とのコミュニケーションを見直し、「分解」のフェーズで整理した、セグメントや個人に対して、顧客価値の向上に有効と思われるアクションを紐づけ、実施していきます。

これら３つのフェーズをマネジメントし、継続的な顧客とのコミュニケーションを構築していくことが、CRMです。

DFO

DFOとは、データフィード最適化（Data Feed Optimization）の略称で、ECサイトなど多商材のWebサイトで、商品表示を集客チャネルごとに最適化するための手法や取り組みのことです。

集客チャネルごとに、商品データの説明テキストやイメージ画像などのフォーマットをチューニングしていきます。チャネルが増えれば増えるほど対応しなければならないフォーマットが増え、非常に手間がかかりますが、これを自動化するためのツール（DFOツール）を提供する事業者もあります。

EFO

EFOとは、エントリーフォーム最適化（Entry Form Optimization）の略称で、エントリーフォームの「入力項目の数」「レイアウト」「ボタンの大きさや色」「文字の大きさ」「入力エラーへの対処」など、エントリーフォームのあらゆる要素を改善することです。フォームに到達したユーザーは、そのWebサイトのコンテンツに興味を持ったユーザーである確率が高いため、エントリーフォームの改善は、コンバージョンに大きく影響します。

ECサイトなど、Web上で購買まで至るWebページや会員登録を促すサイトにおいて、成果に直結する非常に重要な施策です。

IoT

IoT（Internet of Things）とは、あらゆるモノがインターネットとつながり、自立的にデータを送信できる仕組みのことです。スマートフォンやウェアラブルデバイス以外でも、例えば、家電や日用品、医療機器、自動販売機などにも自立的にデータを送信するためのセンサーが埋め込まれ、他の機器に情報が送られ活用される仕組みを指します。

2015年時点では、インターネット化する必要性に疑問を感じるものもあり、まだまだインターネットにつながった後の活用方法のアイディアに乏しい印象があります。しかし、2020年には、300億個のIoTデバイスが市場に出回り、約3兆400億ドルの巨大市場になると言われています（IDC Japan調べ）。

LBM

LBM（Location Based Marketing）とは、ユーザーの位置情報に合わせて情報を配信するマーケティング手法のことです。店舗を持つ企業の場合、顧客がいる場所に最も近い店舗の情報を表示できるといった大きなメリットがあり、注目されています。また、ソーシャル、ローカル、モバイルを融合させたマーケティングを「SoLoMoマーケティング」と呼びます。

LPO

LPOとは、ランディングページ最適化（Landing Page Optimization）のことです。ランディングページは広告のリンク先ページを指す用語ではありません。「Webサイトにユーザーが訪れた時に最初に訪問したページ」がランディングページです。つまり、TOPページでも下層のページでもランディングページになる可能性はあります。

ランディングページを改善することにより、ユーザーに目的とするアクションを起こさせる施策をLPOと言います。LPOの評価指標について、これがレスポンスを目的とした広告のリンク先ページであれば、「フォームへの誘導数（誘導率）」「コンバージョンの獲得数（CVR）」が指標になります。他のページへ誘導することが目的のTOPページのような見出しページ（indexページ）で

あれば、「直帰率の低さ」などが指標となります。

LTV

　LTV（Life Time Value）とは、顧客が一定期間内にその企業の商品やサービスを購入した金額の合計のことで、CRMの重要指標となります。日本語では「顧客生涯価値」と訳されますが、実際は「生涯（顧客ライフサイクルの最初から最後まで）」ではなく、「特定期間（取引開始から○年間の期間など）＝期間LTV」で試算することが多いようです。これは、「投資したコストをどのくらいの期間で回収できるか」という、一定期間内に利益を創出しなければならない企業としての視点があるからです。

　成長期の市場では、新規顧客の獲得で利益を拡大するための施策が重視されます。しかし、成熟期の市場においては、新規顧客の獲得スピードが落ちるため、リピーターを増やす（＝顧客1人1人の売上合計を増やす）施策が重視されます。

PPC広告

　PPC広告（Pay Per Click Advertising）とは、リスティング広告に代表される、クリックされることで課金されるタイプの広告（クリック課金型広告）です。クリックはユーザーがその広告に興味を示しているということを表し、それに対してのみ課金されるため、高い費用対効果があるとして現在でもWeb広告の主流です。

　単価の指標にはCPC（Cost Per Click）が使用され、これは1クリックあたりの費用です。現在は、アドテクの普及によりインプレッション課金型広告も増えています。

SEM

　SEM（Search Engine Marketing）とは、検索エンジン上で実施する、Webサイトへの訪問を促すマーケティング手法のことです。具体的にはSEO（検索エンジン最適化）とリスティング広告（PPC広告）を指します。

　ユーザーは情報や商品などを求めて検索を行うため、キーワードに合わせた最適な広告やWebサイトを表示することで、確度の高いユーザーをWebサイトに流入させることができます。

SoLoMoマーケティング

　SoLoMoマーケティングとは、ソーシャル、ローカル、モバイルを融合させたマーケティング手法のことです。具体的には、スマートフォンなどのモバイル端末を使って、位置情報やSNSと連動させたマーケティングです。飲食店の場合は、電子クーポンなどを店の近くにいる顧客に送ることが可能です。

VAST

　VASTとは、Video Ad Serving Templateの略称で、IAB（Interactive Advertising Bureau）が定めた、動画広告の規格の1つです。「動画広告ファイルのURL」「リンク先ページのURL」「再生数やクリック数などのデータ送信先」などの仕様が決められています。

　動画DSPなどの広告配信プラットフォームが、この規格に合わせて広告配信を行うことで、VASTに対応している多くのメディアに広告配信が可能になり、効果検証のためのデータ取得もシームレスに行えます。

VPAID

　VPAIDとは、Video Player-Ad Interface Definitionの略称で、IAB（Interactive Advertising Bureau）が定めた、動画広告の規格の1つです。動画広告の中にソーシャルボタンを設置したり、動画の中で別の動画を再生したり、スライドショーを表示したりと、VASTよりもリッチでインタラクティブな表現が可能です。

アフィリエイト広告

　アフィリエイト広告とは、成果報酬型のインターネット広告のことで、ポイントサイトやアフィリエイターのWebサイトに広告を掲載してもらう形式の広告です。

　提携先のWebサイトやメールマガジンに広告を掲載してもらい、閲覧者がそのリンクを経由して会員登録、資料請求などの広告主の目標を達成すると、リンク元サイトの主催者に報酬が支払われるという成果報酬型の広告です。

インスクロール広告

　インスクロール広告とは、インリード広告と同じく、ユーザーがWebページをスクロールして広告枠が画面に現れると表示される広告です。しかし、インリード広告とは違い、記事中の広告に限定されません。単にスクロールすることにより表示されるというタイプの広告を指します。配信されるクリエイティブのほとんどは、静止画ではな

く動画です。
　スマートフォン向けプロモーションを中心とした活用が期待されます。

インストリーム広告
　インストリーム広告とは、YouTubeなどの動画サイトで配信される、従来のバナー広告よりも大画面で表示できるタイプの広告です。音声がデフォルトでON。2015年6月現在、主流の動画広告フォーマットです。インストリーム広告の中でも、ユーザーが視聴する動画コンテンツの前に再生されるタイプの広告を「プリロール動画広告」と呼びます。インストリーム型が出てきた頃はプリロールが多かったのですが、2015年現在では、動画の視聴中・視聴後に流れる広告も増えています。
　動画広告表示後、数秒後にユーザーが視聴選択できる「スキッパブル広告」と、強制的に視聴させる「ノンスキッパブル広告」があります。ノンスキッパブルではTVCMと同じ尺（15秒）がほとんどですが、スキッパブルでは1分30秒〜数分の動画広告も増えており、動画広告のブランディング活用が進んでいることを感じさせます。

インターネット接続テレビ
　インターネット接続テレビとは、テレビ番組やDVDなどの映像コンテンツを視聴するだけの従来のテレビに、「インターネット接続機能」が加わったテレビのことです。
　スマートテレビとインターネット接続テレビの違いは、スマートテレビが「インターネット接続機能」「端末間連携機能」「アプリケーション・コンテンツの提供機能」の全ての機能を兼ね備えているのに対し、インターネット接続テレビは単に「インターネット接続機能」を有するテレビという定義です。

インバナー広告
　インバナー広告とは、従来のバナー枠に配信されるタイプの動画広告です。インディスプレイ広告とも呼びます。基本は、デフォルトで音声がOFFになっており、多くの場合、DSPなどでプログラマティックに配信されます。リッチメディア配信に強みを持つ3PASでは、インバナー広告に「マウスオーバー2秒でエキスパンド表示」など、インタラクティブな要素を加え配信できるものもあります。
　インバナー広告は、DSPなどで動画サイト以外の広告枠に配信できる点がメリットです。動画サイトの利用が少ないユーザーに対しても、従来のディスプレイ広告と同様に「リターゲティング」や「オーディエンスターゲティング」などのターゲティングを行い配信できます。つまり、リーチ（在庫量）とターゲティングが特長です。ただし、動画のファイルサイズによって配信費が変動する場合も多く、CPMは静止画の数倍〜数十倍にもなります。

インフィード広告
　インフィード広告とは、WebサイトやアプリのコンテンツとコンテンツのI間に表示される体裁の広告のことです。FacebookやTwitterなどのSNSや、キュレーションメディア、ニュースアプリなどで利用されます。最近では、テキストやバナーだけでなく、動画などのコンテンツを配信できるメディアも珍しくありません。

インプレッション課金型広告
　インプレッション課金型広告とは、広告の表示回数ごとに課金されるタイプの広告です。単価の指標にはCPM（Cost Per Mille）という、1,000回表示あたりのコストが使用されます。Milleはラテン語で1,000を意味する「mille」からきています。
　アドエクスチェンジやDSPで、よく利用される課金タイプです。

インリード広告
　インリード広告とは、ユーザーがWebページをスクロールして広告枠が画面に表示されたタイミングで動画が再生されるという仕様の広告で、メインコンテンツ中にあることが条件です。単にスクロールして表示される広告はインスクロール広告です。インフィード広告と同様に、スマートフォン向けプロモーションを中心とした活用が期待されます。

運用型広告
　運用型広告とは、検索連動型広告（リスティング広告）に加え、アドテクノロジーを活用した運用によって、広告枠、入札額、ターゲット（オーディエンス）、クリエイティブ、コンテキストなどを、変動させながら出稿する方式の広告を指します。具体的には、リスティング広告のほか、一部のアドネットワーク、アドエクスチェンジ、DSPなどのアドテクを活用した広告が含まれます。純

広告、タイアップ記事広告、アフィリエイト広告などは含まれません。

　純広告では「○○期間で○○円」「○○Impで○○円」のように、固定金額で広告枠の売買が行われますが、運用型広告では「入札」によって広告枠の金額が変動することが特徴です。運用型広告の場合、広告主は広告枠をCPCやCPMの入札方式で購入します。運用によって広告効果を短期間に改善できることがメリットで、運用者のスキルや利用する広告配信システムの機能により、配信結果が左右されます。

カスタマージャーニー

　カスタマージャーニーとは、「顧客が自社の商品を購入するまでに辿るプロセス」のことです。ブランド・商品と顧客のあらゆるタッチポイントにおいて、どのようにしてブランドや商品と接触し、その時にどのような体験をして、どのような心理変化を起こすのか。そして、その時の潜在ニーズは何か、最終的に何がトリガーになって購入に至ったのか、などを可視化するための考え方です。これを具体的に描いたものが「カスタマージャーニーマップ」です。

　参考　カスタマージャーニーマップを正しく活用するには「おもてなし」と「カスタマーエクスペリエンス」の理解から｜Web担当者フォーラム
http://web-tan.forum.impressrd.jp/e/2013/11/14/16305

興味関心連動型広告

　興味関心連動型広告とは、コンテンツ連動型広告に「過去に閲覧したページ」「直近の検索キーワード」などの行動ターゲティングの要素がプラスされた広告手法で、デモグラフィック情報や時間軸でターゲティングできる点が特長です。代表的なものにYahoo!のインタレストマッチがあります。

広告ID

　広告IDとは、AppleやGoogleなどのプラットフォーム事業者からアプリ開発者に提供され、ユーザーがオプトアウトできる、匿名かつユニークな広告配信識別用IDのことです。リターゲティングやインタレストベースの広告配信に利用されます。アプリでの広告配信のみに対応しており、ブラウザは非対応です。

　スマートフォンアプリ広告では、これまで「端末識別ID（AppleではUDID、GoogleではAndroid ID）」が利用されてきました。しかし、「ユーザーが自由に削除、オプトアウトできない」などのプライバシー保護上の問題があり、2011年頃から段階的に廃止されました。これに代わるIDが広告IDです。

　広告IDは、プラットフォーム自体が提供するIDなので、各ユーザーが使用しているアプリや、そのアプリの使用状況などの情報を保持しており、精度の高いターゲティングが期待されています。ただし、利用できる範囲がアプリに限定されているため、ブラウザではCookieを利用したターゲティングが今後も主流となりそうです（2015年3月時点）。

　Appleの広告IDは「IDFA」、Googleの広告IDは「Advertising ID」です。

広告インベントリ

　広告インベントリとは、広告のインプレッションのことです。メディアにとってWebサイトの広告表示数（インプレッション）は、収益に直接影響する商品であることから、インプレッションのことを、広告インベントリ（広告在庫）と表現します。

広告インジェクション

　広告インジェクションとは、広告収入を得ることを目的に、悪意のあるプログラム（インジェクタ）を用いて、本来は掲載されない広告の挿入や差し替えを、Webサイト運営者に無断で行うオンライン広告詐欺の1つです。無料で提供されるブラウザの拡張機能やソフトウェアに仕込まれている場合が多く、ユーザー自身も気付くことは難しいとされています。

コンテンツ連動型広告

　コンテンツ連動型広告とは、Webサイトのテキストを分析して、そのテーマと関連性の高い広告を表示する仕組みのことです。

スマートテレビ

　スマートテレビとは、テレビ番組やDVDなどの映像コンテンツを視聴するだけの従来のテレビに、「インターネット接続機能」「端末間連携機能」「アプリケーション・コンテンツの提供機能」が加わった、インターネットを通じて機能拡張が可能なテレビのことです。

　ユーザーは、テレビというスクリーンを通じて、

インターネット上のコンテンツを閲覧したり、ソーシャルメディアやアプリの利用、スマートフォンやタブレットとテレビのコンテンツを連携したりすることができます。

スマートテレビとインターネット接続テレビの違いは、スマートテレビが「インターネット接続機能」「端末間連携機能」「アプリケーション・コンテンツの提供機能」の全ての機能を兼ね備えているのに対し、インターネット接続テレビは単に「インターネット接続機能」を有するテレビという定義であることです。

ソーシャルグッド

ソーシャルグッドとは、企業のCSRコンテンツ（社会貢献につながるコンテンツ）です。企業がソーシャルメディアを使ってCSRコンテンツを発信したことで、企業のPRにつながった事例があり、プロモーションの手法の1つとして注目されたワードです。

本来、この用語の「ソーシャル」という部分は、「ソーシャルメディアを利用した……」を表しているのではなく、現実の「社会」を指しています。社会を良くするためのコンテンツが「ソーシャルグッドコンテンツ」であり、拡散させる方法としてソーシャルメディアが活用されている、と筆者は理解しています。

実際は、ソーシャルグッド＝ソーシャルを使って発信するCSRコンテンツのような使われ方が多いです。

ソーシャルメディアマーケティング

ソーシャルメディアマーケティングとは、TwitterやFacebookなどのソーシャルメディアを用いたマーケティング手法です。ソーシャルメディアは、「双方向のコミュニケーション」のため、サービスサイトの運営とは異なります。

表　ソーシャルメディアと広告の違い

	情報伝達	情報の広がり	情報の受け手の態度	コンテンツ形成
ソーシャルメディア	双方向（操作不可）	発信者のつながり、コンテンツの拡散性による	能動的	企業＋個人（集合的）
広告	片方向（操作可能）	不特定多数、出稿量による	受動的	企業主体

ソーシャルリスニング

ソーシャルリスニングとは、分析ツールを使ってソーシャルメディアやブログなどのユーザーの発言、行動の履歴などのデータを集めるマーケティング手法です。

SNSの「日常感」を利用したリサーチ方法で、従来の市場調査よりも消費者の自然な声を集めることができ、消費者インサイトの理解、業界トレンドの予測、ブランド評価などに利用されます。

ダイレクトレスポンス広告

ダイレクトレスポンス広告とは、広告接触者から購買につながるレスポンスを得ることを目的とした広告のことで、企業やサービスのブランド向上を目的とする広告であるブランディング広告と対になる用語です。ユーザーの購買につながるポジティブなレスポンスのみに目的を絞っているため、効果検証も行いやすい広告です。

ネイティブアド（ネイティブ広告）

ネイティブアドとは、広告掲載面に広告を自然に溶け込ませることで、「ユーザーにコンテンツの一部として見てもらう」ことを目的とした広告のことです。

ビッグデータ

ビッグデータとは、ユーザー属性情報、Webやアプリのアクセスログ、広告接触履歴、リサーチ結果などが含まれた、膨大なデータのことです。「Cookie ID」「広告ID」などをキーとし、他のデータとシンクさせることで、マーケティング活動に活用されています。

ブースト広告

ブースト広告とは、アプリのランキングを一時的に急上昇させることを目的としたリワード広告のことです。広告手法はあくまでリワード広告であって、これは使い方の話です。アプリのランキングには、短期間のダウンロード数が影響するため、リワード広告の予算を集中投下し、アプリをランクインさせることを狙った方法です。

ブランディング広告

ブランディング広告とは、企業やサービスのブランド向上を目的とする広告のことで、ダイレクトレスポンス広告と対になる用語です。従来から

TVCM、新聞、雑誌などのマスメディアが多く使われています。

「ブランディングはマスで。レスポンスはWebで。」という広告の使い分けはインターネット広告の登場から行われてきましたが、2014年以降の動画広告の成長を見ても分かる通り、広告主企業がWeb媒体でブランディング広告を展開する例も増えています。

ダイレクトレスポンス広告のゴールが直接的・短期的なコンバージョン獲得であるのに対し、ブランディング広告では、認知度、メッセージ想起、好意度、購入意向などのブランディング指標を向上させることがゴールです。ダイレクトレスポンス広告よりもブランドとユーザーの関係性を深めることを重視した広告と言えます。

マーケティングオートメーション

マーケティングオートメーションとは、マーケティングの各プロセスおけるアクションを自動化するための仕組みやプラットフォームのことを指します。顧客や見込み顧客に対して、どんなアクションをとってきたかを記録し、「最適なコンテンツを、最適なタイミングで、最適な方法で届ける」ことを目的に利用されます。「メール配信」「セミナー管理」「Webアクセス履歴」「フォーム機能」「リード管理」「スコアリング」など、マーケティングのアクションが集約されたプラットフォームです。

メディアレップ

メディアレップとは、インターネット広告の一次代理店のことです。広告主や広告代理店と複数の媒体社の代理として広告媒体を仲介する役割があります。

ランディングページ（LP）

ランディングページとは、「Webサイトにユーザーが訪れた時に最初に訪問したページ」のことです。広告のリンク先ページ自体を指す用語ではありません（広告のリンク先ページはWebサイトに訪問する最初のページになるため、結果的にはランディングページになる）。つまり、TOPページ以外の下層のページでもランディングページになり得ます。

リアルタイムマーケティング

リアルタイムマーケティングとは、「①企業がユーザーとシームレスかつパーソナライズされたコミュニケーションを行うことができる仕組みのこと」もしくは「②今、世の中に起こっている事象に反応し、ソーシャルメディアなどを介して、それを広告・PRに利用するマーケティング手法のこと」です。

①と②で全く意味が異なりますが、どちらも使われています。

①は、例えばチャット形式でサポートデスクとコミュニケーションできる仕組みや、Webサイト訪問ユーザーの行動情報から必要と思われる情報をパーソナライズしてリアルタイムに表示する仕組みなどがあります。ソーシャルメディア上のコメントをリアルタイムに分析して、企業側からアプローチできるような仕組み（アクティブサポートなど）もリアルタイムマーケティングの1つとみなして良いでしょう。

②は、広告・PRの話です。有名なのは「スーパーボウル停電時のオレオのツイート」でしょう。事前に予測できない事態に対して、企業がこれをPRに利用した点が数多くのシェアを生んだという成功事例です。

まとめると、①は「CRM」寄りで、②は「広告・PR」のようなイメージです。どちらの意味でも使われることがあるためご注意ください。

リッチアド

リッチアドとは、映像や音声を使用した動画広告のほか、ユーザーの操作に合わせて変化するインタラクティブ広告を指します。アドテクの普及により配信枠が拡大しており、2013年くらいから日本でも頻繁に見られるようになりました。

配信するにはリッチアドに対応したDSPや3PASを使用します。ファイルサイズが大きい分、配信コストは静止画より高くなりますが、ブランディングを目的とする広告需要の高まりとともに、今後も利用が拡大すると思われます。

リワード広告

リワード広告とは、アフィリエイト広告の一種で、広告のリンク先のWebサイトで、アプリのダウンロードや、商品の購入などの成果が発生すると、広告主から媒体に成果報酬が支払われ、媒体がその会員に媒体内で使えるポイントなどを付与する仕組みの広告のことです。

リワード広告はアプリに多く見られ、Apple社は「App Storeのランキングをゆがめる」と、この広告を批判しており「追放」を行っていますが、

実際はリワード広告の需要はアプリの普及とともに増えており、提供する事業者も増加しています。

Webマーケティング効果指標

CPA
CPA（Cost Per Acquisition）とは、1件のコンバージョンの獲得に使用した広告コストのことで、Web広告の指標の中で重要視されている指標です。

CPC
CPC（Cost Per Click）とは、1クリックあたりの広告コストのことで、リスティング広告などのクリック課金型の広告で使用される指標です。コスト÷クリック数で算出できます。

CPCV
CPCV（Cost Per Completed View）とは、動画広告の完全視聴完了数、もしくは上限秒数までの視聴完了数に応じて、コストが発生する課金方式です。

CPE
CPE（Cost Per Engagement）とは、1エンゲージメントあたりの広告コストのことで、エンゲージメント課金型の広告で使用される指標です。コスト÷エンゲージメント数で算出できます。

エンゲージメントの定義は、広告商品によって異なるので注意が必要です。例えば、Googleのライトボックス広告（大きなサイズに展開可能なエキスパンド広告）では「広告に2秒間カーソルを合わせて広告を展開」、ツイッターの広告商品では「広告ツイートに対するユーザーのアクション（リツイート、クリック、返信、お気に入り登録など）」をエンゲージメントと定義しています。エンゲージメント発生タイミングで課金される広告のことをCPE広告と呼びます。

CPI
CPI（Cost Per Install）とは、1インストールあたりの広告コストのことで、インストール課金型の広告で使用される指標です。コスト÷インストール数で算出できます。インストール成果型の広告のことを、CPI広告と呼びます。

CPM
CPM（Cost Per Mille）とは、1,000回表示あたりの広告コストのことです。Milleはラテン語で1,000を意味する「mille」からきています。広告配信の指標としてよく使用されます。

CPV
CPV（Cost Per View）とは、「広告視聴1回あたりのコスト」のことで、動画広告の広告視聴単価で使用される指標です。従来のリスティング広告やディスプレイ広告では、CPC（クリックあたりコスト）やCPM（1,000回インプレッションあたりコスト）が使用されています。動画広告は、"視聴"させることが重要なため、この課金形態が多くなります。

CTR
CTR（Click Through Rate）とは、広告表示に対するクリックの割合のことです。広告が表示された際のクリックされる割合を表します。クリック数÷インプレッション数で算出できます。クリックされるということはユーザーがその広告に興味を持ったという根拠となるため、クリエイティブの効果を測る時などに使用します。

CVR
CVR（Conversion Rate）とは、広告をクリックしたユーザーや、Webサイトに訪問したユーザーがコンバージョンした割合です。コンバージョン数÷Webサイト訪問数・広告のクリック数で算出します。

eCPM
eCPM（effective Cost Per Mille）とは、実際はインプレッション課金でないクリック課金型の広告をCPMに換算し、課金形態の違いにかかわらず、インプレッションに対するコストを表す指標です。算出方法はCPMと同じです。

ROAS
ROAS（Return On Advertising Spend）とは、広告経由で発生した売上を広告コストで割った数値のことで、広告の費用対効果を表します。売上高÷広告×100（％）で算出します。「投資した広告コストの回収率」という意味です。

ROI

ROIとは、Return On Investmentの略称であり、投資金額に対する利益の割合（投資収益率）のことです。「投資に対して何％の利益が得られたか」を意味します。「利益÷投資金額×100（％）」で算出できます。

vCPM

vCPM（viewable Cost Per Mille）とは、ビューアブルインプレッション1,000回あたりの広告コストのことです。「実際にユーザーが閲覧できる状態にあった広告インプレッション1,000回あたりの広告コスト」と言えます。Googleは「広告の50％以上のピクセルが画面に1秒以上露出」することをアクティブビュー（≒ビューアブルインプレッション）と定義しており、Google AdWordsでは、この課金方式が選択できるようになりました（2015年10月～）。

今までのディスプレイ広告はCPM課金が主流でした。広告インプレッションは、Webページ上にある広告がロードされたタイミングで発生するため、広告主は広告がユーザーの目に触れなかった（目に触れる位置までユーザーがスクロールしなかった 等）場合も広告コストを支払うという問題がありました。

また、Googleは2014年12月に「ディスプレイ広告のインプレッションの56.1％は画面上に表示されない」という調査結果を発表しています。

アクティブビュー

アクティブビューとは、実際にユーザーが閲覧できる状態にあった広告インプレッションのことです。

意味としては、ビューアブルインプレッションと全く同じです。

インビュー

インビューとは、ユーザーが実際に目にする位置に広告が表示されたインプレッションのことです。2012年頃、アドベリフィケーションの登場によって、この用語を耳にすることが多くなりましたが、2015年8月現在、「ビューアブルインプレッション」「アクティブビュー」という表現の方が多く見られます。用語の意味は同じです。

インプレッション（Impression）

インプレッションとは、広告の表示回数のことです。1,000回表示あたりの広告コストのことをCPMと言います。

エンゲージメント

エンゲージメントとは、「ブランドとユーザーの親密さ・結びつき・絆・共感」のことです。エンゲージメント指標とは、エンゲージメントが発生・上昇したことを数値で表すことができる指標のことです。ただし、何をエンゲージメント指標とするかで、エンゲージの深さに大きな違いが生じます。

コンバージョン

コンバージョンとは、Webサイトの成果のことで、その意味は目的によって異なります。例えば、BtoBのWebサイトなら「資料請求」などがコンバージョンとなり、通販サイトなら実際の購買、採用サイトはエントリーボタンをクリックした数など、決まった定義はありません。

ビューアビリティ

ビューアビリティとは、広告掲載インプレッションのうち、実際にユーザーが閲覧できる状態にあったインプレッションの比率のことを指します。

ビューアブルインプレッション

ビューアブルインプレッションとは、実際にユーザーが閲覧できる状態にあった広告インプレッションのことです。

MRC（Media Rating Council）とIAB（Interactive Advertising Bureau）が定めたガイドラインでは、「広告ピクセルの50％が、スクリーンに1秒以上表示された、広告インプレッション」を、ビューアブルインプレッションと定義しています。

ブランドリフト

ブランドリフトとは、ブランディング広告への接触グループと非接触グループの割合を比較し、後者が前者より上がったことを示す指標のことです。

従来のクリックやコンバージョンなどのダイレクトレスポンス系指標による効果測定では、動画広告やインタラクティブ広告などのリッチアドの効果は見えませんでした。しかし、アンケートによりブランドリフト効果を調査してみると、認知度、メッセージ想起、好意度、購入意向など、ブランディング系の効果指標での上昇が確認された事例も多く、広告主のリッチアド利用を促進する

効果指標として期待されています。

リーチ

　リーチとは、広告の到達率のことです。交通広告などオフライン広告でも使用される指標です。Web広告ではUU（ユニークユーザー数）が使用されます。多くは、Cookie単位のカウントになるため、正確にはユニークブラウザ数です。これにより、広告を重複のない人にどれだけ見せることができたのかが分かります。

　Web広告ではフリークエンシーを設定することで、「1人に何回広告を見せるのか」をある程度コントロールできます。

アドテクに関係する用語

3PAS

　3PAS（3rd Party Ad Serving）には、2つの意味があります。アドネットワークもアドエクスチェンジもDSPも媒体に直接広告を配信せずに、アドサーバーという第三者を介して広告を配信するという意味では第三者配信です。これを広義の第三者配信とします。

　もう1つは、複数のメディアの広告を一括管理して配信・効果測定を行うアドサーバー（第三者配信アドサーバー）、つまりサーバー自体です。前述の第三者配信よりも狭義の第三者配信を指します。

Automated Guaranteed

　Automated Guaranteedとは、PMPで採用されている取引方式の1つで、固定単価かつ在庫予約の取引方式のことです。品質の高い広告枠を他のマーケットよりも先に購入できます。その分、先行する海外市場の事例では、CPMがオープンなRTBと比べて、数倍〜10倍以上にもなります。

DMP

　DMP（Data Management Platform）とは、インターネット上の様々なサーバーに蓄積されるビッグデータや自社サイトのログデータなどを一元管理、分析し、最終的に広告配信などのアクションプランの最適化を実現するためのプラットフォームのことです。

　DMPは大きく2種類に分類されます。1つは広告配信先のデータセラーとしての機能を果たすタイプの「オープンDMP」、もう1つは企業が自社で蓄積したWebログや顧客DBなどの蓄積したデータを利用するタイプの「プライベートDMP」です。

DSP

　DSP（Demand-Side Platform）とは、広告効果を最大化させるために、複数のアドネットワークや、複数のアドエクスチェンジに広告配信を行うプラットフォームです。SSPと接続することで、広告配信が可能となります。

Invitation Only Auction

　Invitation Only Auctionとは、参加者が限定されたクローズドオークションのことで、PMPの取引方式の1つです。Open Auctionに対して優先権を持っており、良い広告枠がオープンなRTBに流れる前に入札できます。フロアプライスがOpen Auctionよりも高く設定されており、結果的にOpen Auctionより優先的に買い付けることができる仕組みです。

PMP

　PMP（Private Market Place）とは、参加できる広告主とメディアが限定されたプログラマティックな広告取引市場のことです。USでは2011年以前から存在しており、2015年8月現在、日本でもサービスを提供する事業者が数社出てきました。

RTB

　RTB（Real Time Bidding）とは、アドエクスチェンジなどの広告取引市場で、広告枠のインプレッションが発生するたびに入札を行い、最も高い金額をつけた購入者の広告を表示する方式です。

　セカンドプライスビッディングという方式が多く、この方式では、入札に勝利した場合、入札額ではなく2位の入札額＋1円が落札額となります。これは落札額が無暗に高くならないようにするためです。

SSP

　SSP（Supply-Side Platform）とは、DSPとは反対に、媒体側の収益を最大化させるためのプラットフォームのことです。インプレッションごとにeCPMを算出し、基本的に1番高額と判断された広告が配信される仕組みです。実際は必ずしも入札額が高い広告が選ばれるわけではありません。

SSPによりますが、ビットレスポンスの速さ、CVRなどが関係する場合があります。

Unreserved Fixed Rate

Unreserved Fixed Rateとは、PMPで採用されている取引方式の1つで、オークションが発生しない固定単価制の取引方式のことです。Invitation Only Auctionと同様、CPMを高くすることで、RTBに広告枠が流れる前に買い付けることが可能です。

そのため、購入優先度がRTBよりも高くなります。在庫予約はできませんが、固定単価なので、広告主は必要な広告費を事前に想定することができることも特長です。

アドエクスチェンジ

アドエクスチェンジとは、広告枠をインプレッションベースで取引する広告取引市場のことです。広告主側の需要とメディア側の供給のバランスにより、インプレッションごとに広告枠の価格が決まります。

アドエクスチェンジの仕組みは広告枠をimp（配信数）ベースで入札する市場であり、需要（広告主）と供給（媒体）のバランスによってインプレッションごとに広告枠の価格が決まります。

アドネットワークでは「クリック課金型」「インプレッション課金型」など、ネットワークで課金形態が異なることが多いです。しかし、アドエクスチェンジという広告取引市場を介することで、広告主から見ると"入札方式のインプレッション課金型"で統一されます。

アドネットワーク

アドネットワークとは、広告媒体のWebサイトを多数集めて形成される広告配信ネットワークのことです。多くのWebサイトを媒体とすることで、全体では多くのトラフィック量を確保することができます。

アドベリフィケーション

アドベリフィケーションとは、DSPなどを使って配信した広告が、広告主のイメージ低下を招くようなサイトに配信されていないか、ユーザーが認識できる場所にしっかり掲載されているかなどを確認するためのツールです。この結果を受けて、広告配信システムで配信をコントロールします。

アトリビューションマネジメント

アトリビューションマネジメントとは、アトリビューション分析の結果を受けて、リアロケーション（予算の再配分）を行うことです。

アトリビューションモデル

アトリビューションモデルとは、「成果配分モデル」「ベイジアンネットワークモデル（数理モデル）」「マルコフ連鎖モデル（数理モデル）」「ボルツマンウェイトモデル（統計物理モデル）」などのアトリビューションスコアを算出するための分析モデルのことです。

アトリビューション分析

アトリビューション分析とは、直接コンバージョン以外の間接コンバージョンも含めて、コンバージョンに関与した施策の貢献度を評価するための分析手法です。

アトリビューション分析の登場後、3PASが登場してからはSEOなども含めてWebマーケティング施策全体の効果測定が行いやすくなりました。アトリビューション分析については様々なモデルがあり、目的に合った分析手法を選ぶことが重要です。

インバナーサーベイ

インバナーサーベイとは、広告接触者と非接触者のブランド態度をリアルタイムに比較し、その差異を効果として計測するディスプレイ広告の効果測定手法の1つです。ディスプレイ広告枠に、アンケート回答用のバナーを配信して回答者を集めます。回答者はバナーの中でアンケートに回答する仕組みとなっており、1〜3問程度のアンケートが実施できます。

従来のネットリサーチと比べて、シームレスにディスプレイ広告と連携できます。

エコシステム

エコシステムとは、複数の企業やサービスがつながり、共存していく仕組みのことです。本来は、生態系を表す科学用語ですが、アドテク分野においては、広告主からパブリッシャーまでの広告配信の中で、多種多様なサービスを提供している多くのプレイヤーがつながりを持ち、新たな付加価値を生むという構造をエコシステムと表現しています。

オーディエンスターゲティング

オーディエンスターゲティングとは、オーディエンスデータを用いたターゲティング手法のことです。オーディエンスデータとは、Cookieをもとにした個人を特定しないパーソナルデータです。

オンラインアトリビューション分析

オンラインアトリビューション分析とは、オンライン施策のみのアトリビューションスコア（コンバージョンへの貢献度）を算出するアトリビューション分析のことです。

シーケンス配信（シナリオ配信）

シーケンス配信（シナリオ配信）とは、1人のターゲットのフリークエンシーをコントロールし、クリエイティブを段階的に切り替える配信手法です。例えば、ある1人のユーザーのフリークエンシーに応じて、クリエイティブA → B → Cと、訴求内容を切り替えて広告を表示させることができます。

最初は初回接触向きのクリエイティブ、最後は刈り取りに向いたクリエイティブなど、広告に接触したユーザーの興味レベルに合わせてクリエイティブを出し分けます。

統合アトリビューション分析

統合アトリビューション分析とは、TVCMなどのオフライン施策も含めてアトリビューションスコア（コンバージョンへの貢献度）を算出するアトリビューション分析のことです。

ピギーバック

ピギーバック（PiggyBack）とは、他のリクエストのレスポンスに便乗して、サーバー側の更新を返すデータ転送方式のことです。

例えば、DMPで広告インプレッションの計測を行う場合、広告クリエイティブが画像サーバーから呼び出されるタイミングで、DMPのタグを一緒に呼び出します。

プライベートエクスチェンジ

プライベートエクスチェンジとは、参加広告主と参加メディアが限定された広告取引市場のことです。オークションが発生しない固定単価制のマーケットで、「Unreserved Fixed Rate」と「Automated Guaranteed」の2種類があります。

Unreserved Fixed Rateは、在庫予約機能がない固定単価の取引方式です。Automated Guaranteedは、在庫予約が可能な固定単価の取引方式です。

フリークエンシー

フリークエンシーとは、Web広告とユーザーの接触頻度や接触回数のことです。

フロアプライス

フロアプライスとは、RTBの広告配信における最低落札額のことです。SSPで設定することができ、これを下回る入札額の広告は、広告オークションで入札額が1位だったとしても掲載されません。フロアプライスはDSPに開示されない場合もあります。

フロアプライスはメディアの収益を確保するための仕組みです。低単価の広告表示を抑制することにより、広告インベントリを純広告などの単価の高い広告に使用することができます。

リーセンシー

リーセンシーとは、Web広告と特定ユーザーの接触の間隔や時間のことです。

リードバナーアンケート

リードバナーアンケートとは、広告接触者と非接触者のブランド態度をリアルタイムに比較し、その差異を効果として計測するディスプレイ広告の効果測定手法の1つです。ディスプレイ広告枠にアンケート回答用のバナーを配信して回答者を集めます。

インバナーサーベイでは、アンケート回答をバナー内で行うのに対し、リードバナーアンケートでは、アンケート専用の回答ページで回答する点が異なります。これにより回答精度が向上することが期待されています。また、質問数の上限が柔軟であることや、通常のネットリサーチと同様のロジック設定やFAの設定ができる点も特長です。

SEOに関係する用語

SEO

SEO（Search Engine Optimization）とは、検索エンジンでユーザーが検索を行った際、検索結果の上位に自社のWebサイトを表示させるための施策です。自社のWebサイトに対して施す内部施策と、それ以外の外部施策に分けられます。

検索順位はクローラーと呼ばれる検索エンジンロボットがリンクをもとに各サイト・各ページをクロールし、そこで得たWebサイトや各ページを検索エンジンのDBにインデックスします。そして、アルゴリズムと呼ばれる200以上の評価指標で構成される独自のルールによって検索順位が決まります。

一般的に、SEOで上位表示されるWebサイトはリスティング広告で上位表示されるWebサイトよりもCTRが高く、SEOはWebサイトのアクセスを増やすための重要な施策です。

SEO外部対策

SEO外部対策とは、「自サイトが他のWebサイトからどのくらい評価されているか」という検索順位決定の外部要因に対して行うSEO対策です。検索エンジンロボットは、リンクをリンク元サイトからリンク先サイトへの「支持」と捉えます。

多くのリンクを集めればそれだけ価値が高いサイトと見られ評価が上がりますが、現在はリンクの数よりも質が重要視されています。信頼性が高く、自サイトと関連性があるWebページからのリンクを集めることが重要です。

SEO内部対策

SEO内部対策とは、コンテンツの充実度や更新頻度のほか、ページ構成、内部リンクの構造など、サイトの中身に対して行うSEO対策です。

HTMLやCSSをロボットが認識しやすい記述にするほか、ページ表示速度の改善などを行います。

SERP

SERP（Search Engine Result Pages）とは、ユーザーが検索エンジンで検索を行った際に表示される検索結果画面のことです。複数形でSERPsと表現されることもあります。

XMLサイトマップ（sitemap.xml）

XMLサイトマップとは、クローラー専用のサイトマップです。Webページはクローラーにインデックスされることで検索結果へ表示されます。

クローラーは全てのWebページをチェックするとは限らないため、XMLサイトマップでインデックスして欲しいページの優先順位を伝えます。

アルゴリズム

アルゴリズムとは、検索エンジンがWebサイトの検索順位を決めるためのルール・ロジックです。検索順位を決定する指標は200以上あると言われており、公平性の観点で全てが公表されることはありません。

インデックス

インデックスとは、クローラーがリンクをたどることでWebサイト情報を収集し、そのデータを検索エンジンのデータベースに格納することです。

検索クエリ

検索クエリとは、検索エンジンを利用するユーザーが情報や商品を探すために検索エンジンの検索窓に入力した検索語のことです。

サテライトサイト

サテライトサイトとは、メインのサイトのアクセスを増やすことを目的として作られたWebサイトのことです。

スモールキーワード

スモールキーワードとは、検索回数が少ないキーワードのことです。単体での検索数は少ないですが、競合が少ないというメリットがあります。

ディレクトリ登録

ディレクトリ登録とは、Yahoo!ディレクトリなどのポータルサイトのカテゴリに登録することです。大手サイトからリンクが獲得できるため、SEO効果があると言われてきました。しかし、Googleはページランクを渡すためのリンクの売買を禁止しており、2013年に国内のディレクトリサイトに対して、警告とペナルティの実施を行いました。現在は、ディレクトリサービスの多くが終了、もしくはリンクにnofollowが付いており、SEO効果はほとんど期待できません（2016年2月現在）。

ニッチキーワード

ニッチキーワードとは、想定される検索数やCVRに対して、競合が少ないキーワードのことです。このようなキーワードを発見しSEO対策を行うことは、サイトのアクセス数やCVを増やす上で有効です。

ビッグキーワード

ビッグキーワードとは、検索エンジンで検索される回数が多いキーワードのことです。上位表示できれば多くの流入が期待できます。

また、競合が多いためSEO対策の難易度は高くなります。ビッグキーワードを対策する場合、他のキーワードとの組み合わせも考えて対策することが有効です。

被リンク

被リンクとは、外部サイトから自サイトへのリンクのことです。数年前は被リンクの数が重視され、これが多ければ上位表示されやすかったのですが、スパムが横行したため、現在はリンクの「量」ではなく「質」が重視されています。

検索エンジンのアルゴリズムは日々進化していますが、被リンクは今でも重要なSEOの要素です。

ページランク

ページランクとは、Googleが開発したWebページの重要度の指標です。Googleはリンクを、リンク元サイトからリンク先サイトへの「支持」と捉えます。

多くのサイトからリンクを受けることは、多くのサイトに支持されていることと同義であり、それを示す数値的な指標がページランクです。これが検索順位を決定する要素の1つになっています。

ミドルキーワード

ミドルキーワードとは、ビックキーワードとスモールキーワード中間で、検索数、競合数ともに、ある程度のボリュームがあるキーワードのことです。

リンクジュース

リンクジュースとは、Webページのリンクから流れるリンクの「価値」であり、検索順位を決定する要素の1つです。量（リンクを受けている本数）×質（リンク元サイトの品質・関連性）で決まります。

似たような意味の言葉にページランクがありますが、ページランクは自サイトが保有するリンクジュースの量を数値化した指標です。

リンクポピュラリティ

リンクポピュラリティとは、リンクの質と量をもとにWebサイトを評価する考え方のことです。代表的なものにGoogleのページランクがあります。多くの検索エンジンがそれぞれのアルゴリズムにこの考え方を取り入れています。

ロングテールキーワード

ロングテールキーワードとは、「品川 賃貸 ペット可 徒歩5分」のような、検索ボリュームが少ないワードのことです。検索ボリュームが少ない一方で、競合が少なく、ビッグワードよりも検索の目的が具体的なため、CVにつながりやすい傾向があります。

リスティング広告に関係する用語

TD

TD（Title/Description）とは、広告文のタイトルと説明文のことです。

インプレッションシェア

インプレッションシェアとは、実際の広告表示回数を表示される可能性があった回数で割った割合のことです。予算配分、入札単価を考える上で非常に重要です。

3種類あり、「インプレッションシェア損失率（予算）」「インプレッションシェア損失率（広告ランク）」「完全一致のインプレッションシェア」があります。

エンハンストキャンペーン

エンハンストキャンペーンとは、マルチスクリーン化を捉えたGoogle AdWordsの大幅仕様変更のことです。エンハンストキャンペーンでは、ユーザーの意図（検索キーワード）とコンテキスト（曜日・時間帯・地域・デバイス）を踏まえた関連性の高い広告により、あらゆるデバイスにおいて適切なタイミングを捉えてユーザーにアプローチできます。

広告ランク

広告ランクとは、Google AdWordsの掲載順位を決める指標です。広告ランクは入札単価、品質スコア、広告表示オプション、その他の広告フォーマットの見込み効果から算出されます。

品質スコア／品質インデックス

品質スコア／品質インデックスとは、リスティ

ング広告の掲載順位を決める要素の1つです。クリック率や広告とキーワードの関連性などよって決まります。これをGoogle AdWordsでは品質スコアと呼び、Yahoo! スポンサードサーチでは品質インデックスと呼びます。

ユニファイドキャンペーン

ユニファイドキャンペーンとは、デバイスごとに入札単価を調整するYahoo! スポンサードサーチの機能のことです。1つのキャンペーンで、複数のデバイスに広告を配信できます。例えば、「レストラン 丸の内」と検索した場合、自宅のパソコンからであれば、事前に予約したい場所を探している可能性が高いです。しかし、外出先のスマートフォンで夕食時に検索している場合、これからすぐに食事ができる場所を探している可能性が高くなります。このように、デバイスごとにユーザーの目的に応じて広告配信できるのが、ユニファイドキャンペーンです。Google Adwordsのエンハンストキャンペーンと同様の機能と言えます。

ユニファイドキャンペーンでは、従来、各キャンペーンごとで、デバイス設定ができましたが、1つのキャンペーンで全てのデバイスに広告配信がされます。また、PC・タブレットの金額を元にスマートフォンの入札額を％で設定。ガラケーは、個別で作成ができる仕様です。

リスティング広告

リスティング広告とは、検索エンジンの検索結果画面に表示される、検索クエリに連動したテキスト型の広告のことです。検索連動型広告とも呼びます。広告主はユーザーが検索するキーワードに対して入札し、オークションで掲載順位が決まる、クリック課金型の広告です。

アクセス解析に関係する用語

PV
PV（Page View）とは、Webページが表示された回数のことです。

UU
UU（Unique User）とは、Webサイトに訪問したユーザー数のことです。1人のユーザーが何回訪問してもUUは1になります。

アクセス解析

アクセス解析とは、Webサイトの問題点の把握や課題解決の糸口を見つけるために行う分析のことです。Google AnalyticsやSiteCatalystなどのアクセス解析ソフトを使用します。解析ソフトには「ウェブビーコン型」「サーバログ型」「パケットキャプチャ型」の3タイプがあります。

サンクスページ

サンクスページとは、コンバージョンした際に表示されるページのことです。このページにアクセス解析のタグを設置することで、コンバージョンの分析ができるようになります。

セッション（訪問数）

セッションとは、ユーザーがWebサイトを訪問してから離脱するまでの一連の流れのことです。同一ユーザーでも30分以上操作しなかった場合、次のアクションが新規のセッションとなるなど、定義は使用するアクセス解析ソフトによって異なります。

直帰率

直帰率とは、Webサイトに訪問したユーザーが、入口となる最初の1ページだけを見てサイトから離脱してしまう割合のことです。

直帰率の高いページはユーザーに対して有益な情報を提供できていない可能性があります。主要入口ページの直帰率が改善できれば、1人あたりのPVが増え、サイト全体のPVが増加する可能性があります。

離脱率

離脱率とは、あるWebページにおいて、そのページから他のページに遷移せずにサイトを退出した数（離脱数）をPVで割った数のことです。どのページを経由して、最終的にCVする」までのシナリオを作ってページ間の離脱率を見る分析（フォールアウト分析）もあります。

リファラー

リファラーとは、Webページのリンクをクリックして別のページに移動した際の、リンク元ページのことです。これを知ることで、サイト内のユーザー行動や、流入元サイトなどが分かります。

あとがき

　このような本を、クライアントサイドの人間が書くのは、珍しく思われるかもしれません。しかし、マーケティングを一番理解しないといけないのは、クライアントサイドのマーケターです。そこで、アドテクという非常に分かりづらい分野の情報を、自分を含めた日本のマーケターのために、一度整理したいと考え、本書を執筆いたしました。

　アドテクに限らず、ウェアラブルデバイス、AI、IoTなど、様々な分野のテクノロジーの進化によって、今後インターネット上の情報は、膨れ上がることが予想されます。それは、マーケターにとって、「機会」でありながら、同時に「篩(ふるい)」でもあります。テクノロジーを理解できない、データを活用できないマーケターの価値は下がるでしょう。反対に、あらゆる情報を機会と捉え、マーケティングに活かすことができるマーケターが、今後の日本のデジタルマーケティング業界を支える存在になれると思っています。

　僕は5年後もマーケターでいたいと思っています。あなたはどうですか？

　この本が何かしら、みなさまのお役に立てれば幸いです。

「Digital Marketing Lab」とは

　本書は、デジタルマーケティング情報サイト「Digital Marketing Lab」（デジタルマーケティングラボ）の内容を抜粋・加筆し、まとめた書籍です。デジタルマーケティングラボでは、「アドテクノロジー」「SEO対策」「リスティング広告」などの、ノウハウや事例、業界トピックに対する考察などを書いています。あくまでクライアントサイドのマーケターとして、"フラットな目線"で情報提供ができるよう、心がけています。

　マーケティングを一番理解しないといけないのは、クライアントサイドにいる現場のマーケターです。マーケターは、幅広いマーケティング知識とノウハウを学び、それらを活用する術を身に付ける必要があります。

　そこで、同じ立場で活躍されている方々へ、同じマーケターとして、「デジタルマーケティングを広く理解し、活用するための情報を発信したい」という想いがあり、デジタルマーケティングラボを作りました。

全てのマーケターに伝えたい、デジタルマーケティング

　デジタルマーケティングは、知識さえ身に付ければ誰でも始められます。地方や中小企業を含めた、全ての企業の強力なマーケティング手段となり得るものです。しかし、デジタルマーケティングの情報やノウハウは、デジタル領域に強いプレーヤーが集まる都市部に集中しています。

　デジタルマーケティングは、全ての企業が活用でき、予算ではなく知恵と工夫で進化させます。そのための知識を、デジタルマーケティングラボで身に付けていただければ幸いです。

　よろしければ、Webサイトも合わせてご覧ください。

広瀬 信輔（ひろせ・しんすけ）
ディーテラー株式会社代表取締役社長
株式会社マクロミルオンラインマーケティング部門責任者
株式会社イノ・コード取締役CMO

1985年、長崎県佐世保市生まれ。西南学院大学経済学部国際経済学科卒業。2008年、株式会社マクロミルに入社。現在は同企業のオンラインマーケティング部門の責任者として、デジタルマーケティングを推進。新規事業開発にも携わる。2015年、株式会社イノ・コード取締役CMOに就任。また、自身が運営するマーケティング情報メディア「Digital Marketing Lab」にて、フリーのマーケティングコンサルタントとしても活動。2017年、デジタルマーケティング領域のコンサルティング及びアウトソーシングサービスを提供する、ディーテラー株式会社を創立。ビジネスメディアでのコラム執筆やイベント出演、大手企業のマーケティングを支援。

お問い合わせ

　取材依頼や各種イベントの出演オファー、アポイント、Digital Marketing Labへの広告掲載など、お気軽にご連絡ください。大学の先生方向けに、勉強会の実施や講演のオファーも受け付けております。デジタルマーケティングについて楽しくお話しできればと思います。

お問い合わせフォーム	https://dmlab.jp/about.html
メールアドレス	s_hirose@deeteller.jp
Facebook	https://www.facebook.com/shinsuke.hirose.1
Twitter	https://twitter.com/hirose_dmlab
会社をつくった理由	https://deeteller.jp/about.html

索引

※色字は Glossary の解説を示す

英数字

1st Party Cookie（ファーストパーティクッキー）
　　　　　　　　　　　　　　　　　　　　260
3PAS（3rd Party Ad Serving）　　　16、269
3rd Party Cookie（サードパーティクッキー）
　　　　　　　　　　　　　　　　　　　　260
Automated Guaranteed　　　　　　　　269
BTA（Behavioral Targeting Advertising）
　　　　　　　　　　　　　　　　　7、260
CMP（Contents Market Place）　　　　211
Cookie シンク　　　　　　　　　　　　　260
CPA（Cost Per Action）　　　　　　　　267
CPC（Cost Per Click）　　　　　　　　　267
CPCV（Cost Per Completed View）　　　267
CPE（Cost Per Engagement）　　　　　　267
CPI（Cost Per Install）　　　　　　　　267
CPM（Cost Per Mille）　　　　　　　　　267
CPV（Cost Per View）　　　　　　　　　267
Criteo　　　　　　　　　　　　　　　　126
CRM（Customer Relationship Management）
　　　　　　　　　　　　　　　　　　　　260
CTR（Click Through Rate）　　　　　　267
CVR（Conversion Rate）　　　　　　　　267
DFO（Data Feed Optimization）　　　　261
DMP（Data Management Platform）　　43、269
DMP パッケージ　　　　　　　　　　　　142
DSP（Demand-Side Platform）　　　13、269
eCPM（effective Cost Per Mille）　　　267
EFO（Entry Form Optimization）　　　261
FreakOut　　　　　　　　　　　　　　　135
GDN（Google Display Network）　　　　50
Invitation Only Auction　　　　　　　269
IoT（Internet of Things）　　　　　　　261
Juicer　　　　　　　　　　　　　　　　152
LBM（Location Based Marketing）　　　261
LPO（Landing Page Optimization）　　　261
LTV（Life Time Value）　　　　　　　　262
MIW モデル（Media Interaction Weight Back model）
　　　　　　　　　　　　　　　　　　　　29
Pandora　　　　　　　　　　　　　　　144
PLAN-B　　　　　　　　　　　　　　　152
PMP（Private Market Place）　　49、170、269
PPC 広告（Pay Per Click Advertising）　262
PV（Page View）　　　　　　　　　　　274
ROAS（Rerurn On Advertising Spend）　267
Rocket Fuel　　　　　　　　　　　　　129
ROI（Return On Investment）　　　　　268
RTB（Real Time Bidding）　　　　　10、269
Rubicon Project　　　　　　　　　　　131
SEM（Search Engine Marketing）　　　　262
SEO（Search Engine Optimization）　　271
SEO 外部対策　　　　　　　　　　　　　272
SEO 内部対策　　　　　　　　　　　　　272
SERP（Search Engine Result Pages）　　272
SoLoMo マーケティング　　　　　　　　262
SSP（Supply-Side Platform）　　　13、269
TD（Title/Description）　　　　　　　　273
TubeMogul　　　　　　　　　　　　　133
Unreserved Fixed Rate　　　　　　　　270
UU（Unique User）　　　　　　　　　　274
VAST（Video Ad Serving Template）　　262
vCPM（viewable Cost Per Mille）　　　268
VOYAGE GROUP　　　　　　　　　　140
VPAID（Video Player-Ad Interface Definition）
　　　　　　　　　　　　　　　　　　　　262
XML サイトマップ　　　　　　　　　　272

あ行

アクセス解析　　　　　　　　　　　　　274
アクティブビュー　　　　　　　　　　　268
アドエクスチェンジ　　　　　　　　9、270
アドネットワーク　　　　　　　　　　　270

277

アドベリフィケーション ･･････････････････ 38、270
アトリビューション分析 ･････････････････ 21、270
アトリビューションマネジメント ･････････････ 270
アトリビューションモデル ･･････････････････ 270
アフィリエイト広告 ･････････････････････ 76、262
アルゴリズム ･･････････････････････････････ 272
インスクロール広告 ･･････････････････････ 262
インストリーム広告 ･･････････････ 62、66、263
インターネット接続テレビ ･･････････････････ 263
インデックス ･････････････････････････････ 272
インバナー広告 ･････････････････････ 64、263
インバナーサーベイ ･････････････････ 103、270
インビュー ･･･････････････････････････････ 268
インフィード広告 ････････････････････ 82、263
インプレッション ････････････････････････ 268
インプレッション課金型広告 ･･････････････ 263
インプレッションシェア ････････････････････ 273
インリード広告 ･･････････････････････ 65、263
運用型広告 ･･････････････････････ 165、263
エコシステム ････････････････････････････ 270
エンゲージメント ･････････････････････････ 268
エンハンストキャンペーン ･･･････････････････ 273
オーディエンスターゲティング ････････････････ 271
オーディエンスデータ ･･････････････････････ 11
オムニバス ･･･････････････････････････････ 144
オンラインアトリビューション分析 ･･･････････ 271

か行

カスタマージャーニー ･･･････････････････ 264
興味関心連動型広告 ･･･････････････････ 264
検索クエリ ･･････････････････････････････ 272
検索連動型広告 ･････････････････････････ 166
広告ID ･････････････････････････････････ 264
広告インジェクション ･･･････････････････ 264
広告インベントリ（広告在庫） ･････････････ 264
広告弾力性 ･･･････････････････････････････ 33
広告ランク ･････････････････････････････ 273
個人情報保護法 ･････････････････････････ 182
コンテンツ連動型広告 ･････････････････ 264

コンバージョン ･･････････････････････････ 268

さ行

サイバーエージェント ･･･････････････････ 137
サテライトサイト ････････････････････････ 272
サンクスページ ･････････････････････････ 274
シーケンス配信 ･････････････････････････ 271
純広告 ･･･････････････････････････････････ 2
スマートテレビ ･･････････････････････････ 264
スモールキーワード ･･･････････････････････ 272
成果配分モデル ･････････････････････････ 22
セッション（訪問数） ･･････････････････････ 274
ソーシャルグッド ･････････････････････････ 265
ソーシャルメディアマーケティング ･････ 91、265
ソーシャルリスニング ･･･････････････････ 265

た行

第三者配信アドサーバー ･････････････････ 16
ダイレクトレスポンス広告 ･･････････････ 98、265
直帰率 ･･････････････････････････････････ 274
ディレクトリ登録 ････････････････････････ 272
動画広告 ･････････････････････････ 62、74
統合アトリビューション分析 ･･････････････ 271

な行

ニッチキーワード ････････････････････････ 272
ネイティブアド（ネイティブ広告） ･････ 85、265

は行

バナー広告 ････････････････････････････････ 2
ピギーバック ･････････････････････････････ 271
ビッグキーワード ･･････････････････････････ 273
ビッグデータ ･･････････････････････････････ 265
ビューアビリティ ･････････････････････････ 268
ビューアブルインプレッション ･･････････････ 268
被リンク ････････････････････････････････ 273
品質スコア／品質インデックス ･････････････ 273
ブースト広告 ･･･････････････････････ 80、265
プライベートエクスチェンジ ･･･････････････ 271

278

ブランディング広告 …………………… 98、265
ブランドリフト ………………………… 268
フリークエンシー ……………………… 271
フロアプライス ………………………… 271
ベイジアンネットワークモデル(数理モデル)‥ 24
ページランク …………………………… 273
ボルツマンウェイトモデル（統計物理モデル）
　………………………………………… 27

ま行

マーケティングオートメーション …… 266
マルコフ連鎖モデル（数理モデル）…… 26
ミドルキーワード ……………………… 273
メール広告 ……………………………… 2
メディアレップ ………………………… 266

や行

ユニファイドキャンペーン …………… 274

ら行

ランディングページ（LP）…………… 266
リアルタイム入札 ………………… 10、269
リアルタイムマーケティング ………… 266
リーセンシー …………………………… 271
リーチ …………………………………… 269
リードバナーアンケート ………… 104、271
リスティング広告 ………………… 4、274
リターゲティング ……………………… 8
離脱率 …………………………………… 274
リッチアド ……………………………… 266
リファラー ……………………………… 274
リワード広告 ……………………… 80、266
リンクジュース ………………………… 273
リンクポピュラリティ ………………… 273
ロングテールキーワード ……………… 273

装丁・本文デザイン	森裕昌
DTP	株式会社シンクス

アドテクノロジーの教科書
デジタルマーケティング実践指南

2016年3月10日　初版第1刷発行
2019年4月5日　初版第6刷発行

著者	広瀬信輔（ひろせしんすけ）
発行人	佐々木 幹夫
発行所	株式会社 翔泳社（https://www.shoeisha.co.jp）
印刷・製本所	大日本印刷株式会社

©2016 Shinsuke Hirose

本書は著作権法上の保護を受けています。本書の一部または全部について（ソフトウェアおよびプログラムを含む）、株式会社 翔泳社から文書による許諾を得ずに、いかなる方法においても無断で複写、複製することは禁じられています。
本書へのお問い合わせについては、iiページに記載の内容をお読みください。
落丁・乱丁はお取り替えいたします。03-5362-3705までご連絡ください。

ISBN978-4-7981-4460-3　　　　　Printed in Japan